JN427572

한국어로 내려온
New Bible

새로운
성 경

제68권 5부 | 총10부

하얀마음

하나님 말씀 중에서

1. 사랑의 하나님

- 세상을 창조하신 하나님은 모두를 사랑하신다. 인간만 특별히 더 사랑하지 않고, 우주 만물을 다 똑같이 사랑하신다. 그러니 하나님이 창조하신 천지 만물과 화친하고, 미물까지도 소중히 대하라.

- 하나님은 특정 종파나 민족만을 더 사랑하지 않으신다. 자기 자신만 구원받겠다는 욕심을 버리고, 자기 종파만 구원받는다는 편협한 교리에서 벗어나야 한다. 종파를 초월해서, 모두를 사랑하라.

- 원수까지 사랑하라 했으니, 이 세상에 사랑하지 못할 자가 누가 있겠는가? 종파가 다르다고 해서 부모 형제와 원수처럼 지내는 자는 인간의 근본을 모르는 자다. 가장 가까운 가족부터 사랑할 때 남도 진심으로 사랑할 수 있다.

- 한 사람을 원수같이 생각하던 마음에서 사랑하는 마음으로 돌리면, 자기 자신의 마음이 가장 기쁘고 행복하다. 하나님께서는 인간의 마음속에 무거움이 없이 기쁘고 행복한 삶을 살기를 바라신다.

- 이웃을 "내 몸처럼" 사랑하라 했으니, 마지막 한 장 남은 천국의 티켓도 이웃에게 양보하라. 자기 중심적인 신앙에서 벗어나서 남을 위해 살아야 한다.

- 독초도, 약초도, 이단도 사탄도 천사도 다 필요하기에 존재한다. 독초일지라도 극소량을 사용해서 생명을 살릴 수 있고, 약초라 하더라도 남용하면 생명을 잃을 수 있다.

- 세상 모든 것을 명약으로 활용하는 것은 인간의 지혜에 달렸다. 어떤 것이든 어떤 사람이든 적재적소에 꼭 필요한 명약으로 승화시키라.

- 사탄도 이단도 천사도 모두 하나님의 주관하에 존재한다. 진정한 하나님의 백성은 사탄과 마귀까지도 감화시켜서 천사로 거듭나게 한다.

2. 기도

- 하나님은 인간의 생각까지 모두를 다 알고 계신다. 우리의 소원도 이미 알고 계시기에, 소원의 기도를 할 필요가 없다. 우리가 받을 자격이 되면 내려 주신다.

- 죄를 짓고 아무리 회개를 해도 용서받지 못한다. 도둑질한 자는 용서해 달라고 기도하고, 도둑맞은 자는 도둑을 잡게 해 달라고 기도하면, 공의의 하나님은 누구의 편에 서시겠는가?

- 자기가 잘못한 것은 그 사람에게 직접 갚고 용서를 구하라. 그가 용서하면 하나님도 용서하신다. 땅에서 매면 하늘에서도 매이고, 땅에서 풀리면 하늘에서도 풀리는 이치다.

- "회당에서 기도하지 말고 골방에서 기도하라" 했다. 눈에 보이는 골방이 아니라, 골방과 같이 고요한 마음이다. 잡념을 버리고 하나님을 향해 마음을 집중하며, 사랑하고 용서하는 아름다운 생각만 나오도록 하라.

- "두드리면 열릴 것이다." 하는 것은 육의 소원을 위해 두드리라는 것이 아니라, 진리의 깨달음을 얻기 위해 두드리라는 것이다.

- 기도하는 방법: 생활 속에서 수시로 기도하는 삶을 살아야 한다.

- "저의 죄를 용서하여 주옵소서." 하는 회개의 기도를 하라.
- 범사에 "하나님! 감사합니다." 하라. 현재 가진 것에 감사하며, 과욕하지 말라. 자기 노력 이상의 것을 더 갖고자 기도하는 것은 도둑놈심보다. 공의의 하나님은 각자 노력한 만큼 주신다.
- "하나님 뜻대로 살아가겠나이다." 하며 마음의 각오를 다지라.

- 기도는 하나님의 말씀을 받아서 "행하는 것"이다. 하나님이 계심을 굳건히 믿고, 하늘을 향하여 한 점 부끄럼 없이 사는 삶 자체가 가장 위대한 기도이며, 삶이 곧 예배다.

3. 지도자

- 똑같이 사랑한다는 말을 해도, 순수하게 하는 말은 천사의 말이지만, 사기 쳐서 재산을 가로채려고 하는 말은 사탄의 말이다.

- 종교 지도자가 아무리 훌륭한 설교를 해도, 신도의 재물을 거둬서 더 큰 교회를 짓고 자기의 부귀영화를 바라며 설교하면 사탄의 가르침이 된다.

- "저희 교회는 만원사례요, 믿음은 다 같으니 이웃의 개척 교회에 가서 예배를 드리시오." 하며, 이웃 교회의 부흥을 먼저 생각하여 제 신도를 보내는 종교 지도자가 있다면 그를 따르라. 그가 하나님의 사랑을 실천하는 자다.

- "부자가 천국에 들어가는 것은 낙타가 바늘구멍을 통과하는 것보다 더 힘들다" 하였거늘, 지금의 교회에서는 부자가 되기만을 기도하고 소원하니, 이는 곧 천국을 포기하고 지옥 행 열차의 티켓을 사는 것과 같다.

- 예수는 빈손이었다. 종교 지도자가 예수보다 더 호화롭고 편안하게 살아간다면 잘못된 것이다. 부귀영화와 명예를 바라는 자는 절대로 갈 수 없는 좁고 협착한 길이 종교 지도자의 길이다.

- 종교 지도자는 유리로 비춰 봐 한 점의 부끄러움이 없이 살아야 한다. 의식주도 직접 일해서 해결하고, 예수의 가르침과 행함을 그대로 따라야 한다.

- 종말은 없다. 지금의 잘못 가는 종교 집단에게만 종말이 있다. 보이지 않는 하나님은 보이는 육의 종말은 관여하지 않으신다. 환경 파괴로 인간이 스스로 멸망을 자초하는 것이다. 종파끼리 싸우기 전에, 무너진 인성을 바로잡고 지구의 몸살을 해결하는 데 뜻을 모으는 게 급선무다.

4. 성전이란

- 이 세상 자체가 하나님께서 만드신 성전이다. 자연보다 더 아름다운 성전이 있는가? 보이는 건물이 성전이 아니라, 성스러운 마음가짐이 성전이다.

- 반석 위에 교회를 지으라 했다. 지상의 단단한 돌은 인간이 쪼갤 수 있으나, 마음속의 굳은 결의는 세상 무엇으로도 쪼갤 수 없다. 바르고 굳건한 믿음으로 성경의 가르침을 실천하는 것이 마음의 반석 위에 교회를 짓는 것이다.

- 손으로 지은 건물의 교회에 모여서 복음을 전하는 것이 아니라, 교회를 개인과 가정에 심어 주어야 한다. 무너지고 부서지는 건물을 짓지 말고, 마음속에 영원히 불변하는 참진리의 교회를 지으라.

5. 십계명

- 십계명은 인간이 죽어서 반드시 통과해야만 하는 열 개의 관문이다.

- 부모를 공경하지 아니한 자는 "네 부모를 공경하라." 하는 제5계명의 관문이 열리지 않으니 구원받을 수 없다.
- 살인, 간음, 거짓, 우상 등의 나머지 계명도 마찬가지다.

- 십계명은 하나님의 친필이다. 모기소리만 한 하나님의 음성이라도 들어 보겠다고 여기저기 찾아 헤매지 말고, 십계명부터 암송하고 지키라.

- 십계명은 영혼을 구원하는 양식이며, 십계명을 지키는 것이 구원을 받는 길이다. 인간이기에 지키고자 노력하고 또 노력한다면 지킬 수 있다.

- 십계명을 지키고 천사처럼 아름답게 살아가는 그 마음 하나면 세상에 이루어지지 않는 것이 없다.

6. 보물

- 하나님은 재물이 아니라 우리의 마음을 받으신다. 사랑을 실천하며 천사처럼 변하는 마음이 하나님께 바치는 보물이다.

- 보이지 않는 하나님께 재물을 바치려 하지 말고, 너희를 길러 준 부모에게 용돈 드리고, 찾아뵙고, 효성을 다하라. 그것이 하나님께 효도하는 것이다.

- 하늘에는 선과 악의 창고가 있다. 자기 창고에 선이 많으면 천국으로 구원을 받고, 악이 많으면 심판받아 지옥으로 간다. 그것이 바로 "선한 일을 행한 자는 생명의 부활로, 악한 일을 행한 자는 심판의 부활로" 나오는 것이다.

- "선악과를 따먹지 말라"는 것은 양심을 지키라는 것이다. 선과 악을 구분할 수 있는 양심을 최초에 인간에게 주셨다. 선한 열매는 취하고, 악한 열매는 버리며, 양심에 비추어 부끄럼 없는 삶을 살아가라.

- 가장 작은 거짓말을 하지 않고, 가장 작은 죄를 짓지 않으며, 가장 작은 선행을 하고, 가장 작은 악행을 멀리하는 것이 율법의 일점 일획도 빠뜨리지 말고 다 지키는 삶을 사는 것이다.

7. 우상

- 박물관에 있는 불상은 하나의 예술품이다. 그 조각품에 대고 제 소원을 빌 때 우상숭배가 된다. 십자가라 하여도 그 앞에서 소원을 빈다면 우상숭배하는 것이며, 하나님께 소원을 빈다면 하나님을 우상으로 전락시키는 것이다.

- 지금 기복신앙에 젖어 있는 모든 사람이 우상 앞에 절을 하고 있다. 조각품을 우상이라며 파괴하지 말고, 네 마음속에 있는 욕심의 우상을 무너트리라.

- 생수를 약초가 먹으면 약을 만들고 독사가 먹으면 독을 만든다. 같은 성경을 봐도 선한 지도자는 신도를 천사로 만드는 데 활용한다. 그러나 욕심이 가득한 지도자는 재물을 거두어들여 제가 부귀영화를 누리는 데 악용한다. 그가 바로 성경을 우상숭배의 도구로 전락시키는 거짓 선지자다.

- 성경을 한 획도 빼거나 더하지 말라는 것은, 그 가르침을 빠트리지 말고 온전히 지키라는 것이다. 성경 속에서 자기에게 유리한 구절만 보는 것은, 자기에게 불리한 구절들을 빼 버리는 것이다. 믿음이 제일이요, 행함은 구원과는 관계없다는 것은 자신에게 유리한 쪽으로 성경을 악용하는 것이다.

- 진정한 종교 지도자는 종파에 관계없이 어떤 종파든 어떤 책이든 접하고 보고 깨우쳐 견문을 넓히도록 인도한다. 참진리를 모르고 자신이 없는 자가 남을 이단이라며 배척하고, 신도들의 눈과 귀를 가린다.

8. 예수

- 예수의 재림은 없다. 예수가 다시 온다 해도, 과연 누가 그를 예수라고 믿겠는가? 예수와 같은 삶의 행함이 곧 예수의 재림이다. 각자 모두가 "재림 예수"가 되는, 차원 높은 믿음으로 가야 한다.

- 예수는 "주여 주여 하지 말고, 아버지의 뜻대로 행하라"고 했다. 예수가 전한 하나님의 뜻이 곧 "길이요, 진리요, 생명"이며, 그 가르침이 예수의 보혈처럼 소중한 것이다. 예수를 믿는 것은, 예수의 가르침을 믿고 따르는 것이다.

- 예수는 낮은 자로서 만백성을 섬기고자 했다. 만나는 모든 사람을 다 하나님이라 생각하라. 돈을 벌수록 겸손하고, 높은 지위를 얻을수록 낮아지라.

▪ 예수는 종파를 만들지 않았다. 인간이 만든 종교와 인간의 교리를 따르지 말고, 예수를 통해 전한 하나님의 참진리를 연구하고 따르라.

▪ 예수가 2천 년 전에 만백성을 위해 죽었으니, 지금 이 땅에는 예수의 가르침대로 사는 천사만 존재해야 한다. 예수가 죽어 가면서 바란 것은 만백성이 천사가 되어 예수의 자리를 채워 주는 것이지, 지금과 같이 재물을 바치면서 중언부언 제 소원만을 비는 백성들을 바란 것이 아니다.

9. 구원

▪ 천사가 사는 천국에는 천사만 갈 수 있으니, 천사 같은 마음을 길러야 한다.

- "천국 열쇠를 네게 주리니 땅에서 무엇이든지 매면 하늘에서도 매일 것이라" 했다. 땅에서 천사같이 사는 자가 하늘에서도 천사가 되어 천국에 들어간다. 모든 사람에게 천사같다는 말을 듣는 삶을 살아야 한다.

▪ 천사의 곱고 아름다운 마음은 부모를 공경하고 어른을 어른으로 대접하는 데에서 출발한다. 효도하는 자는 형제와 화목하게 지내기에 가정이 화목해지고, 이웃과 화목해지고, 국가가 화목해지고, 온 인류가 화목해진다.

- 그러므로 지상의 아름다운 소왕국은 가정에서부터 이루어야 한다.

▪ 선택된 14만 명만 구원받는 것이 아니라, 천사처럼 변하고자 하는 14만 명을 기초로 온 인류가 천사처럼 거듭나는 영적인 개혁이 시작되는 것이다.

▪ 천 년에 걸쳐서 하늘에서 이루어진 것같이 이 세상을 낙원으로 만들어, 만백성이 지상의 천국에서 살다가 죽어서 그대로 하늘의 천국으로 들어가는, 영원한 지상 낙원을 건설하는 것이 하나님의 계획이다.

- **이것이 구약과 신약에 이어 "새로운 성경"으로 역사하시는 하나님의 창조의 완성이다.**

▪ 지금의 믿음으로 구원받을 수 있다면 그 길을 가라. 그러나 자신이 없다면 하나님께서 직접 내리신 160권의 "새로운 성경"을 읽고 구원의 길을 보라!

하나님 머리말씀

이 새로운 성경을 읽는 너희 모두는
이 율법에 따라 행하면 영원히 구원받을 것이니라.

너희 인간이 수년, 수십 년, 평생
성서를 공부하고 기도하는 것은
하늘나라 나의 곁으로 오고 싶은 소망일진대,

몇천 년 전의 너희 인성과 생각이
지금의 너희와는 판이하게 다르니,

꺾여 가고 병들어 가는 너희를 고칠 수 있는 길은,
오늘 내가 선지자에게 내리는 새로운 성경과 같이
너희가 변화되는 것뿐이니라.

나의 예수가 태어난 것처럼
내가 아들 선지자를 선택하여
나의 새로운 성경을 온 세계에 전하고자 하니,

묵은 것은 버리고 새로운 것은 취하여,
너희 모두는
'여호와 하나님! 저의 죄를 용서하여 주옵소서.'
하는 기도문으로 기도하고, 죄를 뉘우치라.

이 새로운 성경은
수천 년간 내려온 성서를 요약한 것이니,
너희는 이 책을 정독하여 쉽게 깨달음을 얻고,
이대로 실천하여 하늘에 오르라.

대역자 머리말

■ 하나님의 율법을 지키는 선지자로 선택을 받도다.

저는 남들처럼 그저 열심히 살아온 평범한 사람이었습니다. 그러나 50대 중반에 사업에 실패하여 많은 부채에 시달렸으며, 건강도 악화되어 눈이 잘 안 보이고, 걷기도 어렵고, 두통이 심해서 잠을 이룰 수 없는 고통의 나날을 보냈습니다. 그때 제가 선택할 수 있는 것은 육의 삶을 끝내는 길뿐이었습니다.

죽기 직전에 그동안에 죄를 지은 이들에게 용서를 빌고 인생을 끝내기로 작정하였습니다. 어려서부터 지은 죄를 빌고 빌다 보니 끝이 없었고, 죽음으로도 그 많은 죄를 용서받을 길이 없다는 생각에 하염없이 눈물이 흘렀습니다. 그 순간 '재래식 화장실의 구더기는 죄를 짓지 않는데, 나는 인간으로서 구더기만도 못한 삶을 살았구나.' 하는 생각이 들면서 괴로움에 몸부림칠 때, 갑자기 하나님의 음성이 들렸습니다.

"나는 여호와 하나님이니라. 너는 십계명을 암송하고 내가 내려 주는 메시지를 받아 책으로 만들어 만백성을 구하라." 하시며, 제 눈을 손으로 문지르게 하시고, 아픈 머리와 다리를 손으로 두드리게 하셨습니다. 그러고 나니 눈도 잘 보이고 걸을 수 있었으며 머리의 통증도 말끔히 낫게 되었습니다. 그때부터 십계명을 암송하고 나면 들려주시는 말씀을 기록하였고, 1999년 8월부터 2004년 7월까지 권당 288쪽, 총 160권을 받아서 "새로운 성경"이라는 책으로 펴내게 되었습니다.

그러한 저에게 죽기보다도 힘든 길이 시작되었습니다. 모든 교인들이 저에게 사탄이요, 이단이요, 악마요, 마지막 시대에 온 거짓 선지자라 하면서 공격하였고, 저를 짐승을 보듯이 대하는가 하면, 편협한 종교 지도자들의 선동으로 신도들이 이 책을 직접 읽어 보고 평가할 기회마저 막아 버렸습니다. 그래서 하나님의 말씀을 세상에 내는 데 많은 어려움을 겪으며, 피를 토하는 심정으로 책을 전하고 있습니다.

그러나 아무리 인간의 힘으로 막으려 해도, 하나님의 뜻이 세상에 전해지는 위대한 역사는 계속될 것입니다. 책으로 전해지는 "하나님의 말씀"은 세상 끝날까지 항상 우리와 함께하실 것입니다. 사람은 죽어도, 책에 기록된 말씀은 영원히 남으니까요.

■ 따뜻한 실천

하나님께서는 어려운 사람들에게 삶의 터전을 마련해 주고, 미래를 열어 주는 것을 기뻐하십니다. 어려운 이웃이 스스로 자립할 수 있도록 이끌어 주는 것이 진정으로 이웃을 돕는 것이라고 말씀하셨습니다. 그래서 일자리가 없는 제자들에게 작은 사업장을 만들어 주는 "달란트 사업"을 하고 있습니다. 식당, 반찬 가게 등을 차려 주고, 기존의 어려운 사업장이 자립할 수 있도록 돕고 있습니다(커피숍, 미용실, 의상실 등).

하나님께서는 교회에 나와서 모든 시간과 재물을 쏟기를 원하지 않으시고, 그 시간과 재물을 교육에 투자하여 스스로 미래를 열어 가기를 원하십니다. 그래서 제때 공부하지 못한 제자들에게 학업을 이어 가도록 하였습니다. 중화요리 주방장을 하며 초등학교 검정고시부터 공부하여 2012년에 방통대를 졸업한 36세 남성, 만학도들의 2년제 중학교에 입학해서 2007년에 명지대학을 졸업한 38세 여성, 중학교 검정고시를 시작으로 숭의여자대학을 졸업한 47세 여성 등이 있습니다. 그밖에도 많은 제자들에게 나이를 초월하여 배우고 깨우쳐서 사회 속의 당당한 일원이 되도록 인도하고 있습니다.

학자금 대출로 힘겨워하는 젊은이들을 위해 "따뜻한 바람 장학회"를 발족하여(2016년 12월) 대출받은 학자금 전액을 매월 갚아 주고 있습니다. 또한, 다문화 가정을 위해 "다문화 가족 랜드"를 조성하여, 각종 시설을 무료로 활용하도록 하고 있습니다.

이러한 따뜻한 실천이 아직은 미약합니다. 그러나 책의 수입이 늘고, 저와 뜻을 같이하는 분들이 늘어나면 계속 확대할 것입니다. 지도자로서 신도의 재물을 헌금으로 거둬들여 착복하는 것이 아니라, 하나님께서 기뻐하시는 일에 사용하도록 중매 역할만 하며 살아가고자 합니다. 이런 제가 과연 사탄이고 이단인가요? 하나님께서 기뻐하시는 일이라면, 저에게 사탄이라 하든 거짓 선지자라 하든 굽히지 않고 실천해 나갈 것입니다.

끝으로, 일상의 삶 속에서 "지금 내가 하는 행동이 과연 하나님께서 기뻐하실까, 슬퍼하실까?" 생각하고, 매사에 하나님께서 기뻐하시는 길을 택하기 바랍니다. 교회에 모여서 집단적으로 예배 드리는 것이 아니라, 개인이나 가정 단위로 새로운 성경을 읽어 스스로 깨우치고 그대로 행하면 충분합니다. 그것이 마음속에 성전을 짓고, 신령과 진정으로 예배 드리는 길입니다. 그러면 천국의 문에 들어서게 됩니다.

2017. 2. 1.

하나님 말씀 대역자 김용철

차 례

십 계 명

이 책은 십계명을 암송하고 나면 내려 주시는 "하나님의 음성"을 듣고 그대로 받아쓴 기록입니다. 하나님께서 십계명을 모세에게 내려 주셨지만, 그것은 만백성에게 내려 주신 것입니다. 마찬가지로 이 책의 모든 말씀도 저에게 내려 주셨지만, 만백성 각자에게 들려주시는 말씀입니다. 여러분도 이 책을 접할 때마다 십계명을 암송하고 나서 정독해 주시기 바랍니다.

제일은, 너는 나 외에는 다른 신들을 네게 있게 말지니라.
제이는, 너를 위하여 새긴 우상을 만들지 말고, 또 위로 하늘에 있는 것이나, 아래로 땅에 있는 것이나, 땅 아래 물 속에 있는 것의 아무 형상이든지 만들지 말며, 그것들에게 절하지 말며, 그것들을 섬기지 말라.
제삼은, 너는 너의 하나님 여호와의 이름을 망령되이 일컫지 말라.
제사는, 안식일을 기억하여 거룩히 지키라.
제오는, 네 부모를 공경하라.
제육은, 살인하지 말지니라.
제칠은, 간음하지 말지니라.
제팔은, 도적질하지 말지니라.
제구는, 네 이웃에 대하여 거짓 증거하지 말지니라.
제십은, 네 이웃의 집을 탐내지 말지니라.

나 여호와가 존재함을 믿는 그 자체가 구원의 길에 들어서는 기본이요, 근본이며, 나의 새로운 성경을 가슴에 안고 정독하는 자, 반석 위에 서서 하늘에 오르는 찬란한 빛을 보게 되는 영광을 얻게 됨이니라. 진정 나를 따르고 믿는 자는 감히 사탄이나 마귀도 근접하지 못하느니라.

〈하나님 말씀〉

2003년 2월

4,993 번째 하나님 말씀

2003년 2월 14일 01시 17분

1 사랑하는 나의 아들아!
2 "네, 아버님! 말씀하옵소서."
3 내가 내려 준 이 지상의 성전이요, 이 아름다운 세상이요, 모든 동식물이 더불어 살아가며 그 모두를 관장하며 통제하도록 너희들에게 내려 준 이 아름다운 세상이 악에 의하여 파멸의 위험 수위가 너무 높이 와 있으며, 그 위험 수위가 말할 수 없음이니라.
4 범람하여 둑을 넘어 밀어붙이는 그 홍수처럼 악의 행함이 지금 이와 같이 위험 수위에 있음이니,
5 너희들은 그와 같은 위험 수위에 와 있는 이 세상의 그 험악함을 알아야 할 것이며,
6 나로부터 선택된 백성 너희들이 이를 바로잡아 세상을 바로 세워야 함이 너희들의 책무임을 알아야 할 것이니라.
7 더욱이 종교 지도자들이 그를 깨우쳐야 할 때가 되었거늘, 그들이 그를 깨우치지 못하고 있음이니라.
8 모든 종교 지도자들이 스스로 지금의 사악함이 위험 수위에 와 있음을 진단하여 그 병을 고치는 것에 앞장서야 할 것이거늘,
9 그들이 그 역사를 다하지 못하고 있음이니 이를 어찌해야 할 것인가?
10 모든 종교 집단 너희들이 스스로 진단하여 너희들의 믿음이 잘못되어 이 세상이 사악한 악마의 지배하에 넘어가는 그 위험 수위가 너무나 불안한 상태에 와 있으며, 다 넘어가는 그와 같은 형국이 되어 있음이니,
11 지금 여기서 다스려 깨우쳐 바로 서지 아니한다면 이 지상은 재앙의 벌로써 다스려지는 그 무서운 변화를 너희들이 보게 될 것이니라.
12 지금 사악한 자들, 사탄들이 이 세상을 넘겨다보는, 그리고 그들의 모든 통제에 들어가는 그 위험 수위가 너무 높이 와 있음이니,
13 머지않아 그와 같은 형국으로 이루어지는 그때가 되었음이니라.
14 지금 나의 법전이 세상에 내려가 나의 백성이 지금 이를 보고 깨우치며 나로부터 선택된 아들딸이요, 나의 아들을 따르는 그 제자들이 있기에, 지금 그들이 범람하는 그 물을 가마니로 막는 그와 같이 애쓰는 역사를 하고 있음이니,
15 과연 그것이 얼마나 지탱하며 얼마나 견딜 수 있다 생각하는가?
16 지금 모든 종교 지도자 너희들은 깨달아야 할 것이니라.
17 너희들은 내부를 진단하며 지금 하고 있는 짓을 진단해 보며, 너희들의 믿음이요, 참진리를 가는 것이 과연 어떠한 형국으로써 가는 것인가를 스스로 진단해 보라.
18 그리하여 너희들이 빨리 진단하여, 병을 고치는 의사가 되듯이 지금 잘못

가고 있는 그 믿음의 위험 수위를 바
로잡도록 아니한다면,
19 이 세상을 내가 사탄에게 모두를 다
넘겨줄 수는 없어 내가 재앙으로써 다
스림이니,
20 그 무서운 역사를 너희들이 다시 한
번 보려 하는가?
21 이제 나의 법전이 서서히 나가며 나의
선택된 백성이 있어 그들이 지금 범람
하는 물을 막듯이 그들이 있기에 지탱
하는 그와 같은 형국이요, 긴박한 현
시국임을 너희들은 알아야 할 것이니
라.
22 너희들이 이들에게 힘을 실어 주지 아
니하며 이들을 밀어붙이며 이들이 범
람하는 물을 막지 못하게 할 때, 너희
들이 다 쓰러져 죽는다는 것을 잊어서
는 아니 될 것이니라.
23 이와 같은 형국에 있는 것이 지금의
형국이니라.
24 내가 세상에 의인 한 명이 있으면 세
상을 다 주고도 바꾸지 아니한다 하였
듯이,
25 의인이 한 명 있음으로써 사탄들이 지
배하지 못하니 의인 한 사람으로서 사
탄이 세상을 지배 못 함이니라.
26 위험 수위에 있는 것을 의인 한 사람
이 있음으로써 그 위험 수위를 혼자
떠받치고 있음이니,
27 지금 나로부터 선택된 아들딸이요, 나
의 아들을 따르는 제자 그들이 지금
어떠한 형국에 있는가?
28 몰아치는 비바람에 쓰러질 것 같은 그
집을 받치며 그를 역대기에 엮어 바로
세우고자 지금 몸부림을 치고 있으니,
29 너희들이 거기에 힘을 보태 받쳐 주는
것이 아니요, 너희들이 그를 밀어붙이
는 그와 같은 역사를 할 때,
30 그들은 스스로 지쳐 손을 놓을 것이며
그 쓰러지는 집을 더는 지탱하지 못할
것이니라.
31 그때 너희들은 바로 무엇이던가?
32 그 순간에 너희들은 모두가 다 재앙
속에 휩쓸리는 그와 같은 무서운 벌을
받게 될 것이니,
33 이는 나 여호와가 너희들을 그리 다스
릴 수 있음을 알라.
34 그러하니 내가 지금 나의 백성을 보내
어 그들로 하여금 이를 바로잡고자 함
이니,
35 종교 지도자 너희들이 스스로 너희들
을 진단하여 빨리 깨우치도록 그리해
야 할 것이니 이를 잊지 말라.
36 사랑하는 나의 아들아, 너의 제자들에
게 전하라.
37 너의 제자들이 있으며 나의 법전을 읽
고 깨우치는 나의 백성이 있기에 지금
내가 재앙을 내리지 아니하며 스스로
이를 다스려 가는 그 역사가 이루어짐
이니,
38 그리하여 너희들이 바로 서는 것이 소
중하며 너희들이 굳건히 서는 것이 소
중하며,
39 너희들이 나의 법전을 한 권이라도 더
세상에 전하며 그 시간이 없다 하였으
니, 조급한 나의 마음을 너희들이 들
여다보도록 하라.
40 무엇이 두려워 주저하며 너희들이 무
엇이 아까워 주저하며 무엇이 소중하
기에 너희들이 이를 주저하는가?

41 너희들의 생명이 소중하여 주저하는
가, 그 생명의 위협 때문에 너희들이
주저하는가?
42 너희들은 주저하지 말라.
43 너희들이 역사하고 행할 때마다 나 여
호와가 같이함이니라.
44 나의 사랑하는 많은 백성이 지옥으로
가는 줄 모르고 지금 끌려가고 있음이
니, 그들을 구원하라.
45 너희들이 지금 지탱하는 그 힘을 여기
서 더 백 배로 힘을 하나로 만들어 너
희들의 힘으로써 모두를 다 버티는 그
와 같은 역사를 했을 때, 바람은 멈출
것이며 범람하는 그 물은 서서히 줄어
들 것이니,
46 그 물이 줄어들기 시작하면 너희들은
그 지옥의 재앙에서 벗어나는 것이며
만백성을 구하는 역사가 아니던가?
47 범람하는 물이 줄어들기 시작하면 그
보다 더 편안함이 없음이니라.
48 비바람에 쓰러지는 그 집이 비바람이
멈췄을 때 너희들은 역대기에 엮어 그
를 바로 세울 수 있는 것이 아니던가?
49 그와 같이 역사하는 나의 선택된 아들
딸들을 너희들이 밀어붙이며 욕하며
저주하는 행위를 하지 말라.
50 그들을 감히 사탄이요, 마지막 시대에
온 거짓 선지자를 따르는 흉악한 백성
이라 감히 너희들의 입으로 그 이름
석 자도 부를 수 있는 자격이 없는 자
들이 사탄이요, 사악한 자라 그리 부
르지 말라.
51 바로 너희들을 구원하며 너희들을 존
재하게 하며 너희들을 물의 재앙으로
부터 구원하며 너희들의 모든 근본까
지도 지옥 불로 가 태워 버려지는 그
와 같은 지금의 그 형국에 있는 너희
들을 구하는 자들이 그들이며,
52 그들로 하여금 너희들이 구원의 길을
볼 수 있는 그 영광이 있음을 잊지 말
라.
53 어찌하여 은인을 너희들이 원수로 갚
으려는 그 사악한 행위를 하는가?
54 너희들 자신을 돌아다보도록 그리하
라.
55 모든 종교 지도자 스스로 너희들에게
너의 점수를 매겨 보라.
56 그리고 너희들이 가고 있는 그 믿음이
과연 어떤 것인가, 너희들이 행하는
것이 얼마나 참진리에서 너희들이 선
함을 향하고 사는 것인가 그를 너희들
이 금 저울로 달아 너 자신을 평가하
도록 그리하라.
57 그렇지 아니하면 너희들은 영원히 나
에게 올 수 없음을 알라.
58 내가 나의 법전에 기록하여 종교 지도
자 너희들이 변하는 길이요, 신도들이
변해야 할 길이요, 종교 집단 너희들
이 가던 길을 멈추고 나의 법전을 읽
고 깨우치라 하는 그 모두를 기록하여
전했으니,
59 너희들이 몰라서 그와 같은 길을 갔노
라 내 앞에 와 심판받을 때 핑계 대며
변명할 수 있는 그것까지도 없음을 너
희들은 알라.

4,994 번째 하나님 말씀

2003년 2월 14일 01시 26분

1 사랑하는 나의 아들아!

2 "네, 아버님! 말씀하옵소서."
3 지금의 모든 종파는 겸손함이요, 겸손
의 미덕을 상실한 지가 너무나 오래
되었음을 너희들은 알아야 할 것이니
라.
4 겸허한 그 마음의 자세를 찾아볼 수
없는 것이 지금 나의 피조물 만백성
너희들이 살아가고 있는 것이니라.
5 만인의 종이요, 나 여호와의 종이라
하는 종교 지도자 그들이 이제는 교만
이 지나쳐 나 여호와요, 창조주를 잊
어버렸으며 지워 버리는 그와 같은 속
에서
6 저희들이 나를 부르며 나의 아들을 주
예수라, 구세주라 부르며 저희들이 구
원받았다 말을 하고 있음이니,
7 나를 잊은 지가 그들에게는 정녕 오래
되었음을 너희들은 알아야 할 것이니
라.
8 저희들이 말로써 나를 부르짖으며 나
를 찾으나, 그들의 마음속에서 나는
그들에게 기억이 지워지기 시작하였
으며,
9 그리하여 저희들이 지금 작은 신이 된
것처럼 이 세상의 나의 피조물 만백성
을 지배하며 궁궐과 같이 더 아름다운
성전을 짓고자 하며, 많은 나의 백성
을 모아 저희들이 하나의 주는 것도
없이 그 재물을 거둬들이는 그와 같은
사악한 행위를 하고 있음이니라.
10 저희들이 지금은 작은 신과 같은 행위
를 하고 있으며, 지금은 그들이 우리
부자의 이름을 팔아먹지 아니하면 나
의 백성을 모을 수 없으며 재물을 거
둬들일 수 없기 때문에 아직까지는
우리 부자의 이름을 팔아먹는 그 죄스
러움에 한 가닥의 양심이라도 남아 있
기에, 저희들이 작은 신의 역할을 하
고 지금 작은 신의 행위를 하고 있음
이니라.
11 나의 아들 예수도 직접 그리 말하였음
이니라, 만백성은 그의 친구라.
12 그리하여 지금의 모든 종교 집단이요,
지도자들이 작은 신으로서 저희들이
나의 피조물 만백성 위에 군림하고 있
음을 거절하지 못함이니라.
13 너희들은 말로써는 겸손하며 만백성
의 종이라 말하나, 너희들은 나 여호
와로부터 선택된 자이기 때문에 사악
한 짓을 한다 하여도 그 신도들이 너
희들을 심판할 수도 없으며 갑론을박
할 수 없다 그와 같이 말하는 것이 바
로 너희들이 군림하는 것이 아니던가?
14 그리고 너희들이 나의 피조물 만백성
을 이용하여 지은 그 성전이요, 그것
을 사고팔며 상업적으로 거래할 때,
나의 사랑하는 백성의 머릿수며 그 궁
전처럼 넓고 크며 아름답게 꾸민 것을
가지고 거래하는 이와 같은 자들이 어
떠한 자들이냐?
15 너희들은 장사꾼이니라.
16 그리고 모든 나의 피조물 만백성을 너
희들 마음대로 사고팔고 하는 행위를
하니,
17 너희들이 그들 위에 주인으로서 존재
하는 그와 같은 행위요, 심보가 아니
라면 어찌 그를 팔고 살 수 있단 말이
던가?
18 지금은 너희들이 우리 부자의 이름을
팔아먹는 것이 부끄럽고 미안하여, 아

직은 나의 피조물 만백성이 우리 부자 이름을 팔지 않을 때 너희들을 따르지 아니하기에, 지금은 일말의 양심을 가지고 작은 신의 역할을 하고 있음이니라.

19 그러나 너희들은 머지않아 나를 지배하는 신으로서 둔갑하게 될 것이며, 나를 너희들 발 앞에 두고자 할 것이며, 너희들이 나보다 높은 자로서 변하는 그와 같은 형국이 될 것이니라.

20 교만과 탐욕과 물질 만능의 시대로 변하며 모든 믿음은 참진리를 가르치는 것이 아니요, 재물을 사고파는 상업주의로 변질된 것이 지금의 이끄는 종교 집단의 형태이니,

21 너희들이 지은 죄를 더는 감내할 수 없어 너희들이 나에게 와 심판받는 것을 두려워할 때, 너희들은 나 여호와를 무시할 것이며,

22 내가 존재하지 아니하며 오로지 너희들이 가르친 교리요, 그 설법만이 위대한 것이라 하여 너희들을 따르게 하며 너희들만을 바라보도록 하며,

23 너희들에게 맹신하고 맹종하여 목숨까지 너희들을 위하여 바치면 영원히 불멸의 천국에 오른다는 그와 같은 형국으로 변할 자들이 바로 너희들이니라.

24 이와 같은 행위를 할 날이 머지않은 것이 너희들이니라.

25 자기 앞에 더 큰 밥그릇을 놓으려고 아비규환같이 지금 싸우는 데만 연연하고 있으니, 너희들이 나를 무시하며 나 위에 올라서고자 하는 행위는 머지 않았음이니라.

26 너희들이 제 앞에 더 큰 밥그릇을 놓으려고 아귀다툼을 하는 것에 젖어 있으며 오로지 그를 위하여 전쟁을 하고 있는 것이 너희들이 아니던가?

27 너희들은 아니라 말하나, 그와 같은 엄연한 사실을 알아야 할 것이니라.

28 그 예로써 너희들이 어찌 살아가는가?

29 서로 나의 성경을 가지고 공부하며 같은 지파요, 같은 종파라는 너희들이 서로 비방하며 서로 시기하고 질투하며, 같은 종파끼리 저희들이 가르치는 길만이 천국에 간다 그리 말함이니,

30 너희들이 얼마나 자신의 사악함을 드러내는 것이며 너희들의 욕심을 위하여 살아가는 백성이던가?

31 같은 성서를 가지고 너희들이 그것이 옳고 그르다 하여 네 것만이 맞다 하여 그릇 싸움을 하고 있는 것이 지금의 종교 집단 너희들이니,

32 너희들이 머지않아 나를 능멸하며 나 위에 서고자 할 것이나, 너희들은 여기서 착각에서 벗어나야 할 것이니라.

33 창조주 나 여호와가 너희들의 머리카락 하나까지 세고 그 모두를 알고 있는 어버이라 말하면서 내가 너희들에게 감히 그와 같은 역사를 이룰 수 있도록 하겠는가?

34 그를 놓아두지 아니함이니라.

35 그리하여 너희들을 단죄하며 심판하는 나의 법전이 세상에 내려가며 나의 아들을 따르는 제자들이요, 나의 법전을 읽고 깨우치는 백성이 너희들을 단죄할 그 힘이 머지아니하였기에 이 세상을 덮는다는 것을 알라.

36 너희들이 죽기 전에 그 무서운 위대함

을 보게 될 것이니 그때 후회하는 자는 나에게 올 수 없는 자임을 알라.

4,995 번째 하나님 말씀

2003년 2월 14일 01시 34분

1 사랑하는 나의 아들아!
2 "네, 아버님! 말씀하옵소서."
3 지금의 믿음의 길이 배불러 만족해하는 짐승의 세계보다도 더 무서운 물질의 싸움판으로 변질된 것이 지금의 종교 집단의 형태임을 너희들은 알고 있는가?
4 아무것도 생각하지 못하며 그저 배가 부르면 만족하며 행복하게 생각하는 짐승의 세계보다도 더 잔혹한 세상으로 전락되어 있는 것이 지금의 믿음의 길을 가는 종교 집단들의 형태이니라.
5 그들은 물건을 사고파는 그 시장판보다도 더 혼란스러우며 더 사악한 형태로써 지금 이끌어져 가는 것이 종교 집단이니라.
6 그 안에 서로 물질 때문에 싸움판을 벌이며 고성을 지르며 이웃의 형제라 말하는 자들이 원수처럼 돌아서는 그와 같은 종교 집단의 믿음의 형태가 아니던가?
7 바로 이와 같은 속에서 너희들이 어떠한 진리를 얻으며 나 여호와에게 오를 수 있는 길을 갈 수 있다 말하는가?
8 지금 나의 법전을 읽으며 나의 아들을 따르는 너의 제자 너희들은 한번 깨우쳐 보라.
9 너희들이 바른길을 가려고 얼마만큼 몸부림을 쳐 악습 하나를 덜어 버릴 수 있는가?
10 너희들이 잘못된 그 악습 하나를 덜려고 눈물의 싸움이요, 눈물의 시험을 겪고 눈물의 훈련을 거쳐서 하나씩 덜어 가려니 너희들이 변하기가 얼마나 어렵고 힘들던가?
11 그와 같이 하느니 물질 때문에 싸움하며 시장판보다도 더 혼란한 그와 같은 종교 집단 속에서 너희들이 무엇을 얻으며 무슨 변화의 역사를 이룰 수 있겠는가?
12 이를 더는 볼 수 없어 나 여호와가 새로운 성경이요, 나의 법전을 세상에 내려보내 너희들을 통하여 지금의 이 작태를 심판하고자 함이니,
13 너희들이 심판관으로서 바로 서는 것이 중요하며,
14 심판관으로서 나의 법전을 정독하여 그 법전의 내용대로 행하고 살아가는 것이 얼마나 중요하며 시급한가를 너희들은 알아야 할 것이니라.
15 그리하여 내가 너희들에게 법전을 읽으라 하며 법전을 가슴에 안고 정독하여 그 뜻을 깨우치라는 나의 뜻을 너희들은 알아야 할 것이니라.
16 지금 나의 아들을 통하여 나 여호와가 이루고자 하는 하늘의 설계도를 지상으로 내려보내는 것이 바로 이 법전이니라.
17 내가 새로운 세상을 이루고자 새로운 설계도를 만들어 이 세상에 내려보냄이니,
18 이 설계도를 보고 이 설계도를 소화시켜 너희들이 지상에 아름다운 건축물을 이루듯이, 새로운 시대를 열어 가

는 그 설계도를 가지고 역사할 것은
너희들이니라.
19 너희들이 설계도를 펴 놓고 그를 공부
하며 터를 닦기 시작했을 때, 너희들
후손이 새로운 역사요, 내가 이루고자
하는 그 세상을 이루어 놓을 것이니,
너희들의 준비 단계가 얼마나 중요한
지 알라.
20 너희들이 입고 사는 그 옷도 첫 단추
를 잘못 꼈을 때 모두가 다 엉클어지
듯이 너희들이 나의 설계도를 잘못 보
며 설계도를 인식하지 못하며 그를
깨우쳐 볼 실력이 없는 자들로서 설계
도를 잘못 봐 너희들이 설계해 놓는
다면,
21 너희 후손들은 아무리 좋은 머리를 가
지고 이를 역사한다 해도 그 설계도가
잘못되어 있으니 그 잘못된 설계도를
보고 새로운 세상을 열어 역사할 수는
없음을 알라.
22 그리하여 기초를 다지는 너희들이 소
중하며 너희들이 얼마나 귀한 나의 아
들딸인가를 알아야 할 것이니라.
23 그리고 너희들이 새로운 역사를 이루
는 나 여호와 창조주가 하늘의 비밀이
요, 몇천 년 동안 내가 간직하여 그려
놓았던 그 세상의 설계도를 너희들의
손에 넘겨줌이니,
24 이를 받는 너희들의 가슴이 뛸 것이
며, 너희들의 머리가 쭈뼛 설 것이며,
너희들의 생명을 다 바쳐도 부족함이
없거늘,
25 어찌하여 너희들이 안일한 생각이요,
나태한 생각으로써 지금 가고 있는가?
26 너희들은 다시 한 번 생각해야 할 것
이며, 다시 한 번 바로 서는 마음의 자
세요, 마음을 굳건히 하는 그와 같은
역사의 시간을 가져야 할 것이니라.
27 나의 아들을 따르는 모든 제자요, 백
성은 너희들의 마음이 하나가 되어 이
설계도를 읽고 깨우쳐 너희들이 바른
터를 닦는 것이 너희들의 대임이니,
28 그를 닦아 놓고 너희들이 나에게 왔을
때 그 공로는 내가 너희들을 가슴에
안음이니 그리 알라.

4,996 번째 하나님 말씀

2003년 2월 14일 01시 48분

1 사랑하는 나의 아들아!
2 "네, 아버님! 말씀하옵소서."
3 나의 아들 예수가 그 제물로서 그 고
통이요, 죽음의 길을 겪은 지가 2천
년이라는 그 세월이 흘러 지금에 왔음
이니라.
4 2천 년 동안 나의 아들이 만백성을 깨
우쳐 참다운 삶을 살며 하늘에 오르는
길을 인도하고자 하였으니,
5 2천 년 동안 그 알곡식이 하나도 거둬
들이지 못했다 하면, 과연 너희들은
이 말을 믿으며 이 뜻을 이해하겠는가?
6 내가 2천 년 동안 알곡식을 하나도 거
둬들이지 못하는 그와 같은 역사의 세
월이 흘렀다면 과연 무엇을 의미하는
가?
7 무엇인가가 잘못되었기에 알곡식을
거둬들이지 못한 것이 아니던가?
8 여기에는 어떠한 답이 있을 것이니라.
9 과연 씨앗이 나빠서 2천 년 동안 알곡
식을 하나도 거둬들이지 못하고 그 싹

을 틔우지도 못하였겠는가?
10 밭이 황폐해서 그랬겠는가, 토질이 나
빠서 그와 같이 씨를 심어 하나의 알
곡식도 거두지 못하고 2천 년 동안의
허송세월을 했단 말이던가?
11 그렇지 않으면 그를 가꾸는 농부의 생
활이 게을러서 그가 시기를 놓쳐 가
꾸지 못하여서 2천 년 동안에 알곡식
을 하나도 구하지 못하였다는 말이던
가?
12 나의 아들은 죽어 가면서까지 알곡식
을 하나 구하고자 했으나,
13 나의 아들이 피 흘려 죽어 간 그 고통
의 보람은 어디로 갔는지 찾아볼 길
이 없으며, 알곡식을 하나도 구하지
못한 이 시점을 너는 어찌 보는가?
14 그러면서 나의 아들의 보혈로써 은혜
를 받았다, 구원을 받았다며, 저희들
이 십자가를 타고 하늘에 오르는 것처
럼,
15 나의 아들 예수가 지상에 내려가 저희
들은 그저 들림을 받아 하늘에 오르는
것처럼 그 환상에 젖어 개구리가 울부
짖듯이 소리만 지르고 있는 것이 지금
의 종교 집단이요,
16 그들을 이용하여 재물을 거둬들이는
지금의 사악한 형국이 이루어지고 있
음이니 이를 어찌하여야 하겠는가?
17 농부가 시기를 놓쳤기 때문도 아님이
니라.
18 그리고 밭이 황폐해서도 아님이니라.
19 가장 중요한 것은 가꾸어야 할 농부가
게으름을 피운 것도 아니요,
20 그 농부가 농사를 짓는 방법을 잘못
배워 그 농사짓는 것을 잘못 지었기
때문이 아니던가?
21 때와 시기를 놓쳐서 심지 못하였음이
니라.
22 농부가 농부로서 그 할 일을 모르며
때를 맞출 줄 모름이니,
23 심어야 할 그 시대에 씨를 뿌리지 못
하였으며 그 옥토를 가꾸지 못하였으
니, 어찌 알곡식을 육성시켜 그 곡식
을 거둬들일 수 있다 하는가?
24 지금 그 형국이 되어 있음이니라.
25 그리하여 나의 법전을 세상에 내려보
냄을 여기서 너희들이 알아야 할 것이
니라.
26 만백성을 가르쳐 알곡식을 추수할 수
있도록 버릴 자와 버리지 아니할 자를
구원하는 그와 같은 역사를 이룬다는
종교 지도자들이 나서지 아니하였더
라면, 나의 백성이 스스로 그것을 선
택할 기회가 있을 것이거늘,
27 저희들이 재물을 모으는 데만 급급하
며 사악한 행위를 하는 데만 급급하며
죄의 온상인 성전을 짓는 것에만 연연
하다 보니,
28 나의 피조물 만백성이 스스로 선택할
수 있는 그와 같은 기회까지 저버렸음
이니라.
29 그리하여 지금 종교 지도자들이 잘못
가르치며 나의 성경의 뜻을 알지 못하
기에,
30 잘못 배운 농부가 그 시기를 놓쳐 역
사하지 못한 것처럼 알곡식을 하나도
거둬들이지 못하는 그와 같은 형국이
되어 있음이니라.
31 그리하여 내가 나의 아들을 통하여 새
로운 성경이요, 새로운 법전을 160권

으로 엮어 세상에 내려보내는 것은 바
로 바른 농부를 육성하고자 함이니라.
32 씨앗을 뿌릴 때 뿌리며 씨앗을 관리할
줄 알며 밭을 관리할 줄 알며 그를 기
를 줄 아는 그와 같은 농부를 길러 내
고자 함이니라.
33 약을 줄 때 약을 주며 물을 줄 때 물을
줘서 바르게 기를 수 있는 완벽한 그
훈련된 농부를 만들고자 나의 법전이
세상에 내려감이니라.
34 너희들이 구약과 신약이라는 씨앗을
너희들에게 주었으나,
35 그 농부가 제대로 배우지 못하여 그
농부가 농사짓는 방법을 몰라 구약과
신약의 씨앗을 잘못 뿌렸음이니,
36 그리하여 내가 구약과 신약을 덮는다
는 그 나의 아픈 이유를 알겠는가?
37 너희들은 깨달아야 할 것이니라.
38 이제 내가 나의 법전으로 완벽한 농부
를 육성하여 그 씨앗을 심어 내가 알
곡식을 거둬들이고자 지금 시작함을
너희들은 알라.
39 이것이 곧 심판이요, 가라지는 버릴
것이며 내가 알곡식을 추수하는 역사
가 시작되는 것임을 알라.

4,997 번째 하나님 말씀

2003년 2월 14일 05시 59분

1 사랑하는 나의 아들아!
2 "네, 아버님! 말씀하옵소서."
3 우선 나의 피조물 만백성 너희들이 진
정으로 나 여호와가 존재함을 믿는 그
와 같은 믿음 속에서 그를 믿고 갈 때
나 여호와가 하늘에 존재함을 알고 있
음이니,
4 그리하여 너희들은 인생의 삶을 마치
고 나에게 와 심판을 받는다는 것을
깨닫게 되며,
5 그 심판의 결과가 얼마나 무서운 것이
며, 또한 선택된 자의 축복이 얼마나
위대한 것인가를 그것을 너희들이 먼
저 깨닫고 마음속에 간직하고 살라 하
였음이니라.
6 그와 같이 산다 하면 너희가 정녕 지
금과 같이 말로써 수다를 떨며 광란의
짓으로써 믿음을 갈 수 없다 내가 말
하였느니라.
7 이제는 나의 법전에 기록하여 모두를
너희들에게 전하여 주었음이니,
8 너희들이 나의 아들 예수의 보혈로써
구원을 받았다 말하는 것이 얼마나 예
수를 욕되게 하며 나 여호와를 욕되게
하는 것인가를 알았을 것이니라.
9 그와 같이 내가 원하는 것이 무엇이며
내가 이루고자 하는 참진리의 뜻을 내
가 나의 아들을 통하여 하나하나 너희
들에게 깨우쳐 줌이니,
10 이제 너희들은 그대로 행하고 지키고
살아가는 것만이 너희들이 해야 할 길
임을 알아야 할 것이니라.
11 나 여호와가 존재함을 믿는 너희들이
내가 명한 것을 거역하는 자는 아무리
마음으로써 내가 존재하다 생각해도
진심으로 변화의 마음이 없는 것이니,
너희들은 나를 생각하고 기억함이 아
니니라.
12 너희들이 말로써는 그리 생각하나 정
녕 깊은 뿌리 속에는 나 여호와가 존
재함을 생각하지 아니하며 기억하지

않으려 하는 삶을 산다는 것을 알아야
할 것이니라.
13 너희들이 아무리 말로써 그리 믿으며
생각으로써 아무리 믿는다 하여도, 행
동으로 옮기지 아니하며 행동으로 하
지 아니할 때는 너희들이 나의 존재함
을 믿지 아니하며 내가 존재하는 그
두려움을 모르는 것이니라.
14 너희들이 아무리 그와 같이 생각으로
써 믿으면 무엇하는가?
15 행함이 따르지 아니할 때는 너희들이
내가 존재함을 모르며 나로 하여금 심
판의 두려움을 너희들이 모르며 그를
인정하지 아니하는 행동이라는 것을
알아야 할 것이니라.
16 이제 너희들은 말할 필요가 없느니라.
17 너희들이 정녕 말로써 나 여호와가 존
재하며, 너희들이 찬송을 부르며 눈물
의 기도를 드림으로 인하여 내가 존
재한다며 나의 뜻에 따라 살아가며 그
리하여 너희들이 하늘에 오르는 것으
로 생각해도,
18 막상 너희들이 행동을 하지 아니하고
생각으로써 나를 기억하며 내가 있다
믿는 것은 진정으로 믿는 것이 아님을
알라.
19 너희들이 나 여호와가 존재하는 것을
알면 율법이요, 나의 계명이요, 내가
새로운 성경에 기록하여 전하는 그 모
두를 그대로 행하고 지키는 것이 내가
존재함을 믿는 백성이니라.
20 그리하여 내가 너희들에게 마지막 전
하지 않았는가?
21 나 여호와가 존재함을 믿는 그 자체라
말하는 것은 너희들이 말로써 생각으
로써 하는 것이 아니라 너희들이 수다
를 떠는 것으로써 구원을 받는 것이
아니라 내가 말했으며,
22 행함이 구원의 길이라 말했듯이 바로
행함이 중요함을 알아야 할 것이니라.
23 너희들이 말로써 나 여호와를 찾으며
광분하여 소리 지르며 '주여, 주여!'
아무리 부르짖는다 하여도,
24 행동이 그를 따르지 아니하며 행동이
뒷받침하지 아니하면, 너희들은 나를
부르나 나를 부르는 것이 아니요,
25 너희들의 마음과 생각은 다른 곳에 있
다는 것을 알라.
26 이것이 바로 중요함이며, 이것이 믿음
의 길을 가는 태도이며, 너희들이 믿
음의 길을 가는 길임을 알라.
27 내가 일찍이 너희들에게 성서에 기록
하여 전했느니라.
28 배고픈 자에게 말로써 '배가 고프겠
다, 때가 지나갔으니 배가 고프겠다.'
하면 무엇하는가?
29 그에게 한 끼의 음식을 대접하는 것,
그리고 너희들이 없으면 같이 한 끼를
나눠 먹는 그것이 행동이요, 나의 뜻
이라 하였음이니라.
30 말로써 '배고프겠다, 배고프지 않느
냐?' 하는 그와 같은 것은 아무런 행
동함이 아니니,
31 그와 같이 말로 하는 것은 사랑하는
것이 아니지 않은가?
32 나 여호와의 뜻이 무엇이던가?
33 너희들이 사랑을 행함이니라.
34 그러나 너희들이 아무리 말로 광분하
며 떠든들 무엇하는가?
35 너희들이 말로써 하는 것은 물질을 손

해 보는 것이 있는가?
36 너희들은 말로써 하는 것은 손해 보는 것이 없음이니,
37 손해 보며 손실이 있는 행위는 하지 아니하고, 말로써만 그리하는 것이니라.
38 말로써 세상 것을 다 주는 듯하면 무엇하는가?
39 거기에는 하나도 이루어지는 것이 없으며 상대방의 손에 쥐여 주는 것이 없음이니, 그것은 아무것도 아니니라.
40 그저 형식적으로 지나는 것이니라.
41 너희들이 정녕 말로써 하는 것이 아니요, 나의 뜻을 실천하는 것은 행동으로 하는 것이니라.
42 그리하여 행동으로 하지 아니하는 것은 그저 형식적인 말이요, 형식적인 분위기에 따라서 너희들이 위선적인 행동을 하니,
43 지금 너희들이 행동은 하지 아니하고 말로써 나를 찾으며 나의 아들 이름을 부르짖는 그와 같은 것은 다 형식적이며,
44 너희들 자신도 모르는 사이에 너희들이 그저 기분에 내켜 하는 것이요,
45 내가 존재함을 진정 믿는 자가 아니니라.
46 나를 존중하며 믿는 자는 너희들이 행동으로 실천하도록 하라.
47 물에 빠진 자를 건져 주지 아니하면서 물에 빠진 자를 바라만 보면서 너희들이 나 여호와의 뜻이요, 내가 원하는 길이라 말하는 자와, 제 목숨을 던져 물속에 들어가 그 생명을 구원하는 자는 어떠한 차이가 있는가?
48 그것이 바로 너희들이 형식적이며 생각으로써 하는 그 믿음은 믿음이 아니라는 뜻을 너희들은 알라.
49 그러니 너희들이 나의 율법이요, 십계명대로 그리고 새로운 나의 성령대로 나의 법전대로 지키고 행하며 사는 것이 나에게 오르는 길이라는 것을 잊지 말라.
50 그렇지 아니하고 나를 부르고 찾는 것은 다 형식적이며, 너희들이 나를 진정 부르고 찾는 것이 아님을 알라.
51 그리고 나에게 경배하는 기도가 아님을 너희들은 알아야 할 것이니라.

4,998 번째 하나님 말씀

2003년 2월 14일 06시 05분

1 사랑하는 나의 아들아!
2 "네, 아버님! 말씀하옵소서."
3 지금의 모든 지상에 있는 종교 집단들이 어찌 가고 있는가?
4 선을 행하며 아름다움을 세상에 전하는 것이 아니요, 세상을 다 추한 것으로 덮고 있어, 그들로 하여금 알곡식을 거둬들일 수 없는 그와 같은 형국이 되어 있다면 어떠하겠는가?
5 지금의 모든 종교 집단이 잘못 가며 잘못 깨우치며,
6 그들이 참진리를 연구하는 것이 아니요, 저희들의 부귀영화를 위하여 모두를 맞춰 나가며 재물의 노예가 되어 있는 그와 같은 형국에, 그 사악한 마음이 세상을 다 덮고 있음이니라.
7 그리하여 지금 정녕 알곡식을 하나도 거둬들이지 못했다면, 2천 년 동안 역

사가 흐르는 동안에 한 톨의 알곡식도
거두지 못하는 지금의 믿음의 형국이
되었다면 과연 어찌하겠는가?
8 아무런 쓸모가 없으니 그 모두를 다
불에 태워 버리는 길밖에 없지 않은가?
9 알곡식을 거두지 못하는 그 가라지들
을 어찌하겠는가?
10 쓸데없는 그 과실의 나무를 다 뽑아
태우는 것밖에 다른 방도가 없음이니
라.
11 지금의 모든 종파가 알곡식을 생산하
지 못하는 그와 같은 형국이며, 알곡
식을 생산하는 그와 같은 능력을 상실
하여 그저 넝쿨만 요란하며 이파리만
무성한 그와 같은 나무와 같음이니라.
12 너희가 뭐라 해도 지금의 모든 나무들
이 다 뿌리부터 열매를 맺을 수 없는
나무이니,
13 그 가지와 잎이 아무리 무성하면 무엇
하는가?
14 과일을 맺을 수가 없음이니라.
15 지금의 모든 종파 너희들이 그러하니
라.
16 뿌리부터 썩고 썩어 왔으니, 가지가
아무리 무성하고 잎이 무성하면 무엇
하는가?
17 인간이 최소한 먹어야 할 그 과일을
열 수가 없으니, 그 씨앗이 생산될 수
없는 것이니라.
18 그리하여 지금의 너희들이 그와 같은
형국이 과일을 열어 만백성이 먹을 수
있도록 하는 그 능력을 상실한 나무로
하여금 너희들만이 존재하는 것이 아
니요,
19 알곡식을 생산할 수 있는 그 나무까지
자라지 못하도록 그를 짓누르고 덮어
놓고 있음이니,
20 그 쓸데없는 넝쿨을 내가 거둬들이고
자 하며 그를 뽑아 태워,
21 과일이 열릴 수 있는 나무가 자라도록
하고자 하는 것이 바로 나의 뜻임을
너희들은 알아야 할 것이니라.
22 그리하여 내가 그 나무에서 완전하게
과일이 열릴 수 있도록 내가 나의 법
전이요, 새로운 성경을 세상에 내려보
내 너희들의 손에 쥐여 주는 그 위대
한 역사를 너희들은 알아야 할 것이니
라.
23 지금 모든 종교 집단이 그 사악한 악
으로 인하여 이 세상을 다 덮어 버리
고 있으며 다 덮여 있느니라.
24 그러나 그와 같이 덮는 그 세월이 2천
년이 흐르는 동안 너희들이 이 세상을
지배하며 그리 넝쿨로 세상을 덮고 있
었으나,
25 너희들이 하나라도 알곡식을 생산하
는 그와 같은 역사를 이루지 못하였으
니,
26 알곡식을 생산하지 못하는 그 모든 나
무의 가라지들을 다 내가 태워 버리
며 다 뽑아 버려 세상에 존재하지 못
하도록 하며,
27 과일을 열어 만백성이 즐겁게 먹을 수
있는 그와 같은 나무를 심고자 하는
것이 나의 뜻이니 그리 알라.

4,999 번째 하나님 말씀

2003년 2월 14일 06시 11분

1 사랑하는 나의 아들아!

2 "네, 아버님! 말씀하옵소서."

3 과일의 열매를 열 수 없는 나무가 세상을 다 덮은 꼴과 같이,

4 지금의 모든 종파들이 잘못 가르치고 잘못 뿌리를 내린 그들이 이 세상을 다 덮고 있어 이 세상 나의 피조물 만백성을 통제하고 지배하니, 그들이 어떠한 결과를 맞았는가?

5 그들이 지금 바른 믿음이요, 바른 종교로써 만백성을 다스렸다면 오늘과 같은 사악한 시대는 열리지 아니하였을 것이니라.

6 낳아 주고 길러 준 그 부모를 자식이 어찌 생각하는가?

7 재물 때문에 그 자식이 부모를 살해하며 부모를 죽게 하는 그와 같은 지금의 형국이 되어 있음이니라.

8 그리하여 너희들이 지금 인간으로서는 상상할 수 없는 그와 같은 작태가 벌어지고 있음이니,

9 재물이 무엇이며 명예가 과연 무엇이던가?

10 배운 자, 배우지 못한 자, 할 것 없이 재물의 욕심 때문에 너희들이 부모를 살해하는가 하면,

11 인간사 길러 준 '네 부모를 공경하라.' 내가 십계명에 기록하여 전하였건만,

12 너희들은 지금 쇠진한 부모를 버리는 자가 있는가 하면, 부족한 자식이라 하여 그 자식을 부모가 또한 팽개치고 버리는 세상에 상상할 수 없는 무서운 형국이 자행되고 있는 것이 지금의 너희들이 살아옴이니, 바로 이것은 무엇이던가?

13 잘못된 종교 집단들이 이 세상을 덮고 있기 때문임을 알아야 할 것이니라.

14 지금 명예를 위하여 자기 자신을 위하여 육신의 향락을 위해서는 음란하고 방탕한 행동이 극에 달하여 있는 것이 너희들이며,

15 인간의 육의 몸뚱이를 위해서, 그 향락을 위해서 먹어서는 안 된다는 모든 동식물까지도 그저 삼켜 버리는 지금의 형국이니,

16 이성을 알지 못하는 동물이 먹이라면 그저 먹어 삼키는 그와 같은 형국과 다른 것이 무엇이 있는가?

17 너희들이 지금 살아가는 형국이 이와 같이 추하고 더러운 모습으로 변해 있음이니,

18 육을 위해서는 너희들이 죄를 짓든 남에게 피해를 주든 그것을 생각하지 아니하며, 오로지 향락을 위해서만 살아가는 것이 너희들의 지금의 형태이니라.

19 인간으로서는 할 수 없는 그 상식 이하의 행동은 극에 달하였으며,

20 하늘을 찌를 것처럼 지금 너희들의 시기와 질투하는 마음이 그득히 너희 가슴에 모두 자리를 잡고 있다면, 너희들은 과연 어찌 생각하는가?

21 그러한 너희들의 가슴에 사랑이 전해질 수 없으며 참진리가 전해질 수 없는 것이 지금의 너희들의 형태이니라.

22 너희들은 그저 구원을 받았다 하여 구원을 받은 백성이라 하여 은혜를 입은 백성이라 하여 광란이요, 미친 자같이 소리 지르며 악을 쓰고 있음이니, 그들에게 무엇을 가르친들 되겠는가?

23 흥분하여 광분한 사람에게 무엇이 통

화가 되며 대화를 할 수 있는가?
24 지금의 너희들의 형국이 그와 같이 되
어 있느니라.
25 미친 자 날뛰듯이 너희들이 그리 날뜀
이니,
26 거기에 참진리요, 나의 성령을 아무리
전하고 전한다 하여도 너희들은 듣지
못하며 받아들이려 하지 아니하느니
라.
27 흥분의 도가니에 세상의 너희들이 다
넘어질 것 같은 그와 같은 형국이 지
금 너희들이 가고 있는 믿음의 형태가
그리되어 있음이니라.
28 그러니 내가 아무리 너희들에게 아름
다운 말이요, 아무리 성령의 뜻을 입
을 통하여 전한다 하여도 듣지 않으
며, 들을 수 없는 것이 너희들이니라.
29 그리하여 내가 이 세상에 나의 법전을
책으로 만들어, 너희들의 사악한 것이
세상을 덮고 있듯이 그 위를 내가 짓
누르며 덮고자 하여,
30 너희들이 그 안에서 몸부림치고 견딜
수 없을 때, 그 위대한 힘에 의하여 너
희들이 법전을 보는 그와 같은 변화를
이루고자 하는 것이 나 여호와의 뜻이
며, 그리 역사는 진행되며 이루어질
것이니 그리 알라.

5,000 번째 하나님 말씀

2003년 2월 14일 06시 17분

1 사랑하는 나의 아들아!
2 "네, 아버님! 말씀하옵소서."
3 너희 인간들이 지금의 살아가는 형태
가 어찌 되어 있는가?
4 너희들은 오로지 육의 삶이요, 육이
존재하는 그 삶을 위하여 모두를 다
바치며 살아가는 것이 너희들의 형국
이 아니던가?
5 너희들은 살아가는 삶이 육의 삶에 모
두가 끝나는 것이며,
6 육의 삶이 너희들이 숨을 거둠으로 인
하여 모든 것이 종말이요, 끝난다고
생각하고 사는 너희들은,
7 정녕 사후의 세계요, 나 여호와가 존
재하며 하늘이 존재함을, 하늘에 심판
이 있음을 모르고 살아가는 백성이니
라.
8 너희들이 육에 사는 향락으로써 모두
가 끝난다 생각하여 육의 삶을 위하여
사는 백성 너희들은 다음의 세상을 모
르니,
9 인간으로서의 삶이 끝나는 그 순간에
끝나는 모든 인간의 그 한계를 벗어나
지 못하고 삶을 알아야 할 것이니라.
10 인간의 한계란 무엇이던가?
11 육은 죽어 한 줌의 흙으로 돌아가면
그 모든 것이 끝나며, 그를 위하여 너
희들이 모두를 바치며 살아가는 그와
같은 백성의 삶이니라.
12 그러나 너희들은 육의 삶이 끝나는 것
으로써 모든 것이 끝남이 아님을 알라.
13 다음의 세상이 너희들을 기다리고 있
다는 것을 알아야 할 것이니라.
14 육의 세상이 모든 것의 종말이요,
15 그것으로써 다음의 세상이 없으며 나
에게 심판이 없다 생각하고 사는 백성
너희들은 나에게 오를 길이 없음이니
라.
16 나에게 오르려는 생각조차도 너희들

은 하지 말고 살아야 할 것이니라.
17 그리하여 너희들이 죽어 나에게 와 직
접 심판을 받는 그 심판대에 섰을 때,
18 너희들은 오늘의 삶이 얼마나 어리석
고 불쌍한 삶을 살았는가를 알게 될
것이니라.
19 그러나 나는 나의 사랑하는 백성이요,
순박한 백성이 나를 잊고 사는 것보다
도,
20 나를 찾으며 사악한 행위를 하는 그
백성의 죄가 더 가중하다 하지 아니하
였던가?
21 지금 나의 법전을 읽고 깨우치며 나의
뜻이 무엇인가를 알며, 내가 역사하고
자 하는 것을 알면서 거역하며 이를
지키지 아니하는 백성 너희들이,
22 또한 지금의 잘못 가는 믿음으로써 우
리 부자의 이름을 팔아먹고 사는, 그
리고 나의 아들 예수의 보혈로써 구원
을 받았다 말하는 그 백성보다도 너희
들이 더 사악한 자며 너희들이 더 나
쁜 자라 내가 말하였음이니,
23 나의 아들을 따르는 백성이요, 나의
법전을 읽고 깨우친 백성 너희들은 나
의 새로운 성경이요, 나의 법전대로
살아가는 데 모든 목숨을 다 바치는
그와 같은 변화되는 삶을 살라.
24 그것만이 너희들이 나에게 오를 수 있
음을 알아야 할 것이니라.
25 너희들 또한 인간 세속에 얽매어 살다
보면 다음 세상의 참사랑이요, 아름다
움을 모르게 됨이니,
26 너희들이 사랑을 모르며 진리를 모르
게 되면 그를 알지 못하기에 그저 육
의 향락에 젖어 사는 것이 너희들이니,
27 이제 많은 백성, 나의 법전을 읽은 백
성이요, 그리고 지금의 믿음의 길을
달려가는 백성, 그리고 육의 삶이 끝
나는 것으로써 모든 것이 끝난다 생각
하는 순박한 나의 백성 너희들은,
28 다음 세상이 존재하며 다음 세상에 심
판이 있음을 너희들은 알아야 할 것이
니,
29 이제라도 너희들이 진정한 사랑이요,
진정한 진리를 찾아 살아가는 그와 같
은 삶의 길을 가도록 그리하라.
30 너희들이 나 여호와를 생각하며 나 여
호와를 경배하는 마음이요, 그리고 내
가 너희들에게 내려 준 모든 은혜에
감사하는 그와 같은 마음으로 살 때,
31 너희들은 진리의 길을 볼 수 있으며
큰 사랑의 그 사랑의 위대함을 알게
될 것이니라.
32 지금은 너희들이 이웃을 사랑하며 남
을 네 몸과 같이 사랑하는 그와 같은
마음으로 살아가는 것이 아니요,
33 오로지 저만을 존중하며, 저만이 귀하
며, 저만이 존재하며, 저만을 위하여
사는 너희들의 마음이며, 저만을 위한
사랑의 그 틀에서 벗어나지 못함이니,
34 이제는 너를 위한 사랑에서 너희들이
이웃을 사랑하는 마음이요, 이 세상
모두를 사랑하는 마음으로 바꿔야 할
것이며,
35 하늘에 존재하며 심판을 역사하는 나
여호와를 너희들이 사랑하는 마음으
로써 세상을 바라보고 살아가는 그와
같은 마음으로 변할 때,
36 너희들은 아름다움으로 다시 태어나
는 백성이 되는 것을 잊지 말라, 사랑

하는 나의 아들딸들아!

5,001 번째 하나님 말씀

2003년 2월 14일 06시 27분

1 사랑하는 나의 아들아!
2 "네, 아버님! 말씀하옵소서."
3 법전에 기록하여 나의 피조물 만백성
이 깨우침의 눈을 뜨도록 그리하라.
4 지금의 모든 종교 집단에 있는 백성은
그저 저희들의 종교 지도자에게 맹신
과 맹종하는 그것으로써 저희들이 구
원을 받는다 생각함이니,
5 그들은 깨우치지 못하며 살아가는 것
이니라.
6 저 자신이 깨우치지 못하며 제가 깨달
음을 얻지 못하며 참진리를 몰라 제가
죄를 짓고 사는 것은 저 혼자 벌을 받
으면 되는 것이나,
7 저 자신이 바른길이요, 참진리의 길이
무엇인가도 알지 못하는 백성이, 지금
순박한 나의 백성을 이끌어 넣는 것이
너희들이 지금 얼마나 무서운 죄를 짓
고 사는 것인가를 아는가?
8 나의 순박한 백성까지 죄의 온상으로
끌어들이는 그와 같은 너희들의 그 죄
는 몇 배의 죄악이 된다는 것을 너희
들은 알아야 할 것이니라.
9 스스로 지은 죄는 스스로 하나의 그
죄의 대가를 너희들이 치르고 받으면
되나,
10 순박한 나의 백성까지 너희들이 지옥
의 온상으로 이끌어 가는 그와 같은
행위를 하는 자, 너희들은 그 죄악이
몇 배의 죄가 된다는 것을 알아야 할
것이니라.
11 너희는 지금 인간의 도리를 다하며 남
을 위하여 살아가는 바른 자세로 그와
같은 마음으로써 살지 않는다면,
12 너희들은 정녕 그리도 갈구하고 원하
는 나에게 오르는 길을 볼 수도 없다
는 것을 내가 수차 기록하였으니,
13 이제 너희들은 나의 법전을 읽고 깨우
치는 그와 같은 영광을 얻도록 해야
할 것이니라.
14 지금 너희들이 행하는 삶이 무엇인 줄
아는가?
15 너희 스스로 죄악의 지옥 불로 가면
되는 것을, 남까지 지옥 불로 이끌어
가고 있으니,
16 '나도 지옥으로 가고 있으니, 너도 지
옥으로 가자.' 하여 너희들이 끌고 가
는 그와 같은 형국이니라.
17 너희들은 구원의 길이요, 복음을 전하
는 길로 그들을 인도했다 하나,
18 나 여호와가 그것을 보는 것은 너희들
이 나의 사랑하는 순박한 백성까지
'내가 지옥으로 가니 너도 같이 가자.'
하는 그와 같은 생각이요, 그와 같은
사악한 마음에서 나의 피조물 만백성
을 끌고 가는 그와 같은 형국이 되었
음을 알라.
19 너희는 바로 서야 할 것이니라.
20 너희들이 남까지 지옥으로 끌고 가는
그와 같은 행위에서, 너희들이 내가
내리는 새로운 성경인 나의 법전을 읽
고 깨우쳐,
21 너희 스스로 구원도 받으며, 많은 나
의 피조물 만백성 너희들의 형제를 구
원하는 길을 가도록 하라.

22 그 길이 아니면 너희들이 정녕 하늘에
오르는 길이 아니며 구원의 길이 아니
라는 것을 알아야 할 것이니라.
23 내가 나의 법전에 수없이 기록하여 너
희들에게 반복하고 또 반복해서 전하
는 것이 얼마나 위대하고 소중하면 내
가 그리 가르치겠는가?
24 오로지 너희들을 악에서 구원하고자
하는 것이 나 여호와의 뜻이며,
25 너희가 유죄 판결을 받는 것을 나 여
호와가 원하지 아니하기 때문이니라.
26 내가 너희들을 구원하기 위해 어떠한
고통을 더 치러야 하며,
27 내가 너희들을 구원하기 위한 어떠한
험한 길을 더 가야만 너희들이 나의
뜻을 따르며 나의 법전을 읽고 깨우침
을 얻겠는가?
28 너희들이 인간으로서 짧은 기간에
160권의 대장서를 기록하여 세상에
전하고 낼 수 있다 생각하는가?
29 이 모두는 나 여호와의 역사함이 아니
면 이루어질 수 없는 것을 너희들은
알아야 할 것이니라.
30 어찌하여 너희들은 눈앞에 있는 것은
알며, 멀리 볼 수 있는 그와 같은 삶을
살지 못하는가?
31 너희들이 인간 세상의 삶에서 깨우치
고 전하는 말이 있지 않더냐?
32 너희들은 손톱 밑에 가시에 찔린 것은
아나 너희들의 심장이 썩어 가는 것은
모르며, 너희들의 폐부가 썩어 가는
것은 모르는 어리석은 삶을 사는 것이
너희들이라 하였음이니,
33 어찌하여 그 이치를 깨달아 그것을 행
하는 사람이 되지 못하는가?
34 너희들의 세속에 전해지는 그 모든 말
은 동양의 아름다운 말로써 너희들을
다 깨우치고자 미리 준비된 말들임을
너희들은 알라.
35 성서에 기록되어 너희들이 전하는 그
와 같은 깨우침이 있는가 하면, 이미
너희들의 말로써 전해지며 너희들이
깨달음을 얻을 수 있는 그 많은 뜻을
내가 세상에 전하여 너희들을 깨우치
고자 하였으나,
36 그 모든 것도 너희들은 말로써는 앵무
새같이 되까리며 그 내용은 청산유수
같이 아는 자가 행하지 아니함이니,
이를 어찌하겠는가?
37 행함이 중요함을 너희들은 알아야 할
것이니라.
38 더군다나 지도자가 행하지 아니할 때,
그를 보고 배우는 백성은 그 배로 행
하지 아니하는 그와 같은 믿음으로 가
는 것이 너희들의 심리요, 너희들의
마음임을 알아야 할 것이니라.
39 금화와 은화가 필요한 자에게 너희들
이 금화와 은화를 쩔렁거리며 그에게
흔들어 보이며 그를 주지 아니한다면,
그리고 그를 도와주지 아니한다면 그
게 무엇이던가?
40 남을 욕되게 하며 남을 고통 속에 몰
아넣으며 남을 비웃는 행위가 아니던
가?
41 너희들이 금화와 은화를 필요한 만큼
가지고 있다면 그를 위하여 던져 주는
그것이 무엇이더냐?
42 사랑이고 행동함이니라.
43 내가 이렇게 행동함이 소중하다는 것
을 날날이 기록하여 세상에 전하고 또

전하거늘, 너희들이 이를 거역하고 산
다면 이제는 나도 너희들의 손을 놓을
수밖에 없음을 알아야 할 것이니라.
44 사랑하는 나의 아들아!
45 "네, 아버님! 말씀하옵소서."
46 내가 너희들에게 살아가는 세상의 이
치를 가르쳐 주지 아니하였던가?
47 큰 것을 양보하며 작은 것을 선택하는
마음으로 살라 내가 그리 말하지 아니
하였던가?
48 너희들이 높고 높은 자리요, 남으로부
터 부귀와 영화를 누릴 수 있는 것이
며, 너희들이 금화를 서로 나누어 갖
는다 하여도 큰 것은 남에게 양보하며
작은 것을 선택하는 그와 같은 아름다
운 마음으로 살라 그리 말하였음이니
라.
49 이는 내가 너희들에게 왜 그리 가르쳐
주었는가?
50 육의 세상은 너희들이 정해진 그 죽음
을 향하여 정해진 그 공간 속에서 그
시간 속에서 살아감이니, 그를 벗어날
수 없는 것이 너희들이라 하였음이니
라.
51 그 세월은 흐르는 물같이 길다 너희들
이 생각하나 눈 깜짝할 사이에 그 세
월이 다 지나가는 것을,
52 눈 깜짝할 사이에 지나가는 그 세월의
삶을 위하여 너희들은 세상사의 삶에
서 높고 낮은 벼슬이 무엇이며, 부귀
와 영화를 가진 자가 무엇이며, 재물
을 많이 가지고 있는 자가 과연 무엇
이던가?
53 그 모두를 하나로 볼 수 있고 그 모두
를 초월하여 너희들의 마음이 그 초월
하는 선을 넘어야 너희들이 아름다운
세상을 볼 수 있으며,
54 하늘의 뜻이요, 나 여호와가 원하는
그 모든 것을 너희들이 보고 알게 되
어 있음이니라.
55 너희들이 지금 세상사의 살아가는 육
의 세상에서 그리 목숨을 바쳐 갈구하
고 지키는 높은 자리요, 재물이요, 부
귀영화요, 남들보다 육의 행복한 삶을
살려고 발버둥치는 그와 같은 삶의 선
을 너희들이 넘지 못한다면,
56 다음 세상의 하늘의 위대함과 다음 세
상의 하늘에서 너희들이 얼마나 영광
된 삶이 있으며 영원히 존재하는 그와
같은 세상의 삶이 있는지를 볼 수도
없으며, 거기에 너희들이 올 수도 없
음을 알라.
57 너희들이 세상에 태어나 죽는 그 시간
까지 내가 정해 주었음이니,
58 그 공간에서 사는 너희들이 거기에서
사는 모든 부귀영화와 거기의 영광을
위하여 살지 말라.
59 영원히 살아가는 다음 세상을 위하여
너희들이 투자하고 계획하고 설계하
여 그대로 실행하고 살아가는 그 아름
다운 마음의 삶을 살도록 그리 노력하
라.
60 그것만이 너희들이 손해 보지 아니하
는 삶이요, 너희들이 말하는 밑지지
않는 장사라는 것을 알라.
61 지금은 너희들이 육의 삶을 위해서 모
두를 바치는 것은 너무나 밑지는 장사
를 하는 것이니,
62 쓰러져 가는 망한 기업이요, 망하는
사업에 너희들이 계속 모든 정열과 재

물을 다 바치는 어리석은 자와 같으니,
63 쓰러지게 되어 있는 회사요, 기업이
요, 단체는 너희들이 아무리 수혈을
한다 해도 일어설 수 없는 것이 아니
던가?
64 거기에 너희들이 모두를 바치는 어리
석은 삶을 살지 않도록 그리하라, 사
랑하는 나의 아들딸들아!

5,002 번째 하나님 말씀

2003년 2월 14일 06시 33분

1 사랑하는 나의 아들아!
2 "네, 아버님! 말씀하옵소서."
3 나 여호와가 너희들을 사랑한다 하였
으며 너희들이 내 품에 오도록 내가
기다리고 있다 하였음이니라.
4 그리하여 너희들이 살아가면서 육의
삶에 눈이 멀어 너희들이 나로부터 심
판을 받을 때 그 유죄 판결을 받는 것
을 원하지 아니하며,
5 너희들이 그와 같이 죄인으로서 또는
죄를 짓는 자로서 그 무서운 대가를
치르는 것을 원하지 않는 것이 나 여
호와라 그리 말하였음이니라.
6 그러니 그와 같이 너희들이 나에게 오
기만을 바라는 나 여호와가 어찌하여
너희들에게 무리한 것을 요구하며 너
희들이 지킬 수 없는 너희들의 능력
밖의 것을 요구한다 그리 생각하는가?
7 어찌하여 너희들에게 그와 같은 무리
한 것을 요구하는 나 여호와라 그리
생각하는가?
8 나는 정녕 너희들이 하늘에 오를 수
있고 나의 품에 올 수 있는 백성으로
서 너희들이 오기를 간절히 바라는 나
여호와이니,
9 나는 너희들에게 무리한 것을 요구하
지 아니하며, 너희들이 지키지 못하며
행하지 못할 만한 어려운 것을 요구하
는 것도 없음이니라.
10 너희들이 행할 수 없는 그 능력 밖의
것을 내가 요구하는 것도 아니며, 너
희들이 지탱할 수 없는 것을 요구하는
것이 아님을 알아야 할 것이니라.
11 너희는 다 지킬 수 있는 것이며 따를
수 있는 것이기에 내가 너희들에게 다
내리고 전한 것임을 알아야 할 것이니
라.
12 내가 지킬 수 있는 모두를 다 내렸거
늘, 지금 너희들은 지킬 수 없으며 인
간이라 행할 수 없다 그리 말함이니,
이는 거꾸로 뒤집어서 생각하면 무엇
이던가?
13 나 여호와를 원망하는 마음이 그득 차
있으며, 나 여호와를 비방하는 마음이
그득 차 있으며,
14 나의 뜻을 거역하며 나를 정면으로 부
인하는 행위를 하는 것임을 알아야 할
것이니라.
15 창조주요, 전지전능한 여호와 아버지
라 말하며 세상을 주관하는 아버지라
말하면서, 감히 너희들은 내가 인간인
너희들의 힘으로써 그를 지키지 못하
며 행할 수 없는 능력을 요구했다 생
각하는가?
16 그것이 바로 나 여호와를 불신함이요,
나를 믿지 못함이니, 너희들의 마음이
그와 같이 되었음이니라.
17 세상사 너희들이 사랑이 있다면 남을

불신하는 믿지 못하는 일이 없을 것이
니라.
18 그러나 너희들이 남을 불신하는 그와
같은 마음이 팽배해져 있으며, 하물며
창조주 나 여호와까지 너희들이 불신
하는 세상이 되었으니,
19 그 불신 속에서는 너희들이 남을 의심
하며 의혹하는 마음이 뿌리를 잡고 있
음이니, 거기에서 어디 아름다운 사랑
이 있으며 진정한 사랑을 행하고 살아
갈 수 있는 백성이라 너희들이 말할
수 있는가?
20 너희들은 삐뚤어진 길이요, 잘못 가는
길을 가고 있음이니라.
21 이와 같은 모든 현상을 이룬 것이 어
느 한 집단이요, 어느 한 단체가 너희
들을 그리 이끌어 갔다 말할 수 있는
가?
22 수천 년 동안 하나의 역사요, 전통의
이름을 가지고 오는 너희들이요,
23 많은 나의 백성을 마음대로 좌지우지
했던 종교 집단 너희들이 이처럼 무
서운 결과를 만들어 낸 것임을 알아야
할 것이니라.
24 그리하여 너희들은 스스로 바로 서지
못했으며 스스로 바로잡지 못하였으
며 스스로 가르치지 못하여 이와 같은
형국이 되었음이니라.
25 인간 세상의 너희들이 살아가는 것도
과연 어찌하다 내가 전하였는가?
26 부모가 바로 섰을 때 그 자식이 바로
설 수 있다 내가 하였음이니라.
27 이는 곧 무엇이던가?
28 너희들이 부모가 살아가는 그 뒷모습
을 자식은 보지 아니하려 해도 보지
아니할 수 없듯이,
29 부모의 살아가는 그 뒷모습을 보고 그
자식은 살아가게 되어 있으며 그를 보
고 깨우쳐 가게 되어 있음이니,
30 그리하여 부모가 바로 서는 가정이야
말로 그 자식이 바로 설 수 있다 내가
말했듯이,
31 나의 피조물 만백성을 바로 세운다는
종교 지도자 너희들이 바로 서지 아니
하면, 그 신도들은 정녕 바로 설 수가
없으며 구원의 길을 갈 수 없으며 구
원의 길을 볼 수도 없다는 이 무서운
사실을 알라.
32 지금 잘못된 종교 지도자 너희들이 사
랑하는 나의 백성까지 지옥으로 인도
하는 그와 같은 험악하고 무서운 짓을
하고 있음이니라.
33 세상의 모두는 나 여호와의 뜻이요,
내가 세상에 필요하여 내보냈다 하였
음이니,
34 나의 법전을 들고 읽지 말라, 보지 말
라, 찢어 버리고 태워 버리라, 사악한
자라 그리 말하는 그 자체가 너희들이
아무것도 아니요, 빈 깡통이 소리만
요란한 종교 지도자요,
35 빈 깡통이 소리만 요란하듯이 빈 깡
통이 이 세상을 지배하고 이끌어 왔음
이니,
36 나의 피조물 만백성이 배운 것이요,
깨달은 것이 진리의 말씀을 알아듣지
못하며 그 진리의 뜻을 듣지 못하고
살아왔기에 오늘같이 험하고 험난한
형국이 되었음을 너희들은 알라.

5,003 번째 하나님 말씀

2003년 2월 14일 15시 43분

1 사랑하는 나의 아들아!
2 "네, 아버님! 말씀하옵소서."
3 나의 피조물 만백성 중에 나로부터 선택된 자들이요, 나의 아들을 따르는 제자 너희들은 알아야 할 것이니라.
4 너희들은 지금 육의 세상에 살면서 육의 천국에 사는 삶을 살아야 한다는 것도 알며,
5 지옥의 삶을 살아서는 아니 된다는 그와 같은 깨달음이요, 깨우침이 있어 너희들이 바로 살아가고자 지금 노력하며 그리 변하고자 노력함이니,
6 너희들은 육의 삶에 연연하는 그와 같은 마음 자세를 이제는 다음 세상이요, 다음 세대를 위해 살아가는 자세로써 모두의 삶을 살아가야 할 것이니라.
7 만백성을 위하여 다음 세대를 위하여 너희들은 그를 깨우쳐야 할 것이며,
8 너희들이 또한 다음 세상을 위하여 변화의 역사를 개인적으로 이루어야 할 것이며,
9 아래로는 미래에 내가 이루고자 하는 찬란한 새로운 역사요, 새 시대를 건설할 수 있는 너희들의 후손을 배출하며 그들이 자리 잡도록 하는 것이 너희들의 대명이니라.
10 개인으로서는 너희들이 아름다운 삶을 살아 나에게 오르는 길을 위하여 너희 자신이 변화하는 그 고통의 길을 가야 하며,
11 위로는 만백성을 구하는 그와 같은 역사를 하고,
12 아래로는 너희들의 후손들이 내가 천년에 걸쳐 아름다운 세상을 이루며 하늘에서 이루어진 것같이 이 지상에서 이루는 그 역사의 기틀을 잡는 것이 너희들이니,
13 이제 너희들이 육의 삶에 연연하며 육의 행복에 의하여 행복의 기준을 따져서는 아니 되는 백성임을 알아야 할 것이니라.
14 너희들의 육이라는 것은 정해져 있는 삶이라 내가 말하지 아니하였는가?
15 한번 가면 다시 오지도 못하며 영원히 돌이킬 수 없는 죽음의 길을 가는 그 삶을 위하여 너희들이 지금 모두를 놓지 못하며 모두를 거기에 연연하여 살아간다면,
16 내가 지금 너희들에게 말했듯이 만백성의 미래요, 만백성의 내일의 역사요, 그리고 구원을 받는 그와 같은 역사 속에서 살아가는 너희들이 생각할 것이 아님을 알아야 할 것이니라.
17 너희들이 지금 그와 같은 생각 속에서 허덕인다면, 내가 이루고자 하는 그 역사를 이룰 수 없는 것을 알아야 할 것이니라.
18 너희 자신이 존재해서도 아니 되는 것이 너희들임을 알아야 할 것이니라.
19 너희들이 한평생 산다 하여도 백 년도 안 되며 한번 가면 다시 돌아오지 못하는 그 삶에 연연하여 바로 서지 못한다면, 나로부터 선택된 백성 너희들이 가야 할 길이 아닌 것이니라.
20 지금 너희들은 인간 세속에 사나, 인간 세속의 삶을 벗어난 백성으로서 하

늘의 삶을 위하여 진입한 백성이니,
21 너희들이 어찌 살아가야 할 것인가를
스스로 깨우쳐 행하여 감을 잊지 말라.
22 너희들이 인간 세속에 사는 그 삶을
벗어나지 못하면, 영원히 구원의 길을
볼 수 없으며 만백성을 구할 수 있는
역사를 이룰 수 없는 것이 너희들의
마음이며 너희들의 자세인 것을 알아
야 할 것이니라.
23 이제 너희들은 미래를 위하여 살아가
야 하며,
24 새로 역사하는 그 시대를 위해서 살아
가야 하며,
25 만백성을 하늘로 구원하는 그와 같은
역사의 틈바구니에 존재하는 나로부
터 선택된 백성임을 알아야 할 것이니
라.
26 그리하여 너희들이 육에 연연하는 것
은 육의 삶을 벗어나지 못했음이니,
27 육의 삶을 벗어나지 못하는 한 하늘의
삶을 볼 수 없으며, 내가 역사하는 것
을 볼 수 없으니,
28 너희들이 그 한계점을 이제 벗어나는
그와 같은 역사의 삶을 살아야 할 것
이니라.
29 하나의 알에서 새로운 생명이 태어나
듯이 그와 같이 새로 태어나는 삶이
이제 너희들이 가야 할 길이며 가는
길임을 알아야 할 것이니라.
30 너희들은 모르고 있으나 지금 새로운
생명으로서 새 생명이 태어나 살아가
는 그와 같은 너희들임을 잊어서는 아
니 될 것이니 그리 알라.
31 너희들이 나로부터 선택된 얼마나 소
중한 백성이며, 너희들의 삶이 얼마나
소중한 것인가를 다시 한 번 깨우쳐야
할 것이니라.
32 이제 너희들은 육의 삶을 벗어나 다음
세상의 삶을 위하여 살아가는 길에 진
입한 나로부터 선택된 백성이요, 영광
과 축복이 너희들과 같이함을 잊지 말
라.

5,004 번째 하나님 말씀

2003년 2월 14일 15시 48분

1 사랑하는 나의 아들아!
2 "네, 아버님! 말씀하옵소서."
3 지금까지 믿음의 길이라 오는 백성 너
희들이 나의 아들 예수의 이름을 부르
며 '주여, 주여!' 그리 찬양하며, 주의
이름만을 부르면 구원받는다 하여 그
리 울부짖는 그와 같은 믿음의 형국에
서 벗어나야 하며,
4 새로운 믿음의 길을 가지 아니한다면
정녕 너희들을 구원할 수가 없으며 구
원받을 수 없음을 너희들은 알아야 할
것이니라.
5 내가 나의 아들을 통하여 너희들에게
말하기를, 진실하고 아름다운 작은 사
랑을 실천하는 자만이 나 여호와를 향
하여 큰사랑의 의미를 알 수 있는 깨
달음이 거기에 있다 내가 말하였느니
라.
6 그리 너희들을 가르쳤거늘, 지금의 종
교 집단이 과연 어찌 살아가는가?
7 인간의 사랑과 하늘의 사랑을 구분 지
어 놓았으며,
8 인간의 사랑이라는 것은 너희들에게
아무런 가치가 없이 무의미한 것이며,

9 오로지 나 여호와만을 사랑하며 하늘
의 사랑만을 실천하는 것이 구원받는
길이요, 하늘에 오르는 길이라 너희들
이 그리 말하고 있음이니,
10 이와 같은 생각의 자세를 너희들이 바
꿔야 하며 새로운 깨달음을 얻어야 할
것이니라.
11 너희들이 하늘의 위대한 사랑을 알고
그 사랑을 하려면, 육의 사랑이요, 육
의 세상에 살아가는 너희들이 서로 어
울려 살아가는 속에서 사랑함을 알아
야 하늘의 사랑을 알게 될 것이니라.
12 나 여호와만을 사랑하며 하늘의 사랑
만을 가르치면 너희들이 축복의 영광
을 받는다 그리 가르치고 있음이니,
13 이와 같은 너희들의 가르침이 얼마나
모순된 점이 있으며 너희들이 얼마나
나 여호와의 참뜻을 모르고 가는 것인
가를 알아야 할 것이니라.
14 너희들이 하늘의 사랑을 정녕 알고자
한다면, 육의 세상에서 천국과 지옥의
삶이 다 있음이니,
15 육의 세상에서 너희들의 삶을 천국의
삶으로 살아가는 그와 같은 마음으로
살아가야 할 것이며,
16 네 이웃을 네 몸과 같이 사랑하며 네
부모를 공경하고 살아가는 그와 같은
사랑을 육에서 먼저 실천하는 그것부
터 배워야 함을 너희들은 잊어서는 아
니 될 것이니라.
17 너희들의 부모가 너희들을 사랑하는
그 사랑을 모르며 부모를 사랑할 줄
모르는 자, 형제를 사랑할 줄 모르는
자, 너희들은 아무것도 사랑할 수 있
는 자격이 없음을 알라.
18 사랑의 근본인 그 틀을 모르는 너희들
이 나 여호와를 사랑할 수 없음이라는
그 뜻을 알아야 할 것이니라.
19 내가 너희들에게 일찍이 깨우쳐 주기
를, 낳아 주고 길러 주며 너희들이 만
질 수 있고 볼 수 있으며 슬프고 기쁨
을 같이할 수 있으며 너희들을 위하여
그 모두를 다 바칠 수 있는 마음이요,
사랑을 전하는 너희 부모에게
20 너희들이 인간으로서 감사함을 모르
며 그 부모의 공경에 대한 자세를 갖
추지 아니하는 자,
21 나에게 와서 아무리 울고불고해도 너
희들이 구원받는다는 그 조건이 아니
면, 보지도 못하며 만지지도 못하는
나 여호와를 너희들이 경배하며 그와
같이 눈물로써 나를 부르지 아니할 것
이라 내가 너희들에게 깨우쳤듯이,
22 육의 사랑을 모르는 자 하늘의 사랑을
모름을 너희들은 알아야 할 것이니라.
23 그러니 이제 나의 법전을 읽고 깨우친
백성과 나의 아들을 따르는 제자 너희
들은 우선 육의 세상의 사랑을 먼저
하는 그와 같은 깨우침을 깨우쳐 주며,
24 그 이치를 그들이 알 수 있도록 너희
들이 가르쳐야 함을 잊지 말라.
25 너희들은 우선 육의 세상의 사랑이 소
중함을 먼저 깨우치도록 그리 전하라.
26 그것만이 너희들이 거기서 사랑을 알
게 되며 사랑의 뜻을 알게 되며 사랑
의 아름다움을 알게 됨이니,
27 이를 모르는 자 정녕 나를 사랑할 수
없으며 하늘에 올 수 없는 자라는 것
을 내가 다시 너희들에게 강조함이니,
이 뜻을 그리 전하도록 하라.

5,005 번째 하나님 말씀

2003년 2월 14일 15시 59분

1 사랑하는 나의 아들아!
2 "네, 아버님! 말씀하옵소서."
3 모든 종교 집단이 인간의 삶과 인간의
고통을 생각하지 말며,
4 인간은 어찌 살아가든, 너희들이 의식
주를 해결하지 못하든, 너희들이 잠잘
곳이 없어 남의 집 처마 밑에서 잠을
자든, 그와 같은 어떠한 고통도 인간
세속에서 이루어지는 것은 전혀 생각
하지 말며,
5 오로지 우리 부자의 이름만을 부르며
우리 부자의 이름으로써 구원을 바라
며 너희들이 무엇을 얻고자 기도드리
는 그와 같은 삶으로 사는 것이 나 여
호와를 사랑하는 것이라 그리 가르치
고 있음이니,
6 이는 어떠한 것에서 이와 같은 뜻으로
써 나의 백성을 가르치며 그와 같은
말을 그들이 전하고 있는지, 그들이
잘못되어 있음이니,
7 이제는 나의 선택된 백성 너희들이 나
의 법전으로 그들을 깨우쳐야 함을 잊
어서는 아니 될 것이며,
8 그들이야말로 정녕 나 여호와를 기만
하는 행위요, 나 여호와를 욕보이며
나를 능멸하는 행위로써 저희들이 자
기 자신의 안일만을 위하여 위선적인
삶에서 벗어나지 못하고 있음이니,
9 그와 같은 저희들을 위한 삶에서 벗어
나는 깨달음을 얻지 아니하면 그들이
나에게 올 수 없음을 너희들이 그들에
게 깨우쳐 줘야 할 것이니라.
10 내가 너희들에게 말하기를, 나를 사랑
하는 것이요, 나에게 기도하고 경배하
는 것도 너희 자신이 소중함을 알며
너희들이 인간 세상의 의식주부터 먼
저 해결하며 바로 살아가는 삶이 나에
게 기쁨을 주는 것이라 내가 그리 말
하였음이니라.
11 그러니 너희들은 이를 다시 한 번 깨
우쳐 지금의 종교 지도자들이 과연 너
희들에게 어찌 가르치는가를 나 여호
와가 너희들에게 명하는 것과 견주어
너희들이 스스로 깨우치는 그와 같은
현명함을 얻어야 함을 잊지 말라.
12 나의 아들 예수는 과연 뭐라 말하였는
가?
13 창조주 나 여호와만을 사랑하면 된다
는 너희들의 그 가르침을 정면으로 부
정하였으며 그를 인정하지 아니하였
음이니라.
14 그리하여 나의 아들 예수는 너희들 백
성을 뭐라 하였느냐?
15 같은 형제라 그리 말하였음이니라.
16 그리하여 나의 아들 예수도 너희들의
삶이요, 너희들이 얼마나 소중한 나의
백성이면, 너희들 위에 군림하는 것을
그는 사양하였으며 그를 받아들이지
아니한 것이 나의 아들 예수의 뜻이
아니었던가?
17 그리하여 인간 세상에 살아가는 사랑
이 얼마나 아름다운지, 인간 세속에서
살아가는 것이 먼저라는 것을, 그와
같은 인간 세상의 삶이 나 여호와에게
오르는 길이요, 기초라는 것을 그는
가르치고자 하였으며,
18 또한 너희들이 나를 보는 길이라 그가

가르치고자 하였음이니라.
19 그가 그와 같이 종으로서 모든 나의
뜻을 전하고자 했던 것은,
20 바로 인간 세상에서 너희들이 상하가
없으며, 다 똑같은 백성으로서 육의
세상에서 살아가며 서로 사랑하고 아
끼고, 이웃을 네 몸같이 사랑하는 그
것을 실천하고 살라 하여 예수는 그와
같이 어렵고 힘든 길을 갔다는 것을
너희들은 다시 한 번 깊이 깨우쳐야
함을 잊지 말라.
21 나 여호와 창조주가 너희들을 끝없이
사랑함이니라.
22 그리고 너희들 하나하나가 나에게 소
중하지 아니한 자가 없음이니,
23 내가 편애하는 사랑을 하는 것도 아니
요, 내가 너희들에게 육의 세상의 모
든 인간관계의 삶을 버리고 나만을 사
랑하며 고통과 시련 속에서도 나만 울
부짖으라 그리 말하는 것이 아니니라.
24 너희들이 기본의 틀 속에서 서로 믿고
사랑하는 그것이 나 여호와를 사랑하
는 기초요, 기본이라는 것을 너희들은
잊어서는 아니 될 것이니라.
25 너희들은 육의 사랑이 하늘의 사랑보
다도 더 소중함을 이제 깨우쳐야 할
것이니라.
26 이는 너희들이 육에서 사는 그 사랑의
척도에 의해서 너희들이 육에서 얼마
만큼 인간관계의 사랑을 베풀며 살았
느냐에 따라서 너희들이 하늘에 와 그
대로 그 영광의 길을 올 수 있고 없는
것이 거기에 달렸기 때문에,
27 너희들의 육의 사랑이 하늘에 오르고
자 하는 것보다 더 소중하며 기초요,
기본이 된다는 것을 잊지 말라.
28 육의 삶을 너희들이 천사와 같이 살며
육의 사랑을 남에게 부족하지 아니할
만큼,
29 나의 아들 예수가 죽어 가면서 그를
죽인 모든 백성을 사랑하라, 용서해
달라 나에게 기도했던 그 큰사랑의 마
음으로 이 세상의 모든 백성을 끌어안
으며 그들을 사랑하는 마음으로 돌아
보라.
30 예수의 고통보다 더 진한 사랑을 너희
들이 만백성에게 전할 때, 너희들은
심판이 없이 나에게 오를 수 있는 그
와 같은 것이 너희들이 나로부터 받아
나간 축복이요, 영광된 은혜임을 잊지
말라.
31 육이 존재하는 동안 육의 사랑이 하늘
의 사랑보다 더 소중하다는 것은 바로
그 하늘의 사랑의 기초가 되기 때문이
니,
32 너희들은 이를 깊이 깨우쳐 행하는 나
의 백성으로서 다시 태어남을 주저하
지 말라.
33 이제는 나의 피조물 만백성이 나만을
사랑하며 송두리째 그 사랑을 받고자
하며,
34 너희들의 모두를 다 접어 두고 나 여
호와를 부르며 나에게 사랑을 바치라
는 그와 같은 나 여호와가 아님을 너
희들이 이제는 깨우쳤으며 나의 뜻을
알고 있을 것이니라.
35 너희들의 인간 세상의 기본에서 살며
그 틀 위에서 너희들이 진정한 사랑이
요, 아름다움이 무엇인가를 배워,
36 그것으로 나 여호와가 너희들을 사랑

하는 그 마음을 알 수 있으며 그 뜻을
생각할 수 있는 그와 같은 깨달음을
얻는다면,
37 육의 사랑이 얼마나 소중한 것인가를
알았을 것이니,
38 바로 그를 내가 너희들에게 원하는 것
임이니라.
39 너희들의 종교 집단이 맹신과 맹종으
로써 끌고 가는 그 사악한 행위는 나
여호와의 뜻이 아니며 나로부터 선택
된 백성이 아님을 너희들은 알아야 할
것이니라.
40 너희들은 인간의 사랑함과 나 여호와
를 사랑하는 마음, 그 모두에 다 지금
실패하였으며,
41 모두를 다 실패로 만든 것이 지금의
종교 집단이니라.
42 너희들이 인간을 사랑하는 것에 성공
하였거나 나 여호와를 사랑하는 것에
성공했더라면, 너희들이 둘 중의 하나
로써 어떠한 길을 선택할 수 있으나,
43 너희들은 육의 세상의 사랑이요, 하늘
을 향하여 하는 사랑, 그 모두에 다 실
패하였으니,
44 그는 지금의 종교 집단들이 그 책임을
져야 할 문제임을 알아야 할 것이니라.
45 지금의 이러한 험악한 세상이 된 것은
모두 나의 사랑의 기초인 인간의 사랑
부터 행하지 아니하였기 때문이니,
46 이 험악한 세상에 너희들의 마음을 천
사와 같이 다루고자 하는 것은 인간
본연의 기초의 그 아름다운 사랑을 너
희들에게 회복시키며 인간 사랑을 회
복하고자 하는 것이 나의 뜻이며 너희
들에게 행하고자 하는 것임을 너희들
은 알아야 할 것이니라.
47 그를 행하고 지켜야 하는 것이 너희들
이 가야 함을 잊지 말라.
48 새로운 성경을 내가 내려보냄이니 이
는 곧 무엇이더냐?
49 너희들이 말로만 인간의 사랑을 외쳤
으며 너희들이 말로써만 세상 것을 다
주는 것같이 허황된 사랑을 부르짖는
것을 내가 바로잡고자 하며,
50 인간 세상의 삶이요, 인간 세상의 사
랑이 얼마나 소중한 것인가를 나 여호
와가 너희들에게 깨우쳐 주고자 지금
내가 법전을 내리고 있음이니, 너희들
은 이를 알아야 할 것이니라.
51 너희들이 나 여호와의 사랑이요, 인간
의 사랑을 똑같이 병행하여 그리 가라
내가 하였음이니,
52 지금 인간의 사랑은 아무것도 아니요,
나를 사랑하며 여호와의 사랑이요, 하
늘의 사랑만이 위대한 것이며,
53 거기에 너희들이 모두를 다 바쳤을
때, 인간 세상의 사랑에 잘못한 것은
다 덮인다 그리 말함이니,
54 너희들이 머지않아 죽어 나에게 와 심
판대에 섰을 때, 너희들이 얼마나 어
리석고 불쌍한 백성인지를 그때 깨우
침이니,
55 그때는 너희들이 돌아갈 수도 없으며
좌우로 물러날 수도 없으며,
56 그저 너희들이 지은 죄를 너희 스스로
그 점수를 매겨 너희들이 해당하는 지
옥의 그곳으로 가는 것을 잊지 말라.

5,006 번째 하나님 말씀

2003년 2월 14일 16시 11분

1 사랑하는 나의 아들아!
2 "네, 아버님! 말씀하옵소서."
3 너희들은 인간 사랑의 아름다움도 모
르며 인간의 사랑이 얼마나 소중한 것
인지도 모르고 그리 사랑을 행하지 못
하고 사는 것이며,
4 또 나 여호와에 대한 사랑도 정녕 아
름다운 사랑을 모름이니,
5 내가 너희들을 얼마만큼 사랑하는 것
인가를 모르고 있음이니라.
6 인간관계에서 너희들이 상대방을 얼
마나 사랑하느냐에 따라서 상대방의
그 마음을 다 알 수 있으며 그가 생각
하는 것까지 읽을 수 있듯이,
7 너희들이 나 여호와를 진정으로 사랑
한다면 내가 사랑하는 그 모두를 알
수 있거늘,
8 그를 모르는 것은 너희들이 나를 진정
으로 사랑하지 아니함이니라.
9 그리하여 너희들은 인간 세상 속에 살
아가는 인간 세속의 사랑도 실패하였
으며, 나 여호와를 사랑하는 그와 같
은 사랑도 모두가 다 실패하였음이니,
10 이 모두는 진정한 사랑을 하지 아니하
였기 때문이니라.
11 너희들이 진정으로 모두를 다 아름다
운 사랑으로써 너희들의 마음이 변화
되지 못하였기에 너희들이 그를 알지
못하는 것임을 알아야 할 것이니라.
12 그리하여 지금 진정한 사랑이 무엇인
가를 너희들이 알아야 할 것이며 그
사랑 위에서 모든 것이 다 역사하는
것이기에,
13 나 여호와가 나의 아들을 통하여 160
권의 법전을 세상에 내려보내 너희들
을 깨우치고자 함을 알아야 할 것이니
라.
14 나의 아들 예수가 어찌하여 그와 같은
고통스러운 죽음의 길을 인내하고 갔
던가?
15 그는 바로 너희들에게 진정한 사랑이
무엇인가를 가르쳐 주며,
16 그 사랑을 행하고 살아가는 나의 백성
으로서 너희들을 이끌어 가고자 나의
아들은 그 어려운 죽음의 길을 선택하
여 갔음이니라.
17 너희들이 지금 숨을 쉬는 이 지구상에
서 정녕 아름다움을 모르고 살아가고
있으며, 또한 진정한 사랑을 모르고
살아가고 있음이니라.
18 지금도 또한 나의 아들을 통하여 나의
성령이요, 나의 뜻을 내려보내며 너희
들을 깨우치는 그 법전을 새로운 성경
이라 하여 내려보내건만,
19 너희들은 이를 보지도 못하게 하며 나
의 아들을 세상에 존재치 못하도록 그
를 제거하려 하며,
20 나의 아들 예수처럼 그가 세상에 숨을
쉴 수 없도록 하고자 하는 것이 지금
의 종교 집단이 가지고 있는 마음일진
대, 이를 과연 어찌해야 하겠는가?
21 나의 법전이 세상에 전해지는 것을 막
으려 하며 이를 만백성이 읽지 못하도
록 너희들이 온갖 수단과 방법을 다
동원하고 있음이니,
22 너희들은 지금 거짓의 사랑으로 뭉쳐
졌으며 사악한 종교 집단으로 변질되

였기에 진정한 사랑이요, 진정한 아름
다움이요, 진정한 진리를 전하는 나의
아들을 죽이고자 하는 것이 바로 너희
들이니,
23 2천 년 전 나의 아들 예수를 죽였듯이
그보다도 더 잔인한 방법으로 나의 아
들의 숨을 끊으려 하며 나의 법전이
세상에 전해지는 것을 막으려 하나,
24 이제 너희들은 환상에서 깨어나며 벗
어나야 함을 알아야 할 것이니라.
25 나의 아들 예수 하나를 희생함으로 그
아픔이 지금도 지워지지 않은 나 여호
와가 다시 성령을 전하며 만백성을 구
하고자 마지막 시대에 내려보낸 나의
아들을 희생양으로 삼는 것을,
26 너희들의 죄를 용서하지 아니할 것이
며, 그를 내가 그대로 보고 있지 아니
함을 너희들은 알아야 할 것이니라.
27 이제 내가 너희들에게 전하고자 하는
그 뜻을 깨달았다면,
28 너희들은 나의 아들이요, 나의 법전이
세상에 나오는 것을 방해하며 이를 거
부하지 말며,
29 큰사랑이요, 큰마음으로 너희 자신의
마음의 변화를 이루어,
30 세상의 모두를 보는 그와 같은 너희들
의 마음으로, 큰사랑으로 감싸는 너희
들이 되도록 그리하여야 할 것이니라.
31 그렇지 아니할 때 내가 너희들의 손을
놓는다는 것을 잊지 말라.

5,007 번째 하나님 말씀

2003년 2월 14일 16시 17분

1 사랑하는 나의 아들아!
2 "네, 아버님! 말씀하옵소서."
3 너희들이 그리도 갈구하며 갈망하는
구원을 받는 길은 높이 있는 곳에만
그것이 존재하는 것이 아니며, 너희들
에게서 멀리 떨어져 있는 곳에 존재하
는 것이 아님을 알아야 할 것이니라.
4 너희들이 구원을 받는 길은 낮은 곳에
있으며 너희들 주변에 항상 너희들과
같이 있음을 알아야 할 것이니라.
5 너희들의 육의 삶에서 바로 사느냐,
바로 살지 못하느냐 그것이 바로 구원
을 받는 길임을 너희들은 알아야 할
것이며,
6 거기서 너희들이 어떠한 마음을 갖고
바로 서느냐에 따라서 구원의 길을 가
는 자와 지옥의 길을 가는 자로 구분
됨을 알아야 할 것이니라.
7 구원의 길이라는 것은 높은 길이요,
험악한 길이요, 너희들이 인내하기 힘
든 그와 같은 길이 아니요, 멀고도 멀
리 있는 것이 아님을 너희들이 다시
한 번 깊이 깨우치라.
8 생활 속에 있으며 너희 주변에 항상
같이 숨을 쉬며 같이 행동하고 있음을
알라.
9 다만, 너희들이 보지 못하고 듣지 못
하기 때문이니,
10 너희와 항상 같이 있는 것을 너희들이
모르기 때문이니라.
11 나 여호와가 바람처럼 너희들과 같이
있으며 너희들이 구원의 길에 오르고
못 오르는 것은 생각 한번 하기에 달
렸으며,
12 너희들이 손끝 하나 움직이는 그 모든
동작에서 하나하나 너희들이 구원의

길을 보고 못 보는 것이 거기에 달렸
음을 알아야 할 것이니라.
13 내가 이와 같이 너희들에게 깨우침이
니, 행함이 어떤 것인가를 너희 스스
로 알 것이니라.
14 너희가 어두운 방에서 행하는 모든 행
위도 나 여호와는 보고 있음을 알아야
할 것이니라.
15 그렇다면 너희들이 지금 행하는 그 삶
에서 악을 행할 것인가, 선을 행할 것
인가 그를 구분할 수 있을 것이며,
16 너희들이 선을 행하는 것은 구원을 받
는 길임을 알아야 할 것이니라.
17 나는 너희들이 어두운 방이나 골방이
나 아무도 보지 않는 곳에서 움직이는
그 모두를 알 수 있으며 그리 보고 있
음을 알라.
18 그뿐이 아님이니라.
19 너희들의 마음속에 생각하는 것, 너희
들이 미래에 역사할 것, 너희들이 변
하는 것, 너희들이 죽어 가는 그 시간
까지 너희들이 어찌 되는 것까지도
나 여호와는 다 알고 있다는 것을 너
희들은 알아야 할 것이며,
20 이 무서움과 두려움을 너희들은 항상
잊어버리고 살아서도 안 되며 지워서
도 아니 됨을 알라.
21 내가 나의 아들 예수를 죽음으로 희생
하면서까지, 내가 그의 기도 소리를
듣지 아니하고 받아들이지 아니하며
십자가에 못 박혀 죽는 그를 구제하지
아니하며 그를 희생시켜 내가 지금의
역사까지 이루었음이니,
22 너희들은 그것 하나로써 내가 더 이상
어떤 희생을 바라지 말며 내가 또 너
희들에게 어떠한 기적의 역사를 보여
줌으로써 너희들이 변하고자 하는 그
와 같은 생각을 하지 말라.
23 나 여호와가 나의 사랑하는 아들 하나
를 희생시킨 그것으로써 너희들은 나
에게 더 무엇을 요구하지 말며 더한
변화를 원하지 말며 어떠한 역사도 나
에게 기대하지 말라.
24 너희들이 나에게 더 큰 희생을 바란다
면 너희들은 사악한 사탄의 욕심이요,
그 욕구를 버리지 못하고 있기 때문이
니,
25 그와 같은 마음을 이제 떼어 버릴 때
가 되었음이니라.
26 너희들이 나의 아들이 죽는 그 고통을
바라본 나 여호와에게 더 많은 변화를
요구하며 기적을 요구하며 나에게 희
생을 강요하는 그와 같은 마음으로 살
아간다면, 이는 너희들이 나의 은혜를
모르는 자들이니,
27 과연 너희들을 사람이라 말할 수 있으
며 나로부터 생명을 받아 나간 나의
백성이라 그리 말할 수 있는가?
28 나의 아들 예수를 죽여 나를 아프게
한 지금의 모든 종교 집단이 또 나의
법전을 이 세상에서 태워 버리며 찢어
버리도록 하여 그 숨통을 끊으려 하고
있음이니, 너희들이 바로 그러한 자들
이니라.
29 너희들의 그와 같은 마음이 과연 어디
에서 나오며, 어찌 그와 같은 행위를
할 수 있는가?
30 너희들이 진정한 사랑을 모르며 진정
한 참진리를 모르는 백성이기 때문이
니라.

31 너희들이 진정한 사랑을 알며 참진리
를 안다면, 그 사랑의 뜻을 알며 사랑
의 원천의 힘을 안다면 너희들이 살아
가는 미물이요, 벌레 한 마리도 죽일
수 없거늘,
32 어찌하여 너희들이 그와 같이 사악한
마음으로 변해 있는가?
33 사랑을 모르며 욕심만이 그득히 차 있
는 사탄으로 전락한 자들이 이 세상을
지배하고 살아가기 때문에 그러함을
너희들은 잊지 말라.

5,008 번째 하나님 말씀

2003년 2월 14일 16시 26분

1 사랑하는 나의 아들아!
2 "네, 아버님! 말씀하옵소서."
3 너희들이 인간 사회에 살아가면서 육
의 세상에 존재하면서 수없이 짓고 사
는 그 죄를 어찌 생각하는가?
4 너희들은 물고기를 낚아 올리는 그물
처럼 생각하는 것이 지금 너희들의
마음이요, 그보다 더 사악한 생각을
하는 것이 지금의 종교 집단이요, 너
희들을 가르치는 지도자들의 망발이
며 행위이니라.
5 너희들은 물고기가 그물에 걸렸을 때
작은 고기는 빠져나가며 큰 고기만 남
는 것처럼,
6 큰 고기는 걸려 있고 작은 고기는 빠
져나가는 그와 같은 착각 속에서 너희
들이 작게 지은 죄는 별것이 아니며
너희들이 기억할 수 있는 큰 죄만을
죄라 생각함이니,
7 큰 죄라는 것은 그 작은 죄와 차별화
되지 아니함을 너희들은 알아야 할 것
이니라.
8 너희들의 모든 마음을 다스린다 하여
도, 큰 돌을 옮기는 그 장소는 비어 있
기에 그 큰 돌을 갖다 놓을 수 있으나,
9 백사장에서 주운 작은 조약돌들은 그
자리를 찾지 못하며 갖다 놓을 수 없
듯이,
10 너희들이 수없이 짓는 그 작은 죄는
그를 다스리고 깨우칠 수가 없음이니,
그가 더 무서운 것으로 너희들은 알아
야 할 것이니라.
11 그러나 나의 피조물 만백성 너희들은
바로 바다에 던져 고기를 낚는 그물처
럼 작은 것은 빠져나가며 큰 것만 남
는 그와 같은 형국으로써,
12 너희들이 큰 죄만이 죄며 큰 죄만을
두렵게 생각하며,
13 소소히 짓는 작은 죄는 두려운 줄 모
르고 그것이 죄라 생각하는 그와 같은
생각을 망각하고 사는 것이 너희들이
며, 또한 그를 잊어버리고 살아가는
것이 너희들이니라.
14 그런가 하면 너희들의 종교 집단 지도
자들은 지금 어찌 말하는가?
15 그들이야말로 너희들의 지은 죄를, 너
희들의 손으로 지은 성전에 열흘 만에
오든, 한 달 만에 오든, 금화 몇 닢을
던져 놓고 기도하고 경배하며 회개의
눈물을 흘리며 중언부언하면 그 죄가
다 씻겨져
16 하얀 눈처럼, 천사가 되는 것처럼 착
각하며 그리 가르치고 있음이니,
17 너희들의 손으로 지은 성전에서 나의
사랑하는 백성, 그 죄지은 자들에게

금화 몇 닢을 받고 용서해 주며 죄를
사해 주는 것처럼 그리 군림하고 있음
이니,
18 이는 너희들의 죄를 사해 주는 그 특
권을 가지고 나 여호와요, 나의 아들
의 이름을 팔아 장사하고 거둬들이는
사악한 자임을 너희들은 알아야 할 것
이니라.
19 나의 모든 백성이요, 평범하게 살아가
는 순박한 나의 백성은 지금 그 죄를
그리 생각하고 살 것이니라.
20 큰 죄만을 두려워하며 작은 죄는 내가
기억하지 않는다는 그와 같은 안일한
마음으로 살아가는 것이 믿지 않는 백
성이 가지는 기본적인 마음일 것이니
라.
21 그러나 죄를 짓는 것은 작고 큰 것이
관계없음을 오늘 이후부터 너희들이
깨우치도록 하며, 만백성에게 깨우쳐
전하여야 할 것이니라.
22 그리하여 이 세상의 가장 사악한 자들
이 바로 누구이던가?
23 저희들이 죄를 짓고 열흘이든 한 달이
든 1년이든 간에 저희들의 손으로 지
은 성전에 가 기도하고 경배하며 말로
써 그를 다 털어 버리면 그 죄를 사했
다 생각하는 자들이 가장 사악한 자들
이요, 그들이 가장 문제점을 안고 있
는 것이며,
24 그들로 하여금 이 세상이 이렇게 험악
한 세대를 만들었으며,
25 부모가 자식을 버리며, 자식이 부모를
버리는 이와 같은 형용할 수 없는 감
히 수치스럽고 더러워 입에 담을 수도
없는 그 사악한 행위를 버젓이 하고
사는 것이 지금의 세상이 아니던가?
26 배웠다 하는 자, 지식이 있다는 자, 인
간 세상의 학문을 높여 남을 지도할
수 있는 자들이 그 재물 몇 푼 때문에
제 부모를 죽이며 저를 낳아 주고 길
러 준 부모를 노후에 길거리에 갖다
던져 버리는 그와 같은 사악한 행위를
하는 것이 지금의 너희들이니,
27 그 모두는 이기심을 팽배시켜 놓은 지
금 죄를 짓고 사는 종교 집단 너희들
이 원흉이며, 너희들로 하여금 이처럼
세상이 황폐화되었으며,
28 사랑이요, 정을 찾을 수 없는 이와 같
은 사악한 세대를 만든 것이 너희들의
죄니,
29 너희들이 그 길로 그냥 달려간다면 지
옥 불에 가 받는 그 벌은 너희들이 영
영 감당하지 못할 무거운 죄의 그를
다 거쳐야 함을 잊지 말라.

5,009 번째 하나님 말씀

2003년 2월 14일 16시 32분

1 사랑하는 나의 아들아!
2 "네, 아버님! 말씀하옵소서."
3 너희들이 인간 세속에서 더불어 살아
가면서 알고 짓는 죄, 또 모르고 짓는
죄가 있다 하였음이니라.
4 그러나 인간 세상에서 짓는 그 죄는
너희들이 열 배로써 그 죄를 사하고자
했을 때 그를 용서받을 기회가 있으
며, 그보다도 더 아름답게 삶을 살 때
너희들이 용서받을 기회가 있다 하였
음이니라.
5 그러나 너희들은 알아야 할 것이니라.

6 나 여호와를 속이며 나 여호와를 기만
한 자, 그리고 나로부터 죄를 짓는 그
와 같은 행위를 하는 자, 너희들은 빌
곳이 없으며 용서받을 곳이 없다는 것
을 알아야 할 것이니라.
7 그리하여 너희들에게 일깨워 전하기
를 나의 성령을 훼방하는 자, 내가 용
서 못 한다 성경에 기록하여 전하였음
이니,
8 너희들은 그와 같은 깊은 뜻을 알아야
할 것이니라.
9 내가 구약의 모세의 시대에 나의 백성
을 구원하고자 하였으나 실패하였으
며,
10 신약의 시대에 예수를 통하여 내가 사
랑을 만백성에게 전하며 그리 살아가
도록 하였으나 또한 너희들이 그와 같
이 나에게 슬픔만을 가슴에 안기고 모
두가 또 잘못되었음이니라.
11 그리하여 내가 마지막 시대에 제3의
시대를 열어 나의 성경에 나의 뜻을
하늘에서 땅으로 내려보낸 이 대역사
를 이루고 있음이니,
12 나의 아들을 통하여 내 가슴에 있는
모든 성령을 전하여 '하늘에 오르는
길'이요, '하나님! 말씀하옵소서'라는
이 책을 만들어 너희들을 구원하고자
하니,
13 이는 나 여호와의 성령이요, 진정 내
가 주관하는 것임을 너희들은 알아야
할 것이니라.
14 그리하여 내가 이 책에 수없이 기록해
놓았거늘, 너희들이 위로는 나를 거부
하며 나를 능멸하며 내가 내려보낸 것
을 아니라 그리 거부하는 것은 나에게
순종하지 아니하며 나를 거부하는 것
이 아니던가?
15 아래로는 나의 아들 자체를 사탄이요,
사악한 자라 하여 세상에 존재치 못하
게 하며,
16 마지막 종말의 시대에 거짓 선지자가
세상을 혼란하게 하려고 이와 같이 나
여호와를 빙자하여 책을 만들어 냈다
하여 이를 태워 버리며 찢어 버리며
세상에 빛을 보지 못하도록 그리함이
니,
17 그 죄는 정녕 내가 용서할 수 없다 함
을 너희들은 알아야 할 것이니라.
18 나의 성령이요, 내 모두를 태워 마지
막 시대에 이 지상을 하늘의 낙원처럼
내가 이루며, 지상의 낙원을 이루어
지상의 낙원 속에 천사와 같은 나의
사랑하는 백성이 살아 너희들이 영원
히 하늘에 와 구원받는 그와 같은 역
사를 이루고자 하는 것이 나의 뜻이니,
19 이를 방해하며 이를 훼방하며 그 역사
를 중단하고자 하는 그와 같은 자를
내가 용서할 수 없으니,
20 너희들은 빌 곳이 없으며 내가 너희를
용서하지 아니한다 함을 가슴에 깊이
새겨 두고 오늘의 삶을 바로 살아야
함을 잊지 말라.

5,010 번째 하나님 말씀

2003년 2월 14일 16시 49분

1 사랑하는 나의 아들아!
2 "네, 아버님! 말씀하옵소서."
3 지금의 잘못 믿고 가는 백성 그들이
너희들에게 구원의 손길을 내밀든, 너

희들에게 구원을 요청하든, 너희들에
게 살려 달라 애원을 하든, 그렇지 않
으면 너희들이 사탄이요, 사악한 자라
말을 하든,
4 너희들은 그들에게 손을 내밀어 그들
을 구원해야 하는 것이 너희들의 대명
임을 알아야 할 것이니라.
5 그들은 정녕 저희들이 서 있는 곳이
어디이며, 저희들이 광분하여 가고 있
는 그 믿음이 무엇이며, 그것이 어찌
가는가를 알지 못하기 때문이니라.
6 나 여호와의 뜻을 알며, 나로부터 선
택된 백성 너희들은 그들이 너희들에
게 구원을 원하든 원하지 않든 그들을
잡아 구원해야 하는 것이 너희들의 대
명임을 알아야 할 것이니라.
7 너희들은 나의 법전으로써 그들을 구
원하면 되는 것이며, 그들의 가슴에
나의 법전을 전하여 그들이 나의 법전
을 읽고 깨우치는 그와 같은 역사를
이루는 것이 너희들이 그들을 위해서
해야 할 것이니라.
8 그들의 생각과는 관계없음이니라.
9 너희들이 아름답게 살아가야 하는 것
을, 남이 잘못 살아가기에 너희들이
그리 살아갈 수 없다는 그와 같은 말
을 하지 말라 하였음이니라.
10 남이 너희들에게 욕을 하며 너를 질투
하는 것은 그 사람의 욕이요, 질투지,
너와는 관계없음이니, 너는 들은 척도
본 척도 하지 말라 내가 했으며,
11 너희 자세만 바로 살아가면 된다 내가
너희들에게 일찍이 깨우쳐 전하지 아
니하였던가?
12 그와 마찬가지로 너희들이 지금 잘못
가고 있는 나의 피조물 만백성 그들이
어디로 가는지도 모르며 달려가니,
13 너희들은 그들이 원하든 원하지 아니
하든 손을 내밀어 그들을 구원하는 것
이 너희들이 가야 할 길이라는 것을
잊지 말라.
14 그들은 저 자신을 알 수 없기 때문이
니라.
15 그들은 알 수 없기 때문에 지금 지옥
으로 달려가는 그 열차에서 달려가는
즐거움을 느끼고 있음이니,
16 머지않아 저희들이 벼랑으로 떨어질
때, 그들은 천지개벽 하는 그 두려움
앞에 몸 둘 자리가 없을 것이며,
17 그와 같이 벼랑으로 떨어진 자, 저희
들의 점수에 따라 영원히 사는 지옥
불에 각종 죄명을 쓰고 살아가야 함이
니, 그들은 그때 가면 모두를 알게 될
것이니라.
18 그러나 지금은 그들이 생각하기도 싫
어하며, 믿으려 하지도 아니하며, 그
를 알려 하지도 아니하는 것이 그들의
심리이니,
19 오늘의 삶을 즐겁게 살면 그것으로써
만족하며, 육의 삶을 사는 데 풍요롭
게 살면 되며,
20 믿음이야 어찌하든 저희들의 손으로
지은 성전에 가 나의 아들 예수의 이
름만을 부르면 그 보혈로써 구원을 받
는다 가르치는 크나큰 집단의 백이 있
으며 영원히 구원받는 그와 같은 것이
보장되었다 생각하느니라.
21 그리하여 그들은 일주일 내내 살다가,
열흘 내내 살다가 그저 죄를 짓고 사
악한 짓을 하며 용서받지 못할 짓을

했어도, 가서 빌고 울고불고하며 금화
와 동전 몇 닢을 던져 넣으면 그 종교
지도자가 '너희들은 하늘에 이름이 올
라가 있으며 구원받은 자요, 여호와
하나님이 재물을 바쳤기에 사랑한다.'
그리 말하니,
22 그를 믿고 그들이 즐겨 다음서부터 또
죄를 짓는 그와 같은 행위를 하고 있
는 그들이 머지않아 심판대에 섰을 때
얼마나 분통하며 분개할 일인가를 알
것이니라.
23 지금 모든 종교 집단이 나의 백성을
하늘에 오르는 길로 인도하는 것이 아
니요,
24 나 여호와가 분개할 일, 내가 보기 싫
어하는 일, 내가 찾아볼 수 없는 그와
같은 사악한 짓만을 골라서 하고 있다
는 것을 너희들은 알아야 할 것이니라.
25 그러나 그들이 어떠한 일을 하든 나
여호와를 능멸하든 나 여호와가 분개
하는 일만 하든 너희들이 관여할 것
이 없느니라.
26 다만, 그들은 그들의 벌을 받을 것이
니,
27 너희들은 나의 법전을 그들에게 전하
여 그들을 깨우치는 데 최선의 노력을
다하는 그것으로써 너희들의 직분은
다함이니라.
28 이미 너희들은 그들과 구분되어 있음
을 알라.
29 너희들은 하늘에 오르는 길을 위하여
지금 정도의 길을 달려오고 있으며,
30 다시 태어나고자, 육의 세상에서 천국
의 삶을 살고자 지금 얼마나 피나는
노력을 하고 있는가?
31 그를 노력하지 아니하며 그를 바라보
지 못하는 백성과 너희들은 이미 차별
화가 되어 있음이니, 위에 있는 백성
이 그들을 다스려야 할 것이니라.
32 부모가 자식을 다스리고 일깨워 주며,
사회의 선배가 후배를 가르치듯이, 형
이 동생을 다스려 깨우치듯이,
33 너희들이 그와 같은 마음으로써 만백
성을 다스리고 깨우치는 데 최선을
다하여야 함을 잊지 말라, 사랑하는
나의 아들딸들아!
34 사랑하는 나의 아들아!
35 "네, 아버님! 말씀하옵소서."
36 나의 사랑하는 백성이 나로부터 성령
을 받아 세상에 나가니, 너희들이 천
사와 같이 아름다운 마음을 가지고 세
상에 나갔음이니라.
37 그리하여 너희들이 세상에 나가 그 마
음을 갖고 그대로 살다 나에게 그대로
올 수 있는 것을,
38 지금의 잘못된 종교 지도자, 그 사악
한 자들이 나의 백성의 그 아름다운
마음을 도적질해 갔으며, 그리하여 너
희들의 마음에 욕심이요, 시기와 질투
하는 사악한 마음의 뿌리를 심기 시작
하였음이니,
39 그리하여 종교 집단이 우리 부자의 이
름을 팔아 나의 백성의 그 고운 마음
을 도적질해 가며 그것을 송두리째 뺏
어 가고 있음이니, 너희들의 아름다운
기본의 인성의 마음을 다 종교 지도
자들에게 뺏겼으니,
40 너희들이 지금 속은 다 없으며 겉만
살아 있는 나의 백성, 신도들이 되었
음이니라.

41 그러니 이를 바라보는 나 여호와의 마음이 과연 어떠하겠는가?

42 그리하여 그들은 우리 부자의 이름을 팔아 나의 피조물 만백성을 관리하고 너희들을 다스리며, 그는 나 여호와의 뜻이라 저희들이 그리 말함이니,

43 사랑하는 나의 백성이 그 누구도 거부하지 못하며, 그를 거역하지 못하며, 그저 고삐 매인 송아지처럼 이리 끌면 이리 가고, 저리 끌면 저리 가며,

44 너희들은 봉사와 희생을 하며 재물까지도 모두를 다 바치는 그와 같은 형국으로 사악한 자들이 이끌어 가고 있는 것이 지금의 너희들이 사는 세상의 형국임을 알아야 할 것이니라.

45 그들이 끌고 가는 것은 악한 자들만이 이 세상을 지배할 때, 이 아름다운 세상을 악한 자 전원이 다 장악하며 그들만이 존재하는 그와 같은 세상을 만들고자 하는 것이니라.

46 그리하여 악한 자들의 세상을 완벽하게 만들려고 나의 피조물 만백성의 아름다운 마음을 도적질해 가며, 그들로 같은 사악한 마음이요, 욕심이요, 시기하고 질투하는 마음을 심어 주며,

47 이웃을 사랑하는 마음까지 송두리째 그들이 빼어 가며 도적질해 가고 있음이니라.

48 이와 같은 사실을 너희들은 알지 못함이니, 신도라 하여 지금 종교 지도자들이 가르치는 그 속에 가 있는 나의 사랑하는 백성은 거기서 잠에서 깨어나야 할 것이며,

49 너희들의 본질의 마음을 도적 맞은 것을 찾아야 할 것이며, 원 상태로 돌아오는 그와 같은 용기 있는 자만이 나에게 구원을 받을 수 있는 것임을 알아야 할 것이니라.

50 지금의 모든 종교 지도자들이 저희들이 지은 죄를 속죄하고 사죄하며 살아도 그들을 내가 받아 줄까 말까 하는 그와 같은 사악한 자들이 나의 사랑하는 피조물 만백성의 마음을 송두리째 도적질해 가며,

51 너희들을 구원해 준다, 하늘에 오르는 길에 인도한다, 그리고 너희들은 구원을 받았다, 재물을 많이 바치는 자 재물을 천국에 쌓아 놓는 것처럼 너희들이 축복을 받는다 하여 재물을 쌓으라, 쌓으라 하여 갖은 방법과 수단을 가리지 않고 거둬들이는 그 사악한 자들, 그들의 만행을 너희들이 보라.

52 어떠한 폭군도, 어떠한 사악한 군주도, 독재자도 그와 같은 자들은 없음이니라.

53 그들이야말로 완벽하며 철벽주의이니라.

54 이는 곧 무엇이더냐?

55 우리 부자의 이름으로써 많은 백성을 이끌어 가며,

56 거부하는 자 지옥으로 가며 구원을 받지 못한다 그리 위협하고 반 협박하니,

57 거기에서 깨어나지 못하는 것이 나의 백성이니라.

58 이제 나의 아들과 너를 따르는 제자들, 나 여호와의 성령을 따르는 백성 너희들은 그들을 구원하기 위하여 너희들의 끊임없는 희생이 지금 필요할 때임을 잊지 말아야 할 것이니라.

59 그와 같이 잘못 가는 그 백성, 너희들

의 형제를 구원하기 위하여 너희들은
끊임없이 고통과 시련과 희생과 봉사
와 그 모든 것을 마다하지 아니하며
즐거운 마음으로써 그들을 위하여 모
두를 희생하는 그와 같은 삶으로 살아
가라.
60 너희들이 그와 같이 살아가지 아니한
다면 나의 피조물 만백성은 영원히 영
원히 구원의 길을 볼 수 없으며 나에
게 올라올 수 없음이니,
61 영원히 지상이 존재할 때까지 생명이
태어나는 그 수억, 수십억의 나의 백
성 그들을 구원해야 하는 대명이 너희
들밖에 없음을 알라.

5,011 번째 하나님 말씀

2003년 2월 14일 16시 58분

1 사랑하는 나의 아들아!
2 "네, 아버님! 말씀하옵소서."
3 지금의 가장 큰 집단이요, 가장 무서
운 힘을 가지고 있는 모든 종교 지도
자들이요, 집단들이 저희들이 선행을
하며 지상에 천국을 만들면 그것으로
써 나 여호와의 기쁨이요, 또한 저희
들도 구원을 받으며 만백성도 구원의
길로 올 수 있는 것을,
4 그들은 지금 어찌하여 내가 분노하는
일만을 골라서 하며, 나에게 거역하는
행위만 하는가?
5 그리하여 그들은 '사랑하는 주여, 주
여!' 그저 주를 부르며 '영광의 주여!
축복을 내리는 주여! 저희들을 구원
하는 주여!' 그저 주를 부르면서 소리
지르면 구원을 받는다 착각하며,
6 저희들이 천국의 문턱에 와 있는 그와
같은 형국으로써 지금 그들이 썩어져
가고 있음을 알아야 할 것이니라.
7 '사랑의 주여! 구원의 주여! 영생토록
하늘에 들림을 할 수 있는 주여!' 그와
같이 부르짖는 그 모든 것은 다 허상
임을 알아야 할 것이며 잘못 가는 믿
음이라는 것을 너희들은 알아야 할 것
이니라.
8 '사랑의 주여! 구원의 주여! 영광의
주여!' 너희들이 그리 부르기 전에 나
의 아들이 죽음으로써 지키고자 했던
것, 나의 아들이 행하고자 했던 그 역
사를 너희들이 행하면 될 것이니라.
9 가장 중요한 것이 무엇이던가?
10 나의 아들이 그 성전에 가 말하였느니
라.
11 너희들이 지은 이 성전을 벽돌 하나
흔적도 없이 다 내가 쓸어버릴 것이라
하였으니, 너희들이 지금 짓고 가지고
깔고 앉아 있는 궁궐보다도 더 호화로
운 성전부터 다 모든 백성에게 나눠
주는 그와 같은 대변화의 역사를 이루
지 아니한다면 너희들은 다 허상이며,
12 거기다 재물을 바치는 불쌍한 백성 너
희들은 죄만 짓는 것이요, 나에게 오
르는 길이 아님을 알아야 할 것이니라.
13 너희는 천사의 행위를 하면 나의 백성
이요, 하늘에 오를 수 있는 선택된 백
성이 될 것이며, 악을 행하면 사탄의
자식이라 내가 너희들에게 그리 수없
이 가르쳤거늘,
14 선행이요, 아름다움을 행하지 아니하
며 사악한 짓을 하여 사탄의 자식으로
전락한 너희들이 어찌하여 나를 기만

하며 나를 속이며 나를 능멸하는가?
15 사탄의 자식의 된 자들이 나 여호와를
부르며 나의 아들 예수의 보혈로써 구
원을 받았다 하며 '주여! 아버지여!'
부르는 그 소리가 얼마나 너희들이 위
선적이며 이중적인 성격인가?
16 사탄의 자식이 사탄을 부르면 될 것이
지, 어찌하여 우리 부자의 이름을 그
리 부르는가?
17 너희들은 그 악행을 하고 있는 자이
니, 너희들은 악 속에 젖어 있으며, 악
의 자식으로서 어찌하여 우리 부자의
이름을 부르는가?
18 나를 아버지라 부르니 너희들의 그 웃
지 못할 형국을 바라보는 나의 마음이
과연 어떠하겠는가?
19 이와 같이 너희들이 악의 자식으로서
우리 부자의 아름을 부르며 나를 아버
지라 하며 전지전능한 여호와라 하며
구원의 길이라 하니, 너희들은 나를
찾지 말라.
20 너희들의 조상이요, 너희들을 지배하
는 사탄에게 가 의탁하며 그 사탄을
아버지라 부르라.
21 그와 같이 망령된 짓을 하는 그것을
바로잡고자 2천 년 전에 내가 나의 아
들 예수를 세상에 내려보내 이를 바로
잡고 바로 세우려 했으나, 너희들은
나의 아들 예수를 그리 처참히 죽도록
하였음이니라.
22 그리하여 내가 2천 년이라는 세월을
기다려 사랑하는 나의 아들을 통하여
내가 이루지 못한 그 뜻을 마지막 시
대에 나의 성령을 세상에 내려보내어
법전이요, '하늘에 오르는 길'이요, '하
나님! 말씀하옵소서'라는 이 책으로써
세상을 덮어 역사하고자 하는 것을,
23 너희들이 이를 다 찢어 버리며, 또 이
가 역사하지 못하도록 준비하고 있는
것이 너희들이니,
24 그 사악한 자들 너희들이 바로 서야
할 것이니라.
25 너희들이 그를 바로 보고 바로 깨우치
지 아니하면, 너희들은 오늘의 육의
삶의 그 향락과 즐거움의 몇백 배, 몇
천 배 고통스러운 죄를 짓는다는 것을
잊지 말라.
26 이제 너희들이 짓는 성전에서 만백성
에게 재물을 거둬들이며 헌금을 받아
들이는 그와 같은 행위를 하는 자, 그
리고 궁궐을 지어 놓고 그곳에서 만백
성을 우롱하는 자, 그리고 지배하는
자, 권좌에 앉아서 휘두르는 자, 그와
같은 행위를 하는 자,
27 너희들이 가지고 있는 모든 성전을 다
팔아 만백성의 의식주를 해결하는 데
쏟아 붓지 아니한다면 너희들은 아무
것도 될 수 없다는 것을 알라.
28 내가 나의 아들을 통하여 너희들에게
뭐라 말하였느냐?
29 부자가 나의 아들 예수를 따르려 할
때, 네 가진 것을 다 나눠 주라 하였음
이니,
30 너희들이 하늘에 오르는 길이요, 나의
참진리를 따르는 종교 지도자요, 집단
이라면 너희들부터 먼저 가지고 있는
모든 재산을 다 팔아 나눠서 만백성에
게 전해 주고 너희들이 바로 서라.
31 그러면 내가 너희들에게 크나큰 은혜
와 역사의 영광을 내릴 것이며,

32 그때야말로 너희들이 하늘에 오르는 길을 볼 수 있으며 나의 아들 예수를 부를 수 있으며 나를 찾을 수 있다는 것을 알며,

33 너희들의 재물부터 팔아 만백성에게 나눠 주라.

34 모든 백성에게 재물을 팔아 나눠 주는 것이 천국에 오는 길이라 하지 말며,

35 너희들이 가지고 있는 종교 집단의 그 재산부터 팔아 너희들에게 와서 경배하며 기도하며 하늘에 오르고자 모두를 바치는 그 가련하고 불쌍한, 너희들만도 못한 그들의 의식주를 해결해 주는 데 그를 거기다 쓰고 뿌리라.

36 그러면 내가 너희들에게 역사할 것이니라.

5,012 번째 하나님 말씀

2003년 2월 14일 17시 03분

1 사랑하는 나의 아들아!

2 "네, 아버님! 말씀하옵소서."

3 나 여호와로부터 구원을 받고자 하는 백성, 그리고 구원을 받았다 말하는 백성, 나의 아들의 그 소중한 보혈로써 구원을 받았다 말하는 백성, 너희들은 깨우쳐야 할 것이니라.

4 너희들이 정녕 나에게 오르고자 하며 내 품에 오르고자 한다면 너희들은 진정한 참진리의 길을 가고자 해야만 될 것이며, 그 길을 가지 아니하는 자는 정녕 나에게 오를 수 없음을 너희들은 알아야 할 것이니라.

5 너희들이 하늘에 오르며 나로부터 구원을 받는 그 영광된 길을 오고자 한다면, 너희들은 지금 육의 세상에서 쥐고 있는 그 모두를 버릴 줄 알아야 하며, 과감히 버리는 자만이 나에게 올 수 있는 길을 볼 수 있음을 알라.

6 육의 세상에서 이루어지는 금화와 은화요, 권력이요, 모든 재산을 짊어지고 그를 버리지 못하는 자 너희들은 정녕 나에게 오를 수 없음이니라.

7 하늘에 오르는 길이요, 높이 뜨며 높이 오르는 것은 가벼울수록 가볍게 하늘에 높이 오게 되어 있음을 너희들은 알아야 할 것이니라.

8 인간 세상의 모든 짐을 버릴 줄 알아야 할 것이며, 그를 버리는 용기가 없는 자, 버림을 행하지 못하는 자, 너희들은 나에게 올 수 없으며 구원을 받을 수 없다는 것을 알라.

9 구원의 그것보다 무엇이 더 소중하며 무엇이 위대하기에 너희들이 그 모두를 버리며 놓지 못하고 그리 연연하며 그 무거운 짐을 지고 죽으면 다시 돌아오지 못하는 길을 그리도 짊어지고 가고자 하는가?

10 그리고 너희들의 그 마음속에 있는 사악한 마음이요, 사악한 생각을 할 수 있는 그 모든 악한 생각을 다 뿌리째 뽑아 버려야 할 것이니라.

11 너희들이 세상사에 주렁주렁 매달려 있는 그 모든 인간의 고리를 가볍게 놓을 줄 알며,

12 그를 추하고 더러운 방법으로써 긁어모으고자 하는 자, 쌓아 놓고자 하는 자, 그와 같은 마음을 버리며,

13 마음속에 있는 사악한 생각조차 모두를 다 버려 너희들의 생각과 육신과

모두가 가벼워진 자가 높이 오를 수
있으며 가볍게 높이 뜬다는 것을 너희
들은 잊지 말라.
14 나 여호와가 너희들에게 처음에 주었
던 인간의 본성의 그 아름다운 마음,
아름다운 사랑의 그 씨를 찾도록 계속
노력하며, 그 씨앗을 따라 변화되는
그와 같은 삶을 살지 아니한다면 정녕
구원을 받을 수 없는 것이 너희들임을
알라.
15 너희들은 여기서 깊이 깨달아야 할 것
이니라.
16 인간 세상에 얽히고설킨 그 모두를 가
볍게 버릴 수 있으며 놓을 수 있는 그
와 같은 마음이요,
17 마음속에 가지고 있는 너희들의 사악
한 원심의 뿌리를 버릴 수 있는 것이
얼마나 힘들고 어려운 것이던가?
18 그를 버리지 못하는 자, 그를 지우지
못하는 자, 나에게 오다 중단하는 자
이며,
19 너희들은 결국 끝까지 영원히 오지 못
하며 중간에서 도망가는 자요, 패자로
서 쓰러지는 것이니라.
20 나로부터 구원을 받으며 하늘에 오르
는 그 영광보다 더 위대한 것이 없으
니,
21 너희들이 남으로부터 추하고 더러운
방법으로써 세상 것을 거둬들이며 그
를 챙기고자 하며 쌓아 놓고자 하지
말라.
22 너희들이 한번 가면 다시 오지 못하는
영원히 죽어 가는 그 세상의 무엇을
그리 연연하여 가지고 가며 짊어지고
가고자 하는가?
23 너희들이 죽어 가면서 이 세상을 버린
것처럼 생각하는 어리석은 너희들, 그
리고 세상이 너희들에게서 떠나는 것
처럼 생각하는 자들,
24 너희들이 세상에서 흙으로 육이 떠나
는 것이요, 이 세상을 너희들이 짊어
지고 갈 수는 없으며,
25 너희들에게서 내가 만든 이 지상의 아
름다운 이 모두가 떠나갈 수는 없음을
알라.
26 너희들이 주인이 아니요, 이 아름다운
지상이 주인이니, 주인에게서 객이 떠
나는 것이요,
27 너희들은 객으로서, 주인이 떠나기를
바라며 너희들이 버림을 받은 것이 아
니라 너희들이 나로부터 모든 부귀와
영화를 누리며 살아온 그것에 따라 거
기서부터 떠나게 됨을 너희들은 알아
야 할 것이니,
28 이 세상이 너희들을 버렸다 생각하지
말며,
29 이 세상의 모두를 놓고 떠나는 너희들
이 애석하다 생각하며 후회하는 그와
같은 삶을 살지 말라.
30 그 모두가 욕심이요, 사악한 마음에서
너희들이 가지고 있는 생각이니라.

5,013 번째 하나님 말씀

2003년 2월 14일 17시 10분

1 사랑하는 나의 아들아!
2 "네, 아버님! 말씀하옵소서."
3 사랑하는 나의 아들아, 너희들의 육의
죽음에 대하여 너의 제자들에게 두려
워하지 말며 겁먹지 말라 그리 가르치

라.
4 육은 무엇이더냐?
5 너희들이 정해진 그 삶을 살다 그 목
적지에 도달하면 한 줌의 흙으로 돌아
가는 것이며,
6 너희들의 영혼은 나에게 하늘에 오르
며 또 지옥으로 가며 그 심판의 길에
서 죄의 대가에 대하여 그를 치르는
것이 너희들이거늘,
7 어찌하여 그 육의 죽음이요, 육의 생
명이 끊어지는 것을 그리도 두려워하
며 무서워하는가?
8 육이란 과연 어떠한 관계며 무엇이던
가?
9 육은 너희들의 영혼을 지탱하다 한순
간에 그 시기가 되었을 때 떠나가는
것이니,
10 그 육의 오늘의 죽음이요, 내일의 죽
음에 너희들이 두려워하지 말라.
11 너희들이 육의 죽음이 두렵고 무서워
나의 법전을 만들며 나의 법전을 세상
에 전하는 것을 두려워하며 중단하며
용기를 저버린다면,
12 너희들은 진정한 나의 백성이 아니요,
나로부터 선택된 자들이 아니요, 나로
부터 선택된 그 영광의 축복이 무엇인
가를 너희들이 알지 못함이니라.
13 육의 관계가 과연 무엇이더냐?
14 그 관계를 너희들이 한번 돌이켜 보라.
15 너희들은 죽음이라는 정해진 그 길을
위하여 목적지에 갔을 때 한 줌의 흙
으로 썩어 가는 것이 너희들의 육이니,
16 그 육이 죽으며 숨이 끊어진다는 것
을 너희들은 두려워하지 말며 겁먹지
말라.
17 순교자보다도 더 강한 의지와 강한 마
음으로써 너희들이 나의 법전을 전하
며 만백성을 일깨워 주는 그 역사에
동참하지 아니하면 너희들은 모든 것
을 이룰 수 없음을 알아야 할 것이니
라.
18 너희들은 육은 어떠한 관계에서 무슨
인연으로써 어찌 정립되며 어찌 끝나
는 것인가를 생각해 보라.
19 그 육의 죽음에 대해서 겁먹지 말고
두려워하지 말라, 사랑하는 나의 선택
된 백성들아!
20 나의 법전을 전하기 위해 죽음을 두려
워하지 말며, 나의 법전을 전하여 너
희들이 바보가 되고 쓰러지며 무고자
가 되는 것을 두려워하지 말라.
21 너희들은 정신 세계요, 영을 영원히
구원을 받아 영구히 나에게 오는 그
사랑의 빛을 보며 하늘에 오르는 빛을
알고 하늘에 오르는 길을 지금 오고
있는 백성이 아니던가?
22 너희가 나에게 올 수 있는 것을 받은
그 축복과 영광보다 더 위대하고 거룩
한 것은 없음이니라.
23 예수도 육을 가지고 그가 죽어 나에게
영원히 왔음이니,
24 예수는 그 모든 역사를 이루고자 그는
그 육의 죽음을 두려워하지 아니하였
으며, 저 자신의 육을 초개같이 던진
것이 나의 아들 예수가 아니던가?
25 그는 육의 고통의 십자가를 짊어지며
그 십자가에 피 흘려 고통 속에 죽어
가면서도 나에게 기도하면서 순종하
고,
26 나 여호와 아버지를 원망하지 아니하

며 저를 죽이는 백성을 제가 사랑으로
용서하며 다스려 달라 그 큰사랑의 마
음을 전한 것은 그는 육을 포기했기
때문이니라.
27 육은 한낱 흙으로 돌아가는 것이기 때
문에 그는 육을 보지 아니하였으며,
육의 숨이 끊어지고 육이 죽어 썩어
가는 것을 두려워하지 아니하였으며
그는 겁먹지 아니하였음이니,
28 육을 그 자신의 영혼에서 놓았기 때문
이니라.
29 너희들도 육을 영혼에서 놓으라.
30 나의 법전을 전하며 만백성을 구하는
대명을 받은 너희들은 육의 몸을 정신
이 놓아야 할 것이며, 정신으로써 육
을 떠나 있는 그와 같은 삶을 살라.
31 오로지 영을 위하여 깨우치며 만백성
을 구하는 데 모두를 다 바쳐라.
32 이제는 너희들의 육을 어찌 던져야 하
는가를 알겠는가?
33 나의 아들이 육을 초개같이 그 육을
서슴없이 포기하고 던졌듯이 너희도
그와 같은 용기와 순종의 마음으로 살
아가라.
34 예수의 부활에 대하여 이제 더는 왈
가왈부 하지 말라.
35 예수는 영의 부활이니라.
36 그러니 내가 못을 박아 너희들에게 전
함이니 육의 부활이요, 이를 너희들이
갑론을박하지 말라.
37 육을 가지고 하늘에 올 수 없는 것이
하늘의 이치며 정녕 올 수 없음이니라.
38 썩어 가는 그 육은 하늘에 올 수 없음
이니, 마음이 추하고 더러운 자, 그곳
에 올 수 없듯이 육은 한 줌의 흙으로
돌아감이니, 흙으로 돌아가는 그 육이
두렵고 무서워 나의 법전을 역사함을
두려워하지 말라.
39 육을 버리라.
40 육이 죽어 가는 것은 아무것도 아니니
두려워하지 말라.
41 그와 같은 자가 믿음을 깨우친 자요,
나에게 순종하는 자요, 내가 존재함을
믿는 자니라.
42 육이 썩어 가는 것을 두려워하며 무서
워한다면 나 여호와를 믿지 아니하며,
영혼이 있음을 믿지 아니하며, 너희들
이 부활하여 나에게 오르는 것을 믿지
아니하며, 새로 태어나는 생명의 역사
함도 믿지 않는 것이니,
43 너희들이 지금 완벽한 믿음으로 가는
백성으로서 다시 태어나도록 그리하
라.

5,014 번째 하나님 말씀

2003년 2월 15일 06시 07분

1 사랑하는 나의 아들아!
2 "네, 아버님! 말씀하옵소서."
3 나의 피조물 만백성 너희들이 나 여호
와를 부르짖으며 나 여호와를 믿으며
너희들이 죽어 와 심판을 받는다 그리
말하나,
4 사실 그와 같은 믿는 마음의 자세가
어느 정도 굳어져 있으며, 그 신뢰하
는 마음이 어디까지 너희들을 지배하
느냐 하는 것을 돌이켜 봐야 할 것이
니라.
5 너희들의 살아가는 모습을 나 여호와
가 하나하나 점검하며 모든 것을 하나

하나 다 기억하여 그것으로 너희들이 심판을 받는다 하는 그와 같은 것을 확실히 믿고 확신할 때, 천사와 같이 변하지 아니할 사람이 없을 것이니라.

6 그러나 너희들은 그와 같은 역사가 이루어질 것이라는 것을 완벽하게 믿지 않기에 두려움을 모르며,

7 그와 같은 뜻을 깨우쳐 살아가는 백성이 얼마나 큰 영광과 축복을 받는 것인지조차도 생각하지 못하고 있음이니라.

8 여기서 너희들은 나의 아들 예수의 죽음을 들여다보도록 그리하라.

9 나의 아들 예수는 성령으로써 세상에 태어났음이니라.

10 그러나 너희들과 똑같은 육을 가지고 육의 형태로 살아갔음이니라.

11 그가 십자가에 못 박혀 그 고통스러운 죽음을 견딜 때, 그는 너희들과 같은 육의 고통을 다 겪은 것이니라.

12 다만, 나 여호와의 뜻에 순종하며 나 여호와가 원하는 길을 가기 위하여 그는 저 자신의 육은 다 던져 버렸으며 오로지 영에 대한 싸움의 시간으로써 그 모두를 인내하고 견디었음이니라.

13 그러면 그가 어찌하여 그 길을 갔는가를 생각해 보라.

14 그를 너희들의 죄를 대속하려고 죽어갔다 그리 말하나, 그는 나 여호와가 존재하기 때문에 그 순종의 길을 갔으며, 그 육의 고통과 시련의 길을 마다하지 않고 그리 갔음이니라.

15 그 상황을 너희들이 바라본다 하여도 나 여호와가 존재하며 내가 성경에 기록한 내용이요, 내가 새로운 성경으로써 나의 법전에 기록하여 내리는 내용은 모두가 살아 있는 현실이며 현존한다는 것을 잊어서는 안 될 것이니라.

16 이제는 예수의 그 죽음이 어찌하여 예수가 그 길을 갔으며 그 고통의 길을 마다하지 않고 갔으며 그 길을 갔는가를 너희들은 생각해 봐야 할 것이니라.

17 그는 성령으로 잉태했기에 나 여호와가 존재함을 알며 나를 보며 나의 음성을 들으며 나의 메시지를 받아 움직였음이니라.

18 그러나 그 또한 세상에서 난 자요, 육을 가지고 세상에 있었음이니, 모든 고통이 너희들과 다른 것이 하나도 없으나, 그는 그를 인내하고 견디고 갔음이니라.

19 죽음의 길을 선택한 그의 삶을 너희들이 보면 나 여호와가 존재한다는 것을 알 것이니,

20 이제 너희들은 나 여호와가 존재함을 믿는 그 자체라는 것을 내가 십계명 다음에 기록하여 전함이니, 그 뜻이 얼마나 위대하며 소중한 것인가를 알라.

21 이제 너희들은 나 여호와가 존재함을 먼저 믿으라.

22 그리하면 모든 마음과 생활 속에서 나 여호와가 존재한다는 것을 믿으며, 심판을 받아 그 심판에 따라서 지옥이요, 천국이라는 그 갈림길에서 그 둘 중의 하나를 선택하여 간다는 것을,

23 그것도 너희들이 임의요, 자의가 아니라 너희들이 죄지은 것에 따라 심판의 명에 의하여 그리 거부하지 못하고 움직임이니,

24 여기서 너희들은 나의 아들 예수가 죽음으로써 모두를 다 받아들인 그와 같은 형국을 보라.
25 그가 한 행동과 그가 역사한 것을 본다면 너희들은 여기서 의심해서도 안 되며
26 지금 같은 믿음의 자세로 가서는 안 되는 것이니라.
27 더 굳고 확실한 신념을 갖고 믿음의 길을 향하도록 그리하라.
28 그러면 세상의 모든 것을 다 견디지 못할 것이 없으며 너희들이 역사하지 못할 것이 없음이니, 그를 생각하라.
29 예수의 죽음과 같이 너희들이 나를 믿고 따르며 내가 존재한다는 것을 예수처럼 그리 믿으라.
30 그리고 큰사랑으로써 너희들이 세상을 바라보라.
31 그리하면 너희들이 모두를 다 얻을 것이며 천국의 역사의 길에 들어서며 그리 올 수 있는 것이니, 이를 명심하여 행하도록 그리하라.

5,015 번째 하나님 말씀

2003년 2월 15일 06시 17분

1 사랑하는 나의 아들아!
2 "네, 아버님! 말씀하옵소서."
3 내가 너희들에게 뭐라 깨우쳤느냐?
4 하루를 사는 하루살이라는 그 벌레가 하루를 살며 그는 어떠한 삶을 사는 것이 현명한 벌레라 내가 그리하였는가?
5 자연의 아름다움을 느끼며 사는 그와 같은 벌레가 더 현명한 자라 하였음이니라.
6 지도자가 되려고 제가 무엇을 이루고자 욕심을 부리다 보면, 저는 하루 사는 그 삶은 의미 없는 욕심에 찌든 삶을 살다 죽어 가는 것이라 내가 말하였느니라.
7 나 여호와가 너희들에게 뭐라 그리 일깨워 주었는가?
8 너희들은 그와 같은 삶을 살지 말라 내가 말하였느니라.
9 지금 수천 년 동안 사는 것같이 영원히 사는 생명이라 생각하는 그와 같은 너희들이 얼마나 어리석은 자던가?
10 너희들 또한 마찬가지이니라.
11 길고도 긴 지구의 변하지 않은 역사에 너희들의 생명을 그것에 비추어 본다하면, 과연 하루를 사는 벌레와 무엇이 다른 시간을 사는가?
12 그 하루를 사는 것밖에 되지 아니하는 인생의 삶이라 내가 너희들에게 그리 일깨워 주었음이니, 그는 무엇을 의미하는가?
13 너희들이 시기하며 욕심내지 말며 자연의 아름다움이요, 내가 내려 준 세상의 근본의 마음을 갖고 아름답게 살다 영원히 사는 나의 나라에 오를 수 있는 그와 같은 길을 가며 그와 같은 마음을 갖고 살라 그리 말하였느니라.
14 너희들이 아무리 욕심을 내며 아무리 부귀영화를 위하여 쫓아간다 해도, 결국 영원히 돌아오지 못하는 그 죽음의 한계를 넘을 수가 없다 하였으며,
15 육은 그와 같은 것으로써 모두가 다 끝난다는 말을 하였느니라.
16 그러니 너희들이 세상에 있는 그것을

하나도 가져가지 못하며,
17 하나도 몸에 지니고 가지도 못하며 들
고 가지도 못하는 그와 같은 것을 위
하여 욕심을 그리 부리고 사는 것이
너희들이니, 얼마나 어리석은 삶을 사
는가?
18 내가 너희들에게 심어 줬던 인간 근본
의 본성인 아름다운 마음을 갖고 세상
을 산다면 이 세상처럼 아름다운 곳이
없으며,
19 이곳이 곧 하늘의 천국처럼 지상의 천
국이거늘, 어찌하여 그와 같은 이치
하나를 깨닫지 못하며 그 눈을 뜨지
못하는가?
20 너희들이 이 세상에 이루어 놓은 모든
것을 죽어 가면서도 그를 가져가지 못
함을 한탄하며 억울해하며, 세상을 두
고 죽어 가는 그 자체조차도 억울하다
생각하는 것이 너희들의 그 욕심이니,
21 영원히 변하지 않는 그 지구를 두고
가는 것을, 백 년도 안 되는 삶을 살면
서 가는 그 자체가 영원히 존재하는
나의 이 세상을 놓고 가는 것을 억울
하게 생각하는 너희들의 그 욕심이 욕
심을 낳고 있음이니,
22 그리하여 너희들이 바른 천사와 같은
그와 같은 삶을 살지 못하는 것이니,
23 너희들이 얼마나 어리석은 백성이며,
어리석은 삶을 위하여 모두를 다 헛되
이 바치고 사는가?
24 너희는 다 같이 하나의 목적이요, 벗
어날 수 없는 그 길을 위하여 가는 것
이 나의 피조물 만백성 너희들이니,
너희들은 이웃을 네 몸과 같이 사랑할
수 있는 그와 같은 마음을 가지라 함
이 거기에 있음이니라.
25 같이 여행을 하는 동반자로서 영원히
같이 가는 너희들이 그 소중함을 모르
고, 그리 시기하고 질투와 남의 것을
갖는 데 어떠한 방법이든 간에 제 것
으로 취하는 방법이 있다면 주저하지
않는 그와 같은 심성을 버리지 못하고
사는 것이 나의 피조물 만백성이니,
26 너희들은 지금서부터 모두가 다 내가
명해 준 그 시간의 종착역을 위하여
같이 여행하는 자라 그리 생각하라.
27 다 같이 죽음을 향하여 달려가는 똑같
은 운명에 처해 있는 너희들이 어찌하
여 남을 시기하고 미워하며 질투할 수
있는 그러한 마음을 가지고 살 수 있
는가?
28 얼마나 어리석은 너희들의 삶이더냐?
29 한번 죽으면 다시 돌아올 수 없는 길
이라 하였느니라.
30 그리하여 너희들은 올 수 없는 길을
가면서 어찌하여 이 세상에 놓아두고
가는 것을 슬퍼하며 그를 많이 쌓아
놓지 못하는 것을 그리 억울하게 생각
하는가?
31 너희들은 이 세상에서 가장 대단한 욕
심 덩어리로 되어 있는 동물이 아니던
가?
32 어찌하여 너희들은 죽어 간다는 그 사
실을 모르며, 영원히 살 것 같은 그 욕
심 때문에 더 쌓아 놓고 더 많이 만들
어 놓고, 너희들이 말하는 부귀영화
요, 죽어 썩어가는 육신의 향락을 위
하여 온갖 짓을 다 자행하고 사니,
33 그러면서 너희들이 영원히 사는 구원
의 길을 위하여 돌아다보지 못하며,

그 삶을 위하여 바로 살아가는 그와
같은 삶을 버리고 살아감이니, 얼마나
너희들이 불쌍한 인간이던가?
34 너희들이 하나도 가져가지 못하며 들
고 갈 수도 없는 그 모든 욕심 때문에
이 세상에 내가 내려 준 자연의 아름
다움이요, 그 자연의 아름다움을 음미
하며 사람이 사람답게 사는 것을 잊어
버리고 삶이니,
35 이제는 그와 같은 삶에서 너희들이 사
랑하는 삶이요, 사람이 사람다운 삶을
사는 그 길을 선택해 가도록 그리하라.
36 내가 나의 법전을 통하여 너희들에게
가르침이니,
37 인간이 자연을 사랑하며 그 자연을 사
랑하는 아름다운 마음속에서 사랑하
는 마음과 사람다운 삶을 살아가라 내
가 너희들에게 가르치고 전함이니,
38 이것이 과연 어찌하여 사탄의 뜻이며
마지막 시대에 거짓 선지자가 와 전하
는 말이라 하는가?
39 서로 이웃과 아름답게 살라, 그리고
나 여호와가 존재한다는 것을 확실히
믿으라, 내가 존재한다는 것을 너희들
이 믿지 못하면, 내가 예수가 그 모두
를 받아들여 죽어 가는 그 삶을 보라
하였음이니라.
40 그는 성령으로 태어났으니 나를 보며
나의 음성을 들으며 나의 모든 것을
알 수 있느니라.
41 그와 같은 예수가 육신을 가진 너희
들과 똑같이 겪는 그 아프고 쓰린 고
통을 마다하지 아니하고 받아들인 것
은 바로 나 여호와가 존재함을 알고
있기 때문이라 내가 기록하였으니,
42 이와 같은 대목을 다시 한 번 읽어 너
희들이 살아가는 마음의 자세를 고치
라.
43 위로는 나 여호와가 존재함을 확실히
믿으며 오로지 그 길을 위해 사는 삶
을 살며,
44 이 세상의 자연의 아름다움과 내가 내
려 준 원천의 그 천사와 같은 마음을
다시 회복하는 데 모든 삶을 다 바치
라.
45 나로부터 죽음의 길을 여행하는 동반
자인 너희 이웃을 사랑하고 아끼는 마
음을 가지고 살아가는 세상의 넓고 높
은 눈을 뜨도록 하라.
46 그와 같은 눈을 뜨고 세상을 봤을 때
소중하지 않은 것이 없음을 알라, 사
랑하는 나의 아들아!

5,016 번째 하나님 말씀

2003년 2월 15일 06시 23분

1 사랑하는 나의 아들아!
2 "네, 아버님! 말씀하옵소서."
3 너희들은 정해진 육의 삶은 그 시간과
공간이 정해져 있으니, 그 속에서 정
해진 삶을 살아가는 것이라 내가 그리
말하였음이니라.
4 그리하여 나로부터 정해진 그 시간을
다 살았을 때, 너희들은 다시 태어날
수 없으며 그 육체의 형태는 이 세상
에 영원히 존재할 수 없는 것이 너희
들이라 내가 말하였음이니라.
5 그러니 한번 죽으면 영원히 너희 형태
는 다시 태어날 수 없으며 육의 형태
는 이루어질 수 없는 것이라 내가 그

리 말하였음이니라.
6 그 육이 죽어 한 줌의 흙으로 돌아가
면 너희들의 영혼의 삶이 이제 시작되
며, 그 삶을 시작하기 위하여 너희들
은 거기에 대한 심판의 대가를 받게
된다 내가 그리 너희들에게 가르쳐 주
었음이니라.
7 너희들은 다시 올 수 없는 그 육의 삶
을 살면서 이 과정이 너희들이 나에게
오르는 길이요, 지옥으로 가는 길의
시험대에 서 있다는 것을 잊어서는 아
니 됨을 알아야 할 것이니라.
8 그리하여 육을 가지고 존재하는 지금
의 인간 세속의 삶에서 어떻게 살았느
냐에 따라서 너희들이 구원의 길에 들
어서는 기초가 되며,
9 그를 잘못 살았을 때 지옥으로 가는
그와 같은 길을 다져 가는 것이라 내
가 너희들에게 말하였음이니,
10 지금의 백 년도 안 되는 육의 세상의
삶이 얼마나 소중하고 귀한 것인가를
너희들은 알아야 할 것이니라.
11 너희들은 백 년도 안 되는 육의 삶이
소중한 것보다, 영원히 사는 삶이 얼
마나 소중하며 얼마나 귀한 것인가를
아는가?
12 그날을 위하여 너희들의 육의 삶은 준
비 기간이며 그 훈련의 과정이라는 것
을 잊지 말라, 사랑하는 나의 아들아!
13 내가 이와 같이 하늘의 뜻을 너희들에
게 기록하여 전함이니, 이것이 어찌하
여 사탄이요, 이단이요, 사악한 자의
말이라 그리 말하는가?
14 지금 육이 존재하는 것은 너희들의 영
혼을 구하느냐, 지옥으로 가느냐 하는
너희들의 준비 단계이며 그 한 과정이
니라.
15 이 시험의 과정을 너희들이 어찌 치르
며 이 훈련의 과정을 어찌 넘기느냐에
따라서 하늘과 땅의 그 차이니,
16 하늘과 땅의 차이가 아니요, 하늘과
지옥의 차이라는 것을 잊지 말라.
17 구원의 길의 기초가 됨을 너희들은 여
기서 절대 잊어서는 아니 되는 것이니
라.
18 육의 삶의 기초요, 그 기초가 죽음의
길이니라.
19 그리하여 그 죽음 직전에 너희들이 죽
을 때까지 그 기초를 다지는 것이 영
원히 사는 나의 나라에 오르는 그 기
초를 다졌느냐, 그렇지 아니하면 지옥
불로 가는 그 기초를 다졌느냐 하는
이 엄청난 사실 앞에 너희들은 이제
깨우치고 바로 행하며 바로 살아가야
함을 알아야 할 것이니라.
20 너희들은 죽어 가는 육을 위하여 모두
를 다 바쳐 땀 흘려 가며 부를 이루고
권력을 잡으려고 얼마나 헤매며 얼마
나 노력하며, 얼마나 그 모두를 바치
는가?
21 그러면서 너희들은 어찌하여 다음의
세상, 영원히 사는 그 세상을 위하여
너희 자신의 영혼을 위해서는 그리 인
색하고 어리석은 삶을 살고 있는가?
22 너희들이 백 년도 안 되는 그 죽어 가
는 육의 삶을 위해서는 모두를 다 바
치는 그와 같은 노력을 하면서,
23 영원히 사는 새로 태어나는 그 역사
요, 그 영혼을 위해서는 그리 인색하
고 인색함이니,

24 육은 썩어 가며 지금 육의 삶이 잘못 되어 너희들 자신의 영혼이 고통 속에 영원히 지옥 불에 가 살아간다는 그 불쌍한 처지를 너희들은 과연 생각해 보았는가?
25 너희들은 그와 같은 이치를 돌이켜 봐야 할 것이니라.
26 그러니 한 번 가면 다시 못 오는 그 인생의 썩어 가는 육신을 위하여 너희들은 그리 모두를 다 바치며 모두를 위하여 노력하면서 영원히 사는 영혼의 삶을 위하여 사는 것은 그리 인색함이니,
27 이제는 너희들의 영혼을 위하여 사는 그와 같은 현명한 삶으로 바꾸지 아니하면 나에게 오를 수 있는 기회를 영원히 잃는다는 것을 잊지 말라, 사랑하는 나의 아들딸들아!

5,017 번째 하나님 말씀

2003년 2월 15일 06시 32분

1 사랑하는 나의 아들아!
2 "네, 아버님! 말씀하옵소서."
3 내가 법전에 너희를 깨우치고자 이리 기록하여 전하지 아니하였던가?
4 '구슬이 서 말이라도 그것을 잘 꿰어 엮어야 보배가 되며 보배의 역할을 할 수 있다' 내가 말하지 아니하였는가?
5 그렇다면 너희들은 지금 어떠한 형국으로 살아가는 것이 나에게 오르는 길인가?
6 그리고 너희들이 어찌해야 그 흐트러진 구슬을 꿰어 보배로 만들 수 있는가?
7 그와 같은 이치를 너희는 생각해 봐야 할 것이니라.
8 사랑하는 아들아, 네가 아무리 기도하고 경배한다 하여도 네가 나의 성령을 받아 나의 법전을 기록하는 그와 같은 역사를 하지 아니한다면, 이 법전은 세상에 이루어질 수도 없으며 나갈 수도 없다는 것을 너는 알아야 할 것이니라.
9 그러니 네가 경배하고 기도하는 그것만이 나에게 오르는 길이며 역사하는 것이니라.
10 네가 아무리 기도하고 경배한다 하여도 내가 내리는 나의 성령의 뜻을 네가 잘 받아 기록하여 만들지 아니한다면 아무것도 이루어질 수 없으며,
11 이 법전은 세상에 나갈 수가 없으며 만백성을 구하는 역사는 이루어질 수가 없는 그 무서운 사실이 있음을 알라.
12 또한, 나의 아들을 따르는 제자 너희들도 마찬가지이니라.
13 너희들이 아무리 법전을 읽고 또 읽는다 하여도, 그리고 나의 아들을 통해 내리는 나의 강론을 너희들이 직접 듣는다 하여도 이를 보고 읽고 강론을 직접 들으면서 너희들이 행함을 하지 아니하며 인간 세속에 살아가는 속에 젖어서 그대로 살아간다면 이는 아무런 가치도 없음이니라.
14 아무리 구슬이 많아도 꿰어 그 구슬의 역할을 할 수 있게 하지 못하는 너희들의 삶이니, 너희들은 이를 깊이 깨우쳐 살아야 할 것이니라.
15 나의 법전을 읽으며 강론을 들은 백성

너희들은 실천해야 할 것이며, 나의
아들 너는 기도하고 경배하여 내가 내
리는 것을 정확히 기록하여 책으로 만
드는 그 역사를 이루어야 할 것이며,
16 네가 기도하고 경배할 때 내가 내리는
그 모두를 네가 들어서 그것을 흘려보
낸다 하면, 이 새로운 법전이요, 새로
운 성경은 역사할 수 없는 것이니라.
17 그리고 네가 나에게 기도하고 경배하
는 시간을 갖지 아니하고 네가 인간
세속에 살아가는 삶에 젖어 살아간다
면, 또한 아무것도 더 이루어질 수가
없는 것이 그 현실이니라.
18 그러니 너는 기도하고 경배하는 것을
게을리하지 말라.
19 이 세상에 나 여호와의 뜻을 직접 들
으며 나의 명령을 직접 들으며 나의
성령을 직접 들어 법전으로 만드는 선
택된 나의 아들 네가 얼마나 소중한
것이며 영광된 것이며,
20 나의 음성을 들으며 나의 메시지를 직
접 법전으로 내렸으니, 그를 듣고 배
우는 백성 너희들이 얼마나 위대함에
서 선택된 것이며 축복을 받은 백성이
라 생각하는가?
21 너희들이 은혜와 축복이라는 것을 생
각만 해도 너희들의 그 입에서 아름다
운 말만이 나오게 될 것이며, 그리고
행동 자체가 아름다운 행동만을 할 수
있도록 그리 변화될 수 있거늘,
22 어찌하여 그 이치 하나도 너희들은 깨
우치지 못하는가?
23 나로부터 내리는 나의 메시지요, 성령
이요, 법전을 직접 읽고 듣는 너희들
이 얼마나 위대한 백성인가 그것을 먼
저 너희들이 깨우쳐라.
24 그러면 너희들은 알게 될 것이니라.
25 내가 또한 나의 법전에 기록하여 전하
였느니라.
26 나의 법전이요, 나의 계명과 나의 성
령을 너희들이 지키는 것은 한 발을
들고 서 있는 인간의 삶과 같다 내가
그리 말하였음이니라.
27 나의 법전의 내용이요, 나의 계명의
내용대로, 그리고 성서에 기록된 율법
대로 살아가는 그것은 남들은 두 발로
서서 세상을 살아가나 너희들은 한 발
로 서서 살아가는 그와 같은 어렵고
힘든 인생의 역경을 고통이라 마다하
지 아니하고 견디고 나갈 수 있는 그
와 같은 삶의 길을 살아가는 자라 그
리 말하였음이니라.
28 너희들이 한발로 뛰며 한발로 살아가
는 것이 얼마나 힘들고 어렵겠는가?
29 나의 계명이요, 나의 법전대로 살아가
야 하는 너희들의 삶이 그보다 더 힘
들다는 것을 나 여호와는 이미 알고
있음이니라.
30 그러나 너희들은 한 발로 설 수 있으
며, 한 발로 살아갈 수 있으며, 한 발
로 달려갈 수 있는 그와 같은 역사를
이룰 수 있는 자라 나는 믿고 있으며,
31 너희들이 노력하고 또 훈련하고 자신
을 다스려 나간다면, 너희들은 그와
같은 역사를 이룰 수 있는 사람이 될
수 있다 함을 알라.
32 다만, 지금 천사와 같은 마음이요, 나
여호와 같은 마음으로 살라 하는 것을
미리 두려워 그리 살 수 없다 하나,
33 이는 곧 너희들이 한 발로 서고 달릴

수 있듯이 노력하고 또 노력하면 그와
같은 역사가 이루어진다 함을 잊지 말
라, 사랑하는 나의 아들딸들아!
34 그리고 내가 또 나의 법전에 기록하여
전하였느니라.
35 너희들이 한 끼를 얻고자 하는 자 앞
에서 등 돌리지 말며 그를 모르는 체
하지 말며 그를 대접하는 그와 같은
마음으로 살라 내가 법전에 일찍이 기
록하여 깨우쳤으니,
36 지금 나의 법전을 읽고 나의 강론을
수없이 들은 선택된 나의 아들딸이요,
나의 아들의 제자인 너희들이 과연 행
동은 얼마나 어찌 그와 같은 것을 실
천하고 살아가고 있는가 너희들 자신
을 한 번 돌이켜 봐야 할 때가 되었음
을 알라.
37 너희들 자신을 지켜 보라.
38 너희가 어떠한 방법으로써 살아가고
있으며 너희가 얼마만큼 변하는 그 이
치를 살고 있는가?
39 너희가 이와 같이 간단한 것 하나도
지키지 못하며 행하지 못하고 산다 하
면, 너희는 변화된 백성이 아니요, 나
에게 오를 수 없음을 알아야 할 것이
니라.
40 이제 너희들은 내가 법전에 내려 기록
한 그 모든 행동을 실천하며 모범을
보이며 모범된 삶을 사는 데 주저하지
말라.
41 너희들이 두려워함이 없어야 할 것이
니라.
42 주저함이 있어서는 아니 되는 것이니
라.
43 너희들이 그와 같은 작은 행동도 하지
못하며 그와 같은 행위를 주저하는 마
음을 가지고 있다면, 내가 그리도 하
늘에 오르는 길이라 말한 사랑이요,
사랑을 실천하는 마음이 너희 가슴에
하나도 움이 트지 못하고 있는 그와
같은 형국이니라.
44 그러니 너희들의 사랑의 마음이 얼마
나 움터 자랐는가 너희 자신이 그것을
들여다보도록 하라, 사랑하는 나의 아
들딸들아!
45 그것만이 너희가 구원을 받을 수 있으
며 그 사랑의 나무가 많이 성장하며
계속 성장할 수 있도록 하는 것만이
그 찬란한 영광이요, 너희가 생각할
수 없는 나의 천국에 와 영원히 너희
가 아름다운 낙원에서 살아갈 수 있는
그 상을 받게 된다는 것을 잊지 말며
기억하고 살도록 그리하라.

5,018 번째 하나님 말씀

2003년 2월 15일 06시 41분

1 사랑하는 나의 아들아!
2 "네, 아버님! 말씀하옵소서."
3 이 지상의 수십억 인구가 살아가며 세
월이 흘러가면서 또 수십억 인구가
죽어 가며 다시 태어나는 그와 같은
세상의 삶을 살아가느니라.
4 그러나 너희들이 이 세상에 살아가며
삶을 살아가는 백성 중에서 어떠한 삶
을 사는 백성이 가장 어리석은 백성이
며 억울한 삶을 사는 백성인 줄 알겠
는가?
5 너희들은 모두가 눈은 뜨고 있으나 보
지 못하며, 귀가 있어도 듣지 못하는

그와 같은 삶을 살아가는 백성이 가장
불행하고 억울한 백성이며 불쌍한 백
성임을 알라.
6 제 스스로 눈을 뜨고 있으면서도 세상
것을 보지 못하며, 귀가 있어도 듣지
못하는 그와 같은 백성이니라.
7 지금 모든 나의 백성 너희들은 들으라.
8 내가 나의 법전을 세상에 내려보냈음
이니, 이것을 구원의 길이요, 영원히
하늘나라에 오르는 길이라 말하였음
이니라.
9 지금 살아가며 믿고 따르는 모든 종파
속에서 너희들을 다시 다스리며 다시
정립하며 진정 하늘에 오르는 길을 사
는 것이라 하여 새로운 성경이요, 법
전으로써 '하늘에 오르는 길'이요, '하
나님! 말씀하옵소서'라는 내가 직접
내린 나의 성령을 세상에 내려보냈으
나,
10 이를 접하지도 못하며 이를 보지도 않
는 백성 너희들이 얼마나 어리석은 백
성이며 불쌍한 백성인가 너희들은 알
아야 할 것이니라.
11 너희들이 정녕 마음을 비우며 사랑의
마음을 가지고 사는 백성은 나의 법전
을 보는 순간 이는 나의 성령이라는
것을 알게 될 것이니라.
12 너희들이 마음을 비우지 못하며 사악
한 마음이요, 욕심의 마음을 그득히
가지고 있는 백성은 나의 법전을 아무
리 너희들의 손에 쥐여 줘도, 이는 사
탄이요, 이단이라 접어 버리며 이를
읽고 깨우치려 하지 아니하는 백성이
되어 버리니, 얼마나 너희들이 어리석
고 불쌍한 백성이던가?
13 너희들이 이 세상을 살면서 남이 써
준 글이요, 남이 기록해 놓은 모든 것
을 읽고 배우지 아니한다면, 과연 너
희들은 무엇을 얼마나 깨우치며 세상
사의 이치를 얼마나 알겠는가?
14 성인이라 하여 기록해 놓은 책이요,
박사라 하여 기록해 놓은 책이요, 또
한 먼저 배운 자라 하여 기록하여 그
뜻을 전하며, 이치요, 자연의 모든 순
리요, 법도를 기록하여 정해 놓은 것
을 너희들이 정독하지 않고 읽지 아니
하고 사는 자, 과연 세상을 살면서 세
상의 이치요, 세상의 돌아가는 것을
얼마나 아는가?
15 그를 믿지 않는 자 우매한 자이니라.
16 글이라는 것을 깨우치지 못한 자, 글
이라는 것이 기록된 것을 읽지 않는
자, 짐승의 삶과 무엇이 다르다 말하
는가?
17 성인이라 하는 자의 가르침을 듣는
것, 그리고 교수요, 선생이라는 사람
들이 가르치는 것, 그리고 남들이 먼
저 기록해 놓은 것을 너희들이 읽고
깨우쳐 그 속에서 깨달음을 얻으며 살
아가는 것이 너희들 백성의 현명한 삶
이 아니던가?
18 그러나 그를 접어 두는 자 얼마나 어
리석은가?
19 그중에서도 가장 어리석은 백성은 나
여호와가 마지막 시대에 너희들을 심
판하는 길이요, 그리도 갈구하는 하늘
에 오르는 길이라 내가 기록하여 전하
고 깨우치는 이 역사를 듣지 아니하며
이를 따르지 못하는 백성 너희들이 가
장 불행한 백성이며 억울한 삶을 사는

백성이라는 것을 잊어서는 아니 될 것
이니라.
20 사랑하는 나의 아들아, 이 세상에 살
아가는 그와 같은 이치를 깨우치라 하
라.
21 가장 보배로우며 가장 소중한 것을 내
가 너희들에게 주나 그를 볼 수 있는
눈이 없으며, 그를 받을 수 있는 마음
의 자세가 되어 있지 아니하며, 그를
받아들이는 사랑의 마음이 없는 그 불
쌍한 백성이 얼마나 어리석은 삶을 사
는가?
22 너희들이 이 세상에 살아가는 것 또한
마찬가지이니라.
23 너희들이 백 년도 안 되는 그 삶을 위
해서 재물을 관리하고 보관하며 그것
이 다 너희들의 사유물이요, 너희들
개인의 것처럼 착각하고 사는 것이 나
의 백성 너희들의 어리석은 삶이라 내
가 말하지 않았는가?
24 재물이라는 것은 잠시 너희들이 나 여
호와의 것을 보관하고 있으며 관리하
는 것뿐이거늘,
25 이를 영원히 너희들 것으로 착각하며
개인의 소유로써 만드는 것도 부족하
여 육의 후손에게 대대손손 그를 내려
줘 너희 후손만이 부귀와 영화를 누리
고 살아가는 그와 같은 욕심을 버리지
못하여, 이웃을 보지 못하며, 사랑을
하지 못하며 나눔을 보지 못하고 살아
가는 불쌍한 백성 너희들이 그와 같은
모습이거늘,
26 더군다나 나의 피조물 만백성을 하늘
로 인도하며 깨우친다는 종교 지도자
라는 자들이
27 내가 내려 주어 잠깐 관리하는 그 재
물을 저희들 것으로써 영원히 관리할
수 있는 것처럼,
28 저희들이 죽어 영원히 다시 태어나지
못하는 그 육의 삶의 한계점을 달려가
면서도 그를 영원히 사는 것처럼 착각
하여 쌓아 놓고 또 모으고자 하는 그
와 같은 데 혈안이 되어
29 나의 사랑하는 백성의 재물을 세 치
혓바닥으로 갈취하는 그와 같은 사악
한 행위로 살아가고 있는 것이 지금의
종교 집단이라 하면, 과연 이를 너희
들은 어찌 보는가?
30 너희들은 내가 잠깐 보관시킨 그 물건
을 가지고 나의 피조물 만백성을 현혹
함이니라.
31 재물을 나에게 많이 바치는 자, 내가
너희들에게 보관하고 맡긴 그 재물을
많이 갖다 바치고 많이 쓰는 자 구원
을 받는다 그리 말함이니,
32 내가 보관시켜 놓은 그 재물을 받아
관리하는 자, 그것은 나 여호와의 것
이니 너희들이 그를 함부로 쓴다는 것
은 얼마나 큰 죄악인가를 알아야 할
것이니라.
33 그것을 남을 위하여 베풀며 쓰라 내가
그리하였느니라.
34 내가 너희들에게 보관한 그 재물은 어
렵고 불쌍하고 가난한 이웃 사람을 위
해서 쓰도록 하여 내가 보관시켜 놓은
것을,
35 너희들은 그와 같은 방법으로는 금화
와 은화를 단 몇 닢도 쓰지 아니하며,
나에게 오르는 길이요, 천국에 오르는
길이라 하여 내가 너희들에게 보관한

그 재물을 나에게 바치며 하늘의 창고
에 쌓아 놓는 것이 구원을 받는다 하
여 거기에다 너희들이 그 재물을 바치
고 있음이니, 그것은 너희들의 욕심이
니라.
36 너희들은 나의 재물을 가지고 두 번의
죄를 지으니, 하나는 너희들이 가난한
자에게 나눠 주라는 것을 가난한 자에
게 나눠 주지 않는 것이요,
37 너희들이 그를 가지고 구원하고자 하
늘에 오르는 그 역사를 이루고자 하늘
의 창고에다 많이 쌓아놓아 너희들이
영원히 사는 영혼이 구원을 받고자
하는 그 욕심을 버리지 못하고 욕심으
로써 그득히 차 있는 것이 너희들이니,
38 이와 같은 죄를 두 가지를 짓는 엄연
한 사실을 잊지 말라.
39 이를 내가 용서하지 아니함이니라.
40 지금 모든 종교 집단들이 내가 관리하
라는 너희들의 재물을 너희들의 그 성
전에서 나에게 많이 바침으로써 구원
을 받는다 그리 가르치고 그리 행하도
록 하며,
41 그를 따라서 행하는 백성 너희들이 얼
마나 어리석은 백성인가 알고 있는가?
42 사탄이 예수를 시험하였음이니라.
43 사탄이 예수를 시험할 때 무엇으로써
현혹했는가?
44 나의 재물이요, 내가 만든 이 지상의
아름다움을 가지고 그들은 나의 아들
을 감히 시험하고자 하였음이니,
45 그와 같은 사탄의 간악한 행동보다도
더 사악한 것이 지금 나의 재물을 가
지고 관리하는 자들에게 그저 갖다 바
치며 나에게 많이 바치고 많이 쌓아
놓는 것이 천국에 오르는 길이라 하
며, 하늘에 창고가 없으며 하늘에 쌓
아 놓는 것을 내가 받지 않는 그것을,
너희들이 지금 사기극을 벌이고 있으
니,
46 너무나도 크나큰 황당무계한 사기극
을 벌이기에 나의 백성이 이성을 잃고
정신을 차리지 못하고 너희들이 하라
는 대로 그리 행하고 있음이니라.
47 이제 나의 법전을 읽고 깨우쳐 너희들
자신을 돌아다보며 너희들이 이치를
깨달으며 너희들이 서 있는 그 자리를
보고 바로 서 하늘에 오르는 길을 직
접 선택하여 오도록 그리하라, 사랑하
는 나의 아들딸들아!

5,019 번째 하나님 말씀

2003년 2월 15일 06시 50분

1 사랑하는 나의 아들아!
2 "네, 아버님! 말씀하옵소서."
3 나의 피조물 만백성이 나의 법전을 읽
고 깨우치는 자, 그리고 강론을 듣고
깨우치는 백성, 그들이 정녕 마음을
다스리지 못하며 굳건히 이 길을 가지
못하는 것은 바로 완벽하게 깨달음을
얻지 못하였기 때문이니라.
4 이 모든 법전이 나의 성령이요, 나의
뜻에 따라 만백성을 구하고자 마지막
내리는 심판의 기준이라는 것을 완벽
하게 깨달은 백성은,
5 어떠한 형국이요, 어떠한 환란이 와도
그들은 넘어지지 아니하며 오로지 그
길을 가 나에게 구원의 길을 받는 영
광을 얻을 것이니라.

6 그러나 중도에서 쓰러지며 중도에 포
기하는 그와 같은 백성은 완벽하게 내
가 존재하며 나의 성령이요, 내가 새
로 내리는 이 법전이 나의 뜻이라는
것을 확고히 믿는 마음이 없기 때문이
니,
7 조금 깨우친 그와 같은 백성을 사탄이
유혹하고 넘어트리고자 함이니, 그들
이 사탄의 유혹에 그대로 넘어짐이니
라.
8 그래서 그 고비를 넘기지 못하는 것이
너희 백성이 지금 살아가고 있는 형국
이니라.
9 그와 같은 백성은 지금 양다리요, 양
쪽에 발을 걸쳐 놓고 있는 백성이니라.
10 과연 이 법전이 하늘에 오르는 길이
요, 나 여호와의 뜻인가를 그들은 의
혹하며 바라보며,
11 또한 저희들이 지금 가고 있는 그 믿
음이요, 저희들이 믿고 있는 그 믿음
속에서 과연 저희들이 떠나도 될 것인
가 하는 양쪽에 다리를 걸치고 그와
같이 가는 백성은 나의 뜻을 어기고자
나를 무너트리고자 하는 사탄이요, 악
마가 가차없이 그들을 물고 늘어짐이
니, 그들은 넘어지게 되어 있음이니라.
12 그들의 현혹에 견디지 못하는 것이 그
들이니라.
13 이제 그러니 사랑하는 나의 아들아,
너희들을 떠나는 백성, 양다리 걸쳐
이곳과 저곳을 넘나드는 그와 같은 백
성을 너희들은 잡으려 생각하지 말며,
그들을 나의 성전에 머물도록 그리 노
력하지 말라.
14 스스로 깨우쳐 선택하는 그 위대함이
있어야 하며, 그리 선택했을 때 그가
값진 것을 알며 떠나지 않는 백성이니
라.
15 양다리를 걸치는 백성은 언제든지 떠
나게 됨이니,
16 하나의 섭섭한 말 한마디에, 떡 한 조
각을 저를 먼저 주지 아니하고 남을
먼저 준다 하여도 작은 것으로써도 그
들은 떠날 수 있으며, 작은 것으로써
그 마음은 등을 돌릴 수 있는 그와 같
은 자이니,
17 그들을 위하여 너희들이 사랑을 베풀
고 그들을 이끌려 노력하지 말라.
18 너희들이 달래고 이끈다 하여서 그들
이 바로 서는 백성이 될 수 없음이니
라.
19 항상 양다리를 걸치는 백성은 주산
알을 튕기듯이 계산속에 계산을 두고
사는 자, 그와 같은 백성을 구하려다
보면 너희들이 지치고 힘듦이니라.
20 그렇지 않은 백성에게 주저하지 말고
나의 법전을 전하는 그와 같은 너희들
의 삶을 살라.
21 그러나 나의 성전에 와 나의 강론을
들으며 나의 법전을 갖다 정독하는 그
와 같은 백성이 위대하며 그 축복의
영광이라는 것을 모르며, 그보다 더
큰 은혜가 없다는 것을 생각하지 못하
고,
22 이곳에 나오는 것으로써 대가를 바라
며 나의 법전이요, 나의 강론을 듣는
그것으로써 저희들이 무엇인가를 대
가를 얻고자 하며 무엇인가를 거둬들
이고자 하는 그와 같은 마음을 가지고
있는 자들을 깨우치고자 너희들은 지

금 몸부림칠 때가 아님을 알라.
23 그들 또한 오든 안 오든, 그들이 바로
서든 말든, 너희들이 법전을 전해 주
었으니, 그들이 스스로 깨우치고 깨우
치지 못하는 것은 그들의 한계이니라.
24 이제 깨닫고 느끼는 백성, 그리고 순
박한 나의 백성, 이중적인 마음을 갖
지 않는 자, 겉과 속이 다르지 않은 그
백성을 위하여 너희들이 깨우치고 인
도하기도 시간이 없음이니라.
25 모든 것은 스스로 선택하고 스스로 결
정함이니라.
26 지옥에 가고 천국에 가는 것도 스스로
하며 심판하는 것도 스스로 심판함이
니, 지상에서도 이제 저희들이 스스로
심판하여 스스로 깨우쳐 하늘에 오르
는 길을 갈 수 있도록 그리하라.
27 그들을 너희들이 붙잡고자 달래며 너
희들에게 오라 손짓하면 그들은 등을
돌리는 것이 그들의 잘못된 마음을 가
지고 있는 원심이니, 그들이 얼마나
잘못된 것인가?
28 내가 내려 준 천사와 같은 사랑하는
그 원심을 뽑아 버리고 그저 이해관계
의 이해득실을 위하여, 육의 삶의 이
득을 위하여 살아가는 그와 같은 계산
된 백성은
29 항상 큰 것을 주는 자에게 머리 숙이
고 거기 가서 갖은 추함으로 아부하는
백성이며 꼬리를 흔드는 짐승처럼 그
와 같은 형국의 자들이니, 그들을 더
는 돌아보지 말라.
30 나는 사람을 구원하고자 하는 것이지,
짐승과 같은 사악한 마음을 가지고 있
는 백성을 구하고자 하는 것이 아니니
라.
31 기도를 받았다 하며, 그리고 나로부터
무슨 성령을 받았다 하며, 나로부터
선택을 받았다 하는 그와 같은 자 또
한 너희들이 받아들이지 말라.
32 내가 일찍이 선택하고 내가 터치했으
며 내가 깨우쳐 준 그와 같은 백성은
바로 지금 나의 법전을 읽고 나의 아
들을 따라 역사하는 한 기틀의 제자리
를 찾아야 할 것이거늘,
33 저희들이 가장 위대한 제왕이요, 저희
들이 세상을 지배한다 생각하는 백성,
단 몇 마디만 해도 저희들이 가지고
있는 모든 그 속이 다 드러나는 얄팍
한 그를 가지고 있는 자들이 160권이
라는 대장서를 쓰며 또한 계속 나의
성령을 받아쓰는 오늘의 나의 아들이
가며 내가 이루는 나의 법전을 저희들
이 능가한다는 그와 같은 생각을 하는
어리석은 백성, 그들은 그들대로 그
대가를 받아야 할 것이니라.
34 그리고 내가 저희들에게 일찍이 깨우
쳐 주어 내렸던 대명을 저버리고 저희
들이 제왕이라 하여 그 육의 삶의 향
락을 위하여 흘러가고 빠져 가는 백
성, 그들 또한 너희들이 구원하려 몸
부림치지 말라.
35 그들 스스로 깨우칠 때까지 너희들은
기다리며, 그들이 깨우쳐 스스로 왔을
때 역사할 수 있는 그 능력을 발휘할
것이니라.
36 나의 법전을 정독하고 깨우친 뒤에 모
든 백성을 거두어들일 것이며,
37 깨우치는 자 강론을 듣게 하며 그에게
임무를 주는 그와 같은 형국으로 살아

가라.
38 너희들에게 등 돌리며 이단이요, 사탄
이라 너희들을 의혹하며 의심하는 자,
그 마음을 풀어 주기에는 너무나도 지
금 시간이 없으며 너희들이 바쁨을 알
아야 할 것이니라.
39 그저 법전을 전하고 읽고 깨우치는 백
성의 길을 안내하는 그와 같은 길로써
너희들이 이제 가도록 하라.

5,020 번째 하나님 말씀

2003년 2월 15일 06시 56분

1 사랑하는 나의 아들아!
2 "네, 아버님! 말씀하옵소서."
3 너는 정녕 나에게 하고 싶은 말이 없
는가?
4 "네, 아버님! 너무나 행복합니다.
5 그리고 너무나 행복하고 즐겁습니다.
6 오늘의 삶이 이와 같이 행복하며 이와
같이 영화스러운 것을 이제야 깨달았
사옵나이다.
7 오늘 아침 제가 아버님께 기도를 드려
아버님이 내리시는 성령을 받아 책을
만들고자 기록함이니, 이보다 더 영광
이요, 이보다 더 기쁨이요, 이보다 더
아름다움이 없음을 이제 깨달았습니
다."
8 사랑하는 나의 아들아,
9 짐승을 길들여 쓰고자 하는 그 노고보
다도, 길드는 그 짐승의 마음을 다스
리는 것보다도 열배 백배 천배 더 힘
든 길을 네가 잘 따라왔으며 잘 깨우
쳐 왔음이니라.
10 그리하여 너는 나의 아들이요, 나의
모든 유업을 계승하여 받는 나의 아들
이니라.
11 그리하여 오늘의 역사를 네가 하고 있
음을 알 것이니,
12 만백성 그들은 너의 변한 모습을 볼
것이며, 네가 나의 진정한 선택된 아
들이라는 것을 알 것이니라.
13 네가 가는 길을 그 누구도 따라갈 수
없는 그 변화 속에서 이 세상은 더불
어 변할 것이며, 나의 법전은 만백성
을 구하는 역사를 이룰 것이니라.
14 나 여호와가 세상에 내린 계명을 지키
지 못한다 하면, 너희들은 인간 세상
에서 내려진 법이라 하는 것이요, 너
희들이 법이라 정하여 모든 규율을 만
든 것, 그리고 윤리요, 도덕적으로 살
아가는 그 모두를 다스리고자 만든 그
것들을 너희들은 지키고 행하지 못하
는 백성이 될 것이니라.
15 너희는 인간으로서 만들어 놓은 법도
요, 질서를 지키지 못한다 하면, 그를
지켜 주고 살지 못한다 하면 너희들은
정녕 내가 내린 그 뜻을 지키고 살 수
없는 자이니라.
16 그러니 지금 육의 세상에서 정해져 너
희들에게 지키고 살라 하는 그와 같은
것을 너희들이 지키지 못할 때, 너희
들은 하늘에 오를 수 있는 길이 없으
며 또한 하늘의 뜻을 보지 못함이니라.
17 내가 너희들에게 직접 지키라는 계명
이요, 율법이요, 내가 지금 나의 법전
에 내린 나 여호와의 뜻이라는 것을
지키고 살라, 그리고 십계명을 지키고
살라 그리 붙로 써 내린 그 모두를 너
희들이 정녕 지키고 살지 못한다면,

인간 세속에서 만들어진 어떠한 것도
너희들은 지키지 못하고 사는 자들이
니,
18 그를 지키고 산다 말하는 것은 나에게
거짓말을 함이니, 너희들은 이 이치부
터 먼저 깊이 깨우쳐야 할 것이니라.
19 너희들이 인간 세상에서 사는 것을 지
키지 못하는 것은 무엇을 말하는가?
20 너희들은 인간 세상의 인간이 만든 법
도요, 질서를 지키지도 못하고 사는
것은 너희들이 바로 지상의 삶에서 천
국의 삶을 사는 것이 아니요, 지옥의
삶을 사는 것이니라.
21 너희들은 하늘의 법도를 헤아릴 수 없
으며 그 하늘의 뜻이요, 하늘의 이치
는 헤아릴 수 없으며, 영원히 죽을 때
까지 깨우치고자 하여 지키고자 하여
도 너희들이 지키지 못하는 것이 하늘
의 법도이니라.
22 그 가짓수가 수를 알 수 없는 것이 하
늘의 법도이니, 그저 너희들은 노력하
고 깨우쳐 오는 그 길밖에 없다 하였
음이니라.
23 그러나 인간 세상의 법도는 어떠하던
가?
24 그 가짓수가 정해져 있으며 그 수가
정해져 있으며 너희들이 살아가는 것
을 다 기록하여 놓았음이니라.
25 가짓수가 정해져 있으며 한계가 정해
져 있는 인간 세상의 법도를 너희들이
지키지 못한다 하면, 하늘에 오를 수
있는 그 법도는 더욱이 지킬 수 없는
자이니라.
26 이와 같은 이치를 깨우치라.
27 그리하여 너희들이 인간 세속에 살아
가면서 인간이 만든 도덕이요, 윤리
요, 너희들을 통제하기 위한 그 법의
수단을 엄격히 지키고 살아가는 그와
같은 삶을 다져 가며 그 훈련에서 이
루어지는 속에서 너희들은 지상의 천
국에 살며 그를 행하고 지키는 자 또
한 하늘의 법도를 볼 수 있을 것이니
라.
28 그러나 여기서 너희들은 알아야 할 것
이니라.
29 그 삶을 지키는 것도 소중하나, 일단
너희들은 내가 하늘에서 내려 지켜야
하는 그 명을 먼저 지키고 살아가는
그와 같은 마음의 자세를 먼저 굳혀야
만 할 것이니,
30 그 훈련을 같이 쌓아 가는 것이 너희
들이 지상에서 천국에 사는 것이요,
하늘의 천국에 올 수 있는 그와 같은
아름다운 삶이라는 것을 잊지 말라.

5,021 번째 하나님 말씀

2003년 2월 15일 07시 02분

1 사랑하는 나의 아들아!
2 "네, 아버님! 말씀하옵소서."
3 내가 지금 내리는 새로운 성경이요,
나의 법전이요, 나의 성령의 이 뜻은
두 번 다시 내려오지 아니하며 두 번
다시 너희들에게 기회가 없다는 것을
알라.
4 구약과 신약을 덮으며 내가 제3의 시
대에 나의 법전이요, 나의 성령을 기
록한 하늘에 오르는 책이라 하여 세상
에 나의 뜻을 전함이니, 이와 같은 역
사는 두 번 다시 없음이니라.

5 이번이 마지막 기회요, 너희들에게 마
지막으로 내리는 영광의 축복임을 알
아야 할 것이니라.
6 한 번 버린 법전은 너희들에게 두 번
다시 기회가 없음이니,
7 이제 나의 법전을 태워 버리고 찢어
버리는 백성 너희들이 얼마나 어리석
으며 불쌍한 백성인가를 알게 될 것이
니라.
8 그리도 갈구하고 하늘에 오르는 길이
요, 그 길의 길잡이요, 그 길을 볼 수
있으며 나의 뜻을 알 수 있는 나의 법
전을 받아서 버리는 자가 얼마나 불행
하고 불쌍한 백성인가를 너희들은 알
아야 할 것이며,
9 두 번 다시 이와 같은 나의 성령이 세
상에 내려오지 아니한다는 것을 너희
들은 알아야 할 것이니라.
10 법전이 내려오지 않음을 너희들은 알
라.
11 그러니 이 법전이 너희들에게 얼마나
소중한 것인가를 알아야 할 것이며,
12 지금 나의 아들이 살아가는 이 시대에
너희들이 나의 아들의 강론을 직접 들
을 수 있는 백성이요, 나의 법전을 정
독하여 깨우칠 수 있는 너희들이 얼마
나 선택된 백성인지를 알아야 할 것이
니라.
13 더욱이 동양의 이 작은 나라의 언어
요, 문자로써 지금 기록하여 내려가는
그 모두며, 나의 아들이 동양의 작은
나라에 지금 존재하고 있다는 그 자체
가 너희들이 얼마나 위대한 영광이요,
축복인가를 알아야 할 것이니라.
14 강론을 들으면서 살아가는 이 시대의
백성 너희들이 얼마나 위대한 것인가?
15 나의 아들이 삶을 마치고 죽었을 때
너희들은 그와 같은 강론을 직접 들을
수 없으며, 누구도 나의 뜻을 이와 같
이 상세히 너희들에게 직접 가르쳐 주
는 역사는 있을 수 없기 때문이니라.
16 너희들이 오늘에 듣는 그 강론이요,
오늘에 듣고 깨우침이 얼마나 위대한
가?
17 지금 나의 아들이 존재하는 이 시대에
같이 더불어 살아가는 백성이 얼마나
축복을 받은 백성이던가?
18 너희들의 후손들은 이다음에 나의 법
전을 보고 깨우치며 스스로 터득해야
하니, 그들은 어렵고 힘든 깨우침의
길을 가야 할 것이니라.
19 그러나 직접 내가 나의 아들을 통하여
내리는 강론이요, 나의 아들이 존재하
여 그 강론을 들을 수 있는 백성은 나
의 아들 예수가 세상에 내려와 그들을
깨우치고자 했던 그 시대에 그를 따랐
던 백성보다 더 영화요, 영광이요, 축
복이 있는 백성임을 너희들은 알아야
할 것이니라.
20 지금이 마지막 시대요, 예수는 행함을
가르쳤으며, 지금은 심판이요, 구원의
시대임을 너희들은 알라.
21 그러니 너희들 후손은 법전만을 가지
고 깨우치기 힘들고 어려운 길을 갈
것이니, 오늘의 너희들이 구약과 성경
을 가지고 깨우치고자 하는 것과 똑같
을 것이니라.
22 나의 아들 예수가 강론했으며 그 뜻을
설명하며 너희들에게 깨우쳐 주며 직
접 듣는 그때의 깨달음이 얼마나 수월

하며 빨리 깨달을 수 있었겠는가?
23 그러나 나의 아들 예수가 죽고 난 다
음에 너희들이 복음서라 기록한 성경
을 가지고 깨우치고 공부하니, 그 비
유의 뜻을 모르며 참진리의 뜻을 몰라
지금 방황하며 우왕좌왕하고 있지 아
니하는가?
24 지금의 살아가는 백성 너희들이 그리
하여 얼마나 위대한 선택을 받은 백성
인가 이 감사함을 알아야 할 것이니라.
25 직접 깨우치고 직접 들을 수 있는 이
시대를 너희들이 살아감이니라.
26 이제 그가 죽고 나면 나의 뜻을 상세
히 기록할 자가 없다 내가 말하였음이
니, 바로 직접 깨우칠 수 있는 그와 같
은 영광을 너희들이 얻을 수 없다 하
였음이니라.
27 그러니 너희들의 후손은 나의 법전만
을 들고 너무나 어렵고 힘든 길을 갈
것이니, 오늘의 나의 아들이 존재하는
세상에 태어나 더불어 가는 너희들이
얼마나 영광과 축복을 받은 백성인가?
28 다시 한 번 너희들은 그 은혜를 생각
하라.
29 이렇게 깨우치고자 하는 것을 내가 너
희들에게 전하며 가르침이니, 이와 같
은 때는 두 번 다시 없을 것이며 너희
들보다 큰 영광을 받은 선택된 백성도
없음을 너희들은 알아야 할 것이니라.
30 이제 돌아다보라.
31 너희들이 예수의 시대에 살았던 백성
보다도 더 축복을 받은 백성이라는 것
을 알 날이 머지않았음을 알라.

5,022 번째 하나님 말씀

2003년 2월 15일 07시 11분

1 사랑하는 나의 아들아!
2 "네, 아버님! 말씀하옵소서."
3 나 여호와를 믿는 백성이 그 믿는 백
성으로서 이어지는 그와 같은 전통이
그대로 흘러 내려왔더라면, 오늘과 같
이 사악한 형국은 이루어지지 아니하
였을 것이니라.
4 2천 년 전에 나의 아들 예수를 세상에
내보내어 그를 고통스럽게 그리 죽음
의 길로 내가 끌고 가면서까지 너희들
에게 나의 뜻을 깨우치고 전하고자 했
던 것을 그대로 바로 받아들여 그것이
그대로 혈통을 찾아 내려왔으며 그리
전통이 되어 내려왔더라면,
5 오늘과 같이 이와 같은 사악한 세상이
요, 험악한 세상은 되지 아니하였을
것이니라.
6 그러나 그를 믿었던 백성이 그 혈통을
이어 오지 못했으며 그 믿음을 그대로
전달하지 못하여 깨우치지 못하였음
이니,
7 2천 년 동안 나를 믿으며 나로부터 선
택된 종교 집단이라 하여, 그리고 지
도자라 하여 가르치는 그들이 그 전통
을 이어받지 못하였음이니,
8 오늘에 이와 같이 사악한 집단으로 변
화되고 변질되어 있는 것이 나 여호와
의 마음을 이리 아프게 하고 있음을
너희들은 알아야 할 것이니라.
9 예수를 통하여 나의 백성 너희들을 깨
우쳐 올바른 나의 진리만을 연구하며
그 길을 가는 천사와 같은 그 혈통을

받은 백성이 계속 계승해 왔더라면,
지금은 너희들이 두말할 것 없이 지
상의 천국이 이루어졌을 것이니,
10 과연 너희들이 지금의 살아가는 그 형
태가 지상의 천국이라 말하는가?
11 도둑이 들끓으며, 시기하며 질투하며,
재물을 위하여 살인하며, 그리고 부모
가 자식을 버리며, 자식이 부모를 버
리며, 부모와 자식 간에 계산으로써
따지는 이와 같은 험악한 세상이 더
이상 험악해질 수 있는가?
12 정녕 내가 나의 아들 예수를 통하여
전하고자 했던 그 순수하고 아름다운
혈통을 가진 백성이 지금까지 뿌리를
내려왔더라면, 오늘과 같이 사악한 시
대는 아니 되었을 것이니라. 너희들은
여기서 감히 부정하지 말라.
13 너희들은 그 방대한 집단이요, 그 방
대한 물질을 가진 집단에 도전하는
행위를 한다면, 웃으며 한마디 흘러가
는 정신이상자의 지껄이는 소리라 그
리 말할 것이니라.
14 너희들이 지금 살아가기에도 불안한
사악한 세상이요, 인간이 인간을 사랑
하지 못하며 죽음의 길을 같이 가는
동반자끼리 서로 손을 잡고 자연의 아
름다움을 느끼며 사랑하는 말을 나누
며 살아가는 그와 같은 삶이 아니요,
15 시기와 질투요, 그저 남을 넘어트리고
저희들의 육의 행복을 위해서는 살인
까지도 마다하지 않는 이 추하고 더러
운 사악한 세상이요, 악마의 세상을
만든 것이 너희들이니,
16 이 형태에서 너희들이 그 책임을 모면
할 수 없으며, 이 모두는 너희들의 책
임이라 그리 통감하며 바로 서는 깨달
음을 갖는 것이 아니요,
17 이는 너희들과는 관계없는 것이며, 너
희들이 그리 만든 것이 아니며,
18 나의 피조물 만백성이 너희들의 말을
듣지 아니하고 너희들이 손으로 지은
성전에 와 재물을 많이 바치지 아니한
결과라 그리 변명할 것이니라.
19 그 모든 집단은 어쨌든 너희들보다 더
큰 집단이요, 위대한 나의 뜻을 가르
친다고 나선 백성이 없음이니라.
20 그러니 이 모두는 너희들이 사탄의 뿌
리로서 지금 내려온 것이요, 나의 아
들 예수가 전하고자 했던 그 아름답고
순수한 천사와 같은 마음의 혈통이 그
리 계승되지 못하였음을 너희들은 알
라.
21 이제라도 너희들이 변하여 정통의 혈
통을 받는 종교 집단이요, 종교 지도
자로 변하라 함이니라.
22 이를 너희들이 거부하지 말며, 이와
같이 전하는 나의 아들에게 너희들이
정신이상자요, 잘못된 자라 평하지 말
라.
23 그리하여 지금 내가 나의 새로운 성경
이요, 나의 법전을 내려보내 선택된
사랑하는 백성 너희들로 하여금 완전
한 나의 혈통을 계승하고자 하며,
24 나의 뜻을 계승하여 천 년에 걸쳐 그
를 세상에 잘 뻗쳐 그와 같은 나의 혈
통을 가진 백성이요, 나의 뜻을 따르
는 백성이 이 세상을 덮어 지상의 낙
원을 이루고자 하는 것이 이 어버이
요, 나 여호와의 뜻이니,
25 이에 동참하는 너희들은 바로 살아가

야 함을 잊지 말라.
26 이어 가는 역사가 길이 빛날 것이니라.
27 너희들로 하여금 새로이 정립되어 새
로운 혈통으로써, 새로운 계통으로써
너희들이 계승하여 이 지상에 천사와
같은 마음의 역사가 이루어지고 그리
사는 백성이 늘어날 때, 이 지상은 아
름다운 빛으로써 덮일 것을 너희들은
잊지 말라.
28 열 명 중에 여섯 일곱 명이 선한 자가
되어 선하다 할 때 선함은 선함으로
비칠 것이니, 그 수를 넘을 때까지 너
희들은 최선을 다하라.
29 사탄이 사는 지역에서는 사탄의 자식
을 거듭나게 하게 됨이니라.
30 사탄이 사는 지금의 형국이요, 사탄이
사는 이 세상이 더 이상 계속된다면
사탄은 사탄의 자식을 계속 낳게 됨이
니,
31 이 세상은 사탄의 자식으로서 모두를
지배하게 될 것이니,
32 그를 내가 거둬들이고자 지금 천사의
자식이요, 나 여호와의 아들이요, 선
한 백성들로 하여금 선한 자식을 낳게
하여 사탄이 사탄의 자식을 낳는 것을
막고자 함이니, 이러한 너희들의 대명
이 얼마나 중요한 것인가를 깨달아 행
하도록 하라.
33 이를 너희들이 이루어야 하며, 이와
같은 시대의 역사의 변화를 이루는 것
만이 너희들이 해야 할 길이며 가야
할 길이니라.
34 이제 나의 법전을 접한 백성이요, 나
의 아들에게 강론을 직접 듣는 백성,
너희들이 이와 같은 새로운 시대요,
내가 새로 역사하고자 하는 그것을 이
루지 못한다면,
35 이 세상은 영원히 썩어질 것이며 사탄
들이 이들을 다 지배하니,
36 그때는 내가 너희들에게서 손을 놓음
이니,
37 이 세상은 무섭고 험난한 그 재앙으로
써 세상이 둔갑하게 될 것이며, 육을
가진 백성 너희들이 정녕 그 고통을
견디고 시련을 넘길 수 없다는 것을
알아야 할 것이니라.
38 이제 내가 나의 아들을 통하여 나의
법전에 기록하여 너희들에게서 혈통
을 찾는, 나의 뜻에 따라가는 백성의
혈통과 그 뿌리를 지금 만들어 가고
있음이니,
39 너희들이 나로부터 선택된 원조의 뿌
리임을 잊지 말라.
40 너희들이 존재하는 이 세상에서만이
너희들의 후손이 영원히 사는, 그리고
하늘에서 이루어진 것같이 이 지상의
낙원이 이루어진다는 것을 잊지 말라.
41 그를 위하여 내가 지금 나의 아들을
통하여 밤과 낮을 가리지 아니하며 지
금 나의 법전이요, 새로운 성경을 너
희들에게 내려보내는 이 힘들고 어려
운 역사의 길을 가고 있음이니,
42 너희들은 160권을 들여다보라.
43 인간 그 누가 이 짧은 기간에 그와 같
은 대장서의 뜻을 기록하여 만백성을
구하는 것을 전할 수 있는 자가 있는
가?
44 이는 앞으로도 없을 것이며 지금 현재
에도 없다는 것을 너희들은 알라.
45 두 번 다시 없는 역사이니라.

46 그리하여 이것이 마지막이며, 마지막
이기에 너희들을 심판함을 알라.
47 이게 마지막이 아니면 심판하는 시대
가 아님을 알라.
48 노아의 방주도 마지막이 아니기에 너
희들이 존재할 수 있었으며,
49 모세의 시대도 또한 마지막이 아니기
에 너희들이 광란의 짓을 했으나 너희
들이 가야 할 그 땅에 갈 수 있도록 내
가 너희들을 인도해 주었음이니라.
50 그리고 나의 아들 예수를 그리 비참하
고 처참하게 죽인 그 시대도 마지막의
시대가 아니기에 너희들이 지금까지
이 세상에 존재해 있으며,
51 너희들의 손으로 지은 성전에 가서 구
원을 받겠다 그리 몸부림치며 사악한
짓을 하며 사악한 행위를 하고 있는
이와 같은 형국이 도래하였으니,
52 이제는 이것이 마지막이기 때문에 그
모두가 존재할 수 없으며 그 모두가
용서될 수 없음을 알라.
53 이제는 마지막이니라.
54 이 마지막 시대에 너희들이 바로 서며
바로 깨우치지 아니하고 사악한 자들
이 이 세상을 지배하고 덮어 나 여호
와가 손을 놓을 때, 마지막 시대 다음
에는 너희들의 생명조차도 영원히 존
재할 수 없는 무서운 폐허가 될 것이
니라.
55 그를 막고자 하여 그를 내가 인내하고
너희들에게 다시 한 번 기회를 줌이
니, 나를 분노케 하는 행위를 이제는
중단하라.
56 그리고 내가 노하는 행위를 중단하라.
57 오로지 나의 법전을 읽고 깨우쳐 하늘
에 오르는 그 위대한 영광을 너희들이
스스로 얻도록 그리하라, 사랑하는 나
의 아들딸들아!

5,023 번째 하나님 말씀

2003년 2월 15일 10시 48분

1 사랑하는 나의 아들아!
2 "네, 아버님! 말씀하옵소서."
3 네 앞에 더 큰 밥그릇을, 네 앞에 더
좋은 것을 놓고자 하는 마음을 버리라
하였음이니라.
4 그 모두가 욕심에서 이루어지는 것이
니,
5 너희들이 그와 같은 마음을 갖고 산다
면 정녕 욕심을 털어 버릴 수 없으니,
6 욕심을 털어 버릴 수 없다는 것은 너
희들이 마음을 비우지 못함이니,
7 마음을 비우지 못한 자, 나의 음성을
들을 수 없으며 나를 볼 수 없다 하였
음이니라.
8 너희들이 인간사 살아가는 그 모든 것
에서 자신을 먼저 생각하지 아니하며
욕심이라는 그 끈을 뿌리째 뽑는다면
세상은 모두가 즐거운 것이니라.
9 너희들은 남과 상대하며 거래함에 있
어서도 네가 욕심을 생각하기에 화를
부름이니라.
10 욕심은 화를 부르며, 욕심이 과함으로
모두를 멸망케 한다 하지 아니하였던
가?
11 너희들이 조용히 이룰 수 있는 그 길
도 욕심을 부려 더 갖고자 하여 쓰러
지지 아니하는가?
12 너희들이 부리는 짐승의 그 수레에도

욕심을 부리고 또 욕심을 부렸을 때, 그 수레는 굴러가지 못하지 아니하는가?
13 적당한 양으로써 적당한 한계에서 너희들이 모두를 타협하며 스스로 이끌어 갈 수 있는 능력에서 중단하는 슬기로움이 있을 때, 너희들은 실패함이 없는 것이니 그리 알라.
14 너희들이 욕심이 과할 때 모든 이유가 생기며, 그로 하여금 모든 것이 제자리를 지키지 못하여 쓰러지며 삐걱거리는 소리가 나는 것이 인생이니라.
15 너희들의 육의 삶도 욕심을 버리면 실패가 없음을 알아야 할 것이니라.
16 다섯 개를 들 수 있는 자가 열 개를 들고자 하면 그 열 개의 무게에 의하여 제가 지닐 수 있는 다섯 개도 지니지 못하는 것이 너희들 인간의 삶의 욕심이니라.
17 그러니 너희들이 하늘에 오르겠다는 그 욕심이야말로 무엇이던가?
18 다섯 개밖에는 가질 수 없는 그 능력으로 열 개요, 백 개를 가지려 하며, 짊어질 수 있으며 가질 수 있다 소리 지르는 것과 똑같음을 알라.
19 너희들이 하늘에 올라오며 구원을 받고자 한다면, 인간의 세속에서 인간 세속의 사랑이요, 여기서 아름다운 마음으로 살아가라 내가 그리하였음이니,
20 인간 세상에서 너희들이 천사와 같은 자요, 나 여호와 같은 심성을 갖고 사는 자라는 그와 같은 말을 듣지 못하며 인정을 받지 못할 때,
21 너희들은 절대로 구원의 길을 들어설 수도 없으며 구원의 길을 볼 수도 없는 것이니라.
22 그러한 너희들이 어찌하여 구원을 받았다 그리 소리 지르며 울부짖고 광란의 짓을 하며,
23 사랑하는 나의 피조물 모든 백성과 화합하며 사랑하는 것을 너희들은 단절하고 사는가?
24 너희들이 네 손에 쥘 수 있는 것을 쥘 때 네 것이 된다 하였음이니라.
25 손에 쥘 수 없는 것을 과욕을 부려 쥘 때, 너희들이 쥘 수 있는 모든 것까지도 다 잃는다 하였음이니,
26 너희들이 지금 하늘에 오를 자격이 있다, 구원을 받았다는 그와 같은 허황된 생각을 지금서부터 다 지워 버려야 할 것이니,
27 그것이 바로 다섯 개밖에 가질 수 없는 자가 천 개를 손으로 쥘 수 있다 대드는 무모한 짓보다도 더 무모한 행위이며 어리석은 짓임을 알아야 할 것이니라.
28 내가 너희들에게 다시 한 번 깨우쳐 줌이니, 육의 세상에 살면서 육의 세상을 천국에서 사는 삶으로 살라.
29 그리고 많은 사람으로부터 천사와 같다는 소리를 듣고 살라.
30 그것이 바로 너희들이 하늘에 오를 수 있는 길이며 구원을 받을 수 있는 길이니,
31 너희들은 지상에서 우선 쥘 수 있는 해야 할 일을 하지 아니하면서 구원을 받았다 그리 말하는 것이 얼마나 어리석은 자인지 아는가?
32 너희들의 말에 있지 않으냐?

33 우물가에서 물을 뜨지도 않았는데 숭늉을 달라 하는 그와 같은 성급함이요,

34 그와 같이 미래를 달려가며, 그리고 생각으로써 모두가 다 이루어진다 그리 착각 속에서 살아가는 것이 너희들이니,

35 행함은 하지 아니하며 생각만으로 모든 게 이루어졌다 생각하는 자가 바로 무엇이더냐?

36 우물가에서 숭늉이라는 것을 찾아 대드는 자와 똑같은 것이니라.

37 그리고 지금 구원을 받았다 하는 자들이 또한 그와 같은 자이니라.

38 너희들이 성급하며 너희 자신을 모르며 네 위치를 모르기 때문에 너희들이 말로써 생각으로써 천국을 가며 구원을 받았다는 그 생각에 젖어 있으니,

39 너희들의 행동도 그와 같이 받은 것처럼 착각하고 있음이니라.

40 그와 같은 거품의 마음이요, 허황된 마음이요, 그 모든 마음을 다 거둬내야 함을 알라.

41 거품이요, 그 허황된 마음을 거둬 내지 아니하면 너희들은 영영 올 기회마저 놓치게 됨이니라.

42 너희들이 정녕 구원을 받은 자라면 분수를 알며, 너희들이 살아가는 그 형태 속에서, 우선 인간 세속에서 죄를 짓지 않으며 하늘에 오르려는 너희들이 천사요, 나 여호와와 같은 심성으로 산다 칭송을 받는 그 삶을 먼저 엮어 가도록 하라.

43 그리 가는 길만이 구원을 받으며 나에게 오를 수 있는 위대한 길임을 잊지 말라.

44 그렇지 않은 자, 너희들은 절대로 이룰 수 없음이니라.

45 그러니 너희들에게 문을 열어 주며 구원을 하는 것은 나 여호와이거늘.

46 구원을 받았다 소리 지르는 자가 얼마나 불쌍한 백성이며 황당무계한 짓을 하고 있는가?

47 꿈에도 생각하지 못할 일을 너희들이 그리 말하느니라.

48 꿈에 본 떡을 육으로써 먹으려 생각하는 자보다도 더 어리석고 몽매한 자가 너희이니라.

49 이제 모두를 다 버리라.

50 그리고 지워 버리라.

51 너희들이 그와 같은 삶으로 살도록, 그와 같은 역사를 하루종일 하나라도 하는 그와 같은 삶으로 너희 자세를 바꾸라.

52 마음으로써 구원받으며 너희들의 손으로 지은 성전에 죄를 짓고 용서 빌면 그를 다 용서해 주어 항상 깨끗한 자로 산다는 그와 같은 착각 속에서 너희들이 빨리 깨어나라.

53 깨어나지 못하면 너희들의 그 귀중한 영혼을 너희들이 지금 죽여 가고 있음을 알라.

54 너희들의 육이 썩어 육이 노쇠해 죽어 가는 것은 알면서,

55 육이 잘못 살아가기에 그저 힘없이 죽어 가는 그 영혼의 불쌍한 형태를 너희들이 보지 못하기 때문이니,

56 영혼을 살리는 그 삶을 살도록 하라.

57 너희들의 육의 삶은 그 영혼을 받치며, 그 영혼이 살기 위한 영혼의 집으로써 영혼을 보호하여 하늘에 오를 수

있도록 하는 것이 너희들의 육의 의미
며 육의 집이 할 수 있는 일이거늘,
58 너희들이 본분을 잊고 너희들의 영혼
을 위하여 사는 것이 아니라, 종이 주
인 노릇을 하고 있는 그와 같은 형국
이 되어 있음이니,
59 종이 주인의 뜻을 어찌하여 알겠는가?
60 주인의 뜻을 모르며 주인이 역사하며
주인이 이루는 그 모든 대업을 모르면
서 하루아침에 제가 주인인 양 설쳐대
는 그와 같은 어리석은 종과 같으니,
61 이와 같은 이치를 바로 깨우쳐 깨닫도
록 그리하라.

5,024 번째 하나님 말씀

2003년 2월 15일 11시 08분

1 사랑하는 나의 아들아!
2 "네, 아버님! 말씀하옵소서."
3 지금 모든 종교 집단이요, 믿음의 길
을 가는 그 백성은 나의 아들 예수가
나의 백성 너희들의 죄를 대속하기 위
하여 죽었다 그리 말하느니라.
4 그리고 너희들의 죄를 짊어지고 나의
아들이 죽었다 함이니,
5 너희들은 과연 나의 아들이 그와 같이
이유 없는 죽음의 선택의 길을 갔으
며, 이유 없이 너희들의 죄를 대속하
기 위하여 죽었다 생각하는가?
6 나의 아들이 성령으로 세상에 태어났
으나 땅에서 육을 가지고 너희들처럼
한 인간의 여인의 몸에서 세상에 태어
났음이니, 그도 너희들이 느끼는 것같
이 슬픔과 고통과 그 모두를 느낌이니
라.
7 나의 아들 예수도 스스로 그와 같이
십자가에 못 박혀 죽는 그 죽음을 두
려워했으며 무서워했느니라.
8 그리하여 나에게 그 잔을 받지 아니하
며 그 잔을 옮길 수 없는가를 눈물 어
린 말 못 할 기도를 드렸음이니라.
9 나에게 살려 달라는 그 애절한 기도를
드리는 것보다도, 제가 그 길을 가며
내가 내리는 그 잔을 정녕 받지 아니
하며 그 잔을 옮겨 놓을 수는 없는가
하는 그 마음이, 살려 달라 몸부림치
고 울고불고 떼쓰는 자보다도 더 가슴
아프며 처절한 나에 대한 그 기도라는
것을 너희들은 어찌 모르고 그를 생각
하지 못하는가?
10 나의 아들이 그 고통스러운 죽음의 길
을 선택했다고 너희들은 그리 생각하
며, 그 죽음의 길은 당연하며, 너희들
의 죄를 대속하기 위하여 나의 아들
예수가 세상에 내려왔으니 당연한 길
이요,
11 당연한 그 길을 갔기에 그는 예수가
고통이 아니라 그리 말하며 그는 정녕
고통을 몰랐을 것이라 그리 말할 것이
니라.
12 다만, 나의 아들 예수가 나의 명에 의
하여 그 육신을 던져 버린 그와 같이
순종하는 마음, 나를 믿고 내가 존재
함을 아는 그것 외에는 너희들과 똑같
은 두려움과 육신의 고통을 겪었음을
너희들은 알아야 할 것이니라.
13 그리하여 나의 아들의 그 고통의 죽음
은 너희들을 위하여 당연한 길이라 그
리 생각하며, 그와 같이 너희들이 지
금 나의 피조물 만백성을 가르치니,

14 그것이 얼마나 황당무계한 소리를 하
고 있는 것인지 너희들은 알겠는가?
15 너희는 그 소리를 하면서 그와 같은
뜻에 의해 이루어졌다 하며 지금의 믿
음의 그 골격이 바로 그것이 아니던가?
16 나의 아들은 너희들의 죄를 대속하고
자, 너희들의 죄를 짊어지고자 나로부
터 태어난 아들이며,
17 그리하여 그는 정해진 그 길을 당연히
간 것이라 그리 황당무계한 소리를 지
르며 찬송하며 '주여, 주여! 찬양의 주
여! 사랑의 주여! 용서의 주여! 구원
의 주여!' 예수라 그리 부르짖는 것이
지금의 너희들이 가고 있는 믿음의 골
격이 아니던가?
18 이 소리만 외치면 너희들은 구원받았
다 생각하며, 나의 아들 예수의 보혈
로써 너희들이 지은 성전에 들어가는
순간에 모든 죄를 다 용서받았으며 재
물을 바치는 그것으로써 너희들은 구
원을 받았다 말함이니,
19 너희들은 어찌하여 하늘에 오르는 그
구원의 길을 편하게도 그리 구원을 받
을 수 있다 말하는가?
20 너희들은 일단 나의 아들 예수의 그
보혈로써 구원을 받았다 하여 나의 피
조물 만백성을 성전에 모아 놓고 가르
침이니,
21 그들을 그것으로써 가르치며 그들이
짓고 사는 죄가 너무나도 많아 그 많
은 죄를 예수의 보혈 한 번으로써 그
모두를 다 대신하고 살아간다는 것이
너무 황당무계한 것이라는 것을 알고
있으며 이는 말도 되지 아니한다는 것
을 너희 종교 지도자들이 알고 있기에,
22 너희들이 다음에 간악한 수법으로 쓴
것이 무엇이더냐?
23 너희들이 며칠 동안이고 지은 죄를 그
저 말로써 손으로 지은 성전에 와서
기도하고 또 기도하면 그 죄가 씻어진
다 함이니,
24 어떤 것이 진정 너희들의 죄를 씻어
나에게 오르는 것인가를 확실히 여기
서 그들 종교 지도자에게 물어보라.
25 너희들의 손으로 지은 성전이라는 곳
에 오면 예수의 보혈로써 구원을 다
받았다 하며 재물을 바치면 구원을 받
았다 함이니, 그것으로써 너희들이 구
원을 받았으면 됐지,
26 너희들이 또 매일매일 짓는 죄를 눈물
로 용서를 빌며 그 기도 소리를 들으
며 그 기도한 대가로 재물을 바치고
그리함이니,
27 과연 어떠한 것이 구원의 길이며 회개
의 길인가?
28 너희들은 또 회개하는 자 용서를 받으
며, 죄를 짓고 눈물의 회개의 기도를
드리라 함이니,
29 너희들은 예수의 그 피로써 용서를 받
았다 하며 또 왜 눈물의 기도를 드리
라 하는가?
30 너희들은 무엇인가 미심쩍으며 무엇
인가 자신이 없기에, 이것이 아니면
저것이고, 저것이 아니면 이것으로 너
희들에게 재물을 바치는 그 백성과 인
간적인 정이 들고 인간적인 깨달음이
있으며 그 친분이 있기에 그대로 지옥
으로 가는 것을 막고자 하는 그와 같
이 황당무계한 짓으로써 이것도 해 보
라, 저것도 해 보라, 이것도 또 실천해

보라 그와 같이 너희들이 하고 있는 것이 아니던가?
31 너희들은 여기서 하나를 확실히 정해서 나의 피조물 만백성을 가르치라 하라.
32 그곳에서 배우는 신도 너희들은 그 황당무계한 이것도 아니고 저것도 아닌 소리에 현혹되어 그 죽음의 길로 끌려가지 말라.
33 너희들이 예수의 보혈로써, 손으로 지은 성전에 감으로 인하여 구원을 받았다 하면 그것으로써 구원을 받았다 그리 살아가면 될 것이거늘,
34 어찌하여 너희들은 금화와 재물을 하늘에 많이 쌓아 놓으면 또 구원을 받는다 말하는가?
35 그러면 너희들이 재물을 쌓는 것이 구원을 받는 것이 우선인가, 예수의 보혈로써 구원받는 것이 우선인가?
36 그러면 예수의 보혈로써 구원을 받은 것은 구원받은 것이 아니요, 확신을 못 하며 진실로 구원받은 것이 아니기 때문에 2 차의 방법으로써 그와 같이 재물을 바치며 또 기도하는 것이요, 그리하여야 너희들이 구원을 받는 것인가?
37 그리고 너희들 앞에 눈물로써 회개하며 반성하며, 살아가면서 지은 죄를 한 번에 모아 너희들이 또 기도하는 그와 같은 방법으로써 하니, 어떤 것이 진정 구원을 받은 것이더냐?
38 너희들 인간이 전쟁하면서 1차, 2차, 3차 그와 같이 단계적으로 쌓아 놓은 작전 계획이요, 전술적인 것을 거기에 응용하여 그와 같이 생각하는 것이 하늘의 구원을 받는 길이라 생각하는 그와 같은 것이던가?
39 지금 너희들은 이를 확실히 물어보도록 하라.
40 사랑하는 나의 신도 너희들은 그 종교 지도자들에게 물어보라.
41 어떠한 길이 정녕 구원을 받은 것인가?
42 그 셋 중의 하나가 확실하다면 그 하나만을 선택하면 구원을 받은 것이지, 어찌하여 두세 개씩을 그리하라 하느냐 물어보라.
43 그러나 나는 나의 아들을 통하여 너희들에게 하나를 깨우쳐 주었음이니라.
44 바로 무엇이더냐?
45 너희들이 나의 법전을 읽고 깨우쳐 깨달은 만큼 행하라 함이니라.
46 실천, 몸으로 직접 행하며 사랑을 베풀며 그리하여 너희들이 사랑 속에서 살아가는 그와 같은 마음으로 사는 것이 나에게 오는 길이며 구원을 받는 길이라 하였음이니, 너희들은 오로지 사랑의 마음을 기르라.
47 그것만이 너희들이 오를 수 있는 길이라 내가 하였음이니라.
48 너희들이 아무리 눈물로 빌어도, 손발이 피가 나도록 빌고 또 빌어도 너희들이 지은 죄는 용서를 받지 못한다는 것이 나 여호와의 뜻이니라.
49 다만, 너희들이 하나를 훔쳤으면 열 개를 갖다 놓았을 때 인간 세상에서 그 죄를 면할 수 있다 하였음이니라.
50 그러나 너희들이 나에게 왔을 때 그 남은 죄에 대한 대가는 받아야 하며 심판을 받는다는 것을 잊지 말라.
51 그와 같이 회개하는 것을 말로써 회개

하면 누구는 못 하겠는가?
52 남을 죽이고 남의 것을 훔치면서 말로 써 울고불고 회개한다면 너희들은 어찌하겠는가?
53 너희들은 간음을 하며, 강간을 하며, 남의 재물을 도적질하며 그렇게 남에게 피해를 입혀 놓고 빌고 회개하면 용서를 받는다 하니,
54 남의 가축을 도둑질하며, 남의 가축을 죽였으며, 너희들의 모든 것을 위하여 남의 것을 도적질하며, 남을 밀어붙여 너희 것으로 만들며,
55 사람을 죽게 하여 네 재산으로 모아 놓고도 너희들이 회개하고 반성하면 용서를 받는다 생각하니,
56 과연 그것이 가능한 일이라 생각하는가?
57 그러면 지금의 종교 지도자들이 구원을 받았다 하는 그 모두는 다 사기극이고 엉터리가 아니던가?
58 그들은 죽음이 무엇이며 믿음이 무엇인지 그 자체도 모르는 자이기 때문이니라.
59 그러니 너무나 그들이 무지하며, 그 무지한 자들이 무지한 사기극을 벌임이니,
60 너무나도 엄청난 사기극 앞에, 황당무계한 그 사기극을 벌이는 것을 바라보고 너희들이 감히 판단할 수 없는 그와 같은 형국에 젖어 있기 때문이니라.
61 너희들에게 묻는다면 긴가민가 의혹을 가질 것이나, '이것이 맞다!' 밀어붙이며 '이것을 먹어야 구원한다!' 그리 밀어붙이니,
62 너희들이 거부할 줄도 모르며 그를 평가할 줄도 모르며 그를 분석하지도 못하고,
63 너무나 당연하게 밀어붙이며 너무나 당연하게 큰소리를 치는 그들의 위압적인 것에 너희들이 항변을 못 하고 지금 지옥으로 몰려가는 것이 나의 사랑하는 피조물, 나의 백성 너희들이니라.
64 인간 너희들은 큰사랑의 의미를 알아야 한다 하였음이니라.
65 큰사랑의 의미를 모르는 너희들이 어찌 구원을 받는다 하느냐?
66 예수가 죽어 간 그 이유는 너희들에게 큰사랑을 깨우치고자 죽었음이니, 예수의 죽음의 이유는 거기에 있는 것이니라.
67 너희들에게 큰사랑을 깨우치는 것이 예수의 죽음이며,
68 그리하여 그 깨우침을 위하여 예수는 육의 고통이요, 너희들이 다 느낄 수 있는 그 고통을 마다하지 아니하고 따라 순종하였음이니라.
69 그리하여 그 육신을 만백성에게 던져준 그와 같은 것이니라.
70 너희들의 육신을 마음대로 하라는 그와 같은 예수의 단단한 굳은 의지는 나 여호와가 있으며 영혼이 있으며 영원히 하늘에 올라올 수 있는 그 영광을 그는 얻었기에 그와 같이 행한 것임을 너희들은 알라.
71 큰사랑을 실천하기 위하여 예수가 죽음의 길을 갔다는 것을 알며, 너희들이 그 죽음 못지않은 고통 속에서 큰사랑을 펼쳐 나가도록 그리하라.
72 나에게 구원의 길에 오르는 것은 오로

지 큰사랑을 베푸는 것이니 그를 잊지
말라.
73 너희들은 나 여호와를 욕되게 하지 말
며 나를 기만하지 말며 나를 우롱하는
처신을 하지 말라.
74 너희들이 얼마나 단계적으로 사기극
을 벌이는가?
75 1단계, 2단계, 3단계의 방법을 쳐 놓
고 나의 피조물 만백성을 끌어들이며
그들을 지옥으로 인도하니,
76 들짐승을 잡으려고 1단계, 2단계, 3단
계의 덫을 쳐 놓고 그 짐승이 도저히
빠져나가지 못하도록 하는 행위가 너
희들이 지금 벌이는 작태이니라.
77 처음에는 그저 성전에 와서 예수의 품
안이요, 저희 손으로 지은 성전에 오
면 너희들은 예수의 보혈로써 구원을
받는다 하여 1단계의 장막을 쳐 놓고
올무를 씌워 놓느니라.
78 그리고 그들이 들어오면 뭐라 말하는
가?
79 하늘에 재물을 많이 바치며 하늘에 재
물을 많이 쌓아 놓으며 너희들이 이름
을 붙이는 대로 헌금을 갖다 많이 바
치는 자, 돈이 가는 곳이요, 물질이 가
는 곳에 네 마음이 있고 사랑의 마음
이 있다 그리 가르쳐 2단계로 짐승을
잡는 올무를 놓듯이 함정을 파 놓고
너희들이 끌고 가느니라.
80 그다음에는 회개하라, 눈물로 회개하
라, 그리고 반성하라, 반성하기 위하
여 너희들이 손으로 지은 성전에 와서
반성하고 회개하며,
81 그 반성과 더불어 종교 지도자를 신처
럼 받들며 맹종하고 맹신하며 모두를
다 바치는 그와 같은 길로 3단계, 4단
계로 너희들이 짐승을 잡는 올무와 함
정을 파 놓고 몰아가는 사냥꾼보다도
더 사악한 것이 너희들이니,
82 지금 나의 피조물 만백성을 너희들이
사람으로 보는 것이 아니라, 사냥꾼이
짐승을 잡듯이 나의 백성을 짐승으로
보고 지금 사냥을 하고 있는 것이 너
희들이 사악한 자들이 아니더냐?
83 너희들은 아니라고 말하나, 너희들은
그리 말함이니라.
84 짐승을 잡는 그 사냥꾼이 무엇을 하는
가?
85 그 가죽을 팔아먹고 뼈를 팔고 살을
팔아 돈을 거두려고 하는 행위가 아
니던가?
86 너희들은 나의 백성을 짐승으로 보지
아니한다는 말을 하지 말라.
87 너희들의 손으로 지은 성전을 사고팔
때, 너희들은 그 백성의 머릿수를 따
지며 그들이 내는 재물의 그 한도를
가지고 거래하니,
88 바로 뼈를 팔며 가죽을 팔며 살을 팔
아먹는 사냥꾼과 무엇이 다르던가?
89 이 사악한 사냥꾼 밑에서 너희들이 짐
승으로써 죽어 가는 그 지옥의 길을
가지 말라.
90 내가 이와 같이 하늘의 뜻이요, 너희
들이 하고 있는 모든 죄악을 낱낱이
밝혀 너희들에게 전하거늘, 그래도 깨
우치지 못하는 것은 너희들의 복이니
라.

5,025 번째 하나님 말씀

2003년 2월 15일 11시 18분

1 사랑하는 나의 아들아!
2 "네, 아버님! 말씀하옵소서."
3 예수가 세상에 나와 너희들에게 무엇
을 요구했으며 어떠한 역사를 하고자
했던가?
4 그는 아름다운 사랑이 무엇인가를 보
여 주고자 하였으며, 하늘의 사랑이
무엇인가를 너희들에게 깨우쳐 주며,
나 여호와의 사랑이 어떤 것이며 인간
세상에서 살아가는 너희들이 어떠한
사랑인가 이를 깨우쳐 주고자 하였음
이니라.
5 그리하여 예수는 인간의 진정한 사랑
속에서 너희들이 아름다운 마음이요,
고귀한 마음을 갖고 사랑 속에 사랑의
노래 속에 살아가는 아름다운 백성을
만들고자 하였음이니라.
6 그와 같은 자들과 하늘의 나 여호와의
사랑이요, 내가 너희들을 사랑하는 그
사랑과 그를 하나로 일치하고자 하였
으며,
7 그래서 지상에서는 너희들의 사랑이
요, 하늘에서는 나 여호와의 사랑이
내려감이니,
8 이게 하나의 통로가 되어, 하나의 길
이 되어 너희들이 지상에서 살다 천국
의 길로 열어 주는 그와 같은 영광의
사랑의 비단길을 만들고자 했던 것이
나의 아들의 뜻이며 그가 이루고자 했
던 것임을 알라.
9 창조주 내가 만든 소중한 너희들이 세
상에 태어났던 어린아이의 그 아름다
운 심성이요, 그 사랑의 마음으로 옹
기종기 모여 이 지상에서 살며 그와
같이 살다 나 여호와가 너희들을 사랑
하는 그것을 알게 되며,
10 지상의 사랑이 충만했을 때 나 여호와
의 큰사랑을 너희들이 알게 됨이니,
11 하늘의 사랑과 너희들이 살아가는 지
상의 사랑이 하나의 큰 통로를 이루어
너희들이 지상에서 살다 육은 죽어 가
며 영혼은 그 사랑 길을 따라 하늘에
오를 수 있도록, 나와 더불어 살아가
는 너희들이 나에게 바로 올 수 있는
그와 같은 영광의 세상을 만들며 너희
들에게 그 영광을 주고자 하였던 것이
나 여호와의 뜻이었음이니라.
12 이 세상이 하나로 이루어지는 것, 곧
너희들이 하나가 되어 한 형제처럼 서
로 사랑하는 것, 그것을 바로 하나로
이루는 그 사랑은 내가 예수를 통하여
이루고자 했던 인간의 큰사랑의 틀로
만 이루어질 수 있었을 것이니라.
13 그를 위하여 그는 모두를 다 바쳐 역
사하고자 했음이니라.
14 그러나 너희들은 예수가 그와 같이 이
루고자 하는 그 사랑의 가르침을 받아
들인 것이 아니니라.
15 그저 너희들은 나의 아들 예수를 신격
화하는 데만 온 정성을 다 쏟았으며,
16 예수를 숭배의 대상으로서 높이 받드
는 그와 같은 것으로써 나의 아들의
이름을 팔았으며,
17 찬양의 대상의 예수요, 구원의 대상의
예수요, 영혼을 구원하는 예수라 하여
너희들이 예수를 신격화시키는 데만
연연하였으며 2천 년 동안 거기에만

너희들이 매달려 왔음이니,
18 예수가 이루고자 하는 그 참사랑이요,
참믿음이요, 가르침은 너희들이 등을
돌리고 살아온 것이니라.
19 그러니 나 여호와는 나의 아들을 통하
여 너희들에게 지상의 사랑을 베풀며
사랑 속에 너희들이 아름답게 하나가
되는 그것을 원했으나, 너희들은 지금
천 갈래 만 갈래 삐뚤어지도록 하였음
이니라.
20 예수를 신격화해 놓고 예수를 찬양하
라, 예수를 만나려면 재물을 바치라,
그리고 더 큰 성전을 지으라,
21 궁궐보다도 더 아름다운 성전을 지을
때 예수가 거기에 임할 것이며, 거기
에 오는 백성은 들림을 받을 것이며
구원을 받을 것이라 하여,
22 나와는 정녕 반대의 삐뚤어지고 삐뚤
어진 길을 너희들은 두 주먹을 쥐고
달려가고 있으며,
23 종교 지도자가 앞에서 '나를 따르라!'
하며 지옥 불로 그들을 이끌어 가는
그와 같은 웃지 못할 형국 속에서 너
희들이 지금 몸부림치고 있음이니라.
24 예수는 지금 나의 아들이 책으로써 깨
우치고자 했던 그 모두를 말로써 전하
였으며, 그 제자들에게 깨우쳐 그들을
하나하나 파견하여 그들이 그때 만백
성을 깨우치고자 하였음이니라.
25 성전이라는 것을 지어 놓고 그 성전
속에서 그 제자들이 만백성을 깨우치
는 그와 같은 형국이 아니었음이니라.
26 바람 부는 대로 그저 시간이 나는 대
로 그들은 흘러가서 정착하는 곳에서
또 나의 뜻을 가르치며 또 다음 곳으
로 옮기면서 그와 같이 그들은 이동과
이동을 하면서 나의 뜻을 전파하는 그
와 같은 것이 나의 아들의 제자들이
하는 역사며 이루었던 것이니라.
27 지금 너희들이 나 여호와의 뜻에 따른
다 하면, 너희들은 지금 한 곳에 성전
이라는 것을 궁궐처럼 짓고 호의호식
하며 그와 같이 인간의 향락을 즐기는
지도자들이 아니라,
28 너희들은 보따리 짊어지고 전국 방방
곡곡을 이곳에서 가르치고 저곳에 가
가르치는 그와 같이 파견되어 나의 뜻
을 가르치는 그와 같은 지도자가 되었
어야 될 것이며 그것이 진정한 지도자
이니라.
29 그러나 너희들이 그리 행하지 아니하
며 사악한 짓으로써 한 곳에 안주하여
서 한 왕국을 이루며 소왕국을 이 세
상에 이루어 제왕적인 대우를 받고 살
고자 하는 것이 종교 지도자 너희들이
가는 그 행태이니,
30 이를 더는 볼 수 없어 내가 나의 성령,
나의 뜻을 새로운 성경이요, 책으로
만들어 그 책으로써 하얀 눈이 세상을
덮듯이 온 세상을 다 덮어 그들이 하
나의 지도자로서 역사하고자 하는 것
이 나의 뜻이며,
31 지금 나의 법전을 갖고 성전에서 공부
하는 제자 너희들은 그들이 막혀 어려
움을 겪을 때 너희들이 깨우쳐 주고
인도하며,
32 파견되어 나의 복음을 전파하는 그와
같은 백성은 성전을 짓지도 말며 궁전
같은 것을 짓지도 말며 교회라는 것을
짓지도 말며,

33 더욱이 나의 아들이 고통스럽게 죽어
간 그 십자가를 높이 올려놓고 하늘을
향하여 나 여호와가 보라 하며 너희
들이 나를 시도 때도 없이 고문하고
나의 고통을 짓이기며 나의 가슴을 도
려내는 그 아픔을 상기시키는 그와 같
은 십자가를 높이 올리는 교회 같은
것을 짓지 말라.
34 그것이 세상을 오염시키기 시작하며,
그 죄의 온상이 늘어나면 늘어날수록
세상은 아름다운 세상이 될 수 없으며,
35 그 십자가가 생길수록 나 여호와를 고
문하며 나를 고통스럽게 몰고 간다는
것을 잊지 말라.
36 2천 년 전 나의 아들이 죽은 그 슬픔
을 잊어 가는 나 여호와에게 항상 그
를 잊지 못하도록 고통 속에 나를 몸
부림치도록 하는 것이 사악한 너희들
이 교회라는 것을 세우며 십자가를 올
려놓는 그와 같은 것이니,
37 하나의 십자가를 이 아름다운 성전에
꽂을 때 내 고통이 그보다 더 심해짐
을 알라.

5,026 번째 하나님 말씀

2003년 2월 15일 11시 26분

1 사랑하는 나의 아들아!
2 "네, 아버님! 말씀하옵소서."
3 나의 법전을 읽고 깨우치며 나의 아들
의 강론을 듣고 깨우친 백성 너희들이
나 여호와의 뜻이며 나의 법전이라는
것을 완벽히 깨닫고 아는 백성은 아무
리 어떠한 형태가 몰아쳐도 넘어지지
아니한다 하였음이니라.
4 완벽히 깨달음을 알며 나의 성령이요,
내가 이루고자 하는 나의 뜻을 아는
백성은 절대로 넘어지지 아니하며 포
기하지 아니하며 주저하지 아니하며
용기 잃는 백성이 아니라 내가 너희들
에게 깨우쳐 주었음이니라.
5 정녕 깨우치지 못하며 일부만을 알고
사는 백성, 그리고 이것인지 저것인지
남의 눈치를 보고 가는 백성, 그와 같
은 자들이야말로 사탄의 먹이가 되며,
사탄이 그들로 하여금 그 이중성의 마
음을 가진 자들은 넘어가기가 쉽다 하
였음이니라.
6 인간 세상에서도 양쪽의 비밀을 알며
이쪽에 팔고 저쪽에 파는 자, 언젠가
는 한쪽에 걸려 죽어 가게 되어 있음
이니,
7 사악한 자의 손에 너희들이 죽게 되어
버림을 받는 것이니라.
8 그러나 양다리를 걸치고 이쪽이요, 저
쪽이요, 눈치를 보고 다니는 자, 그와
같은 자는 사탄이 너희들을 바로 당기
고자 하여 너희들에게 온갖 정성을 다
들이는 그것에 눈이 어두워 사탄의 그
가르침에 너희들이 넘어가게 됨이니,
9 그 순간부터 너희들은 죽음의 길을 가
게 되며 지옥으로 간다는 것을 너희들
은 잊지 말라.
10 이제 양다리를 걸치고 가는 그와 같은
백성 그들이 설 자리가 없음을 너희들
은 알아야 할 것이니라.
11 그리하여 그 백성을 너희들이 다스려
깨우치고자 하는 그 역사를 이루지 말
라.
12 그보다 힘들고 어려운 길이 없음을 너

희들은 알아야 할 것이니라.
13 그와 같은 자는 내가 일찍이 너희들에
게 버리라 그리 말하였음이니, 그들을
받아들이며 너희 형제라는 생각을 하
지 말라.
14 양다리를 걸치는 백성이 얼마나 사악
한 자인가 너희들은 알라 내가 일찍이
깨우쳐 주었으니, 그를 잊지 말라.
15 양다리를 걸치는 백성을 너희들은 선
택하지 말며 그들을 위하여 너희들이
시간을 낭비하지 말라 내가 일찍이 깨
우쳐 주지 아니했던가?
16 너희들은 성전이요, 궁궐같이 지은 교
회요, 그곳이 부러워 그곳에 가고자
하는 자, 그곳에 안주하는 자, 가는 것
을 막지 말라.
17 재물을 긁어모으며 그 재물에 따라 저
희들이 구원을 받는 척도요, 영광이라
생각하며 가는 자 그대로 그냥 보내
주도록 그리하라.
18 너희는 성전이요, 교회라는 것을 짓는
순간에 나 여호와의 뜻을 거역하는 것
이며 나를 배신하는 것이며 나를 배반
하는 것이니라.
19 내가 언제 성전을 지으라 하였으며 궁
궐 같은 것을 지으라 하였으며 이 세
상에 십자가를 그 위에 꽂아 나를 고
문하는 그와 같은 역사를 하라 내가
만들었던가?
20 나의 아들 예수도 그를 용납하지 아니
하였거늘, 어찌하여 너희들은 우리 부
자의 뜻을 거역하며 이와 같이 성전이
요, 교회라는 것을 수없이 지어 나가
는가?
21 그 짓는 순간에 너희들이 죄를 짓는
자며 나와 뜻이 없는 자며 나와는 관
계없는 백성이니라.
22 이는 곧 사랑을 모르며 나눔을 모르는
너희들이기 때문이니라.
23 내가 너희들에게 베풀며 나누는 마음
으로 살라 하였으니, 그리고 너희들은
나의 백성에게 나누며 베풀라 하는 것
을 알며 재물을 가진 자 구원을 받기
어려우니 그 재물을 바치라 그리 말하
면서,
24 어찌하여 너희들이 가지고 있는 그 재
물을 하나도 나눠 줄 줄 모르는 그와
같은 사악한 자들이 되었는가?
25 맹목적으로 맹신으로 나의 아들 주 예
수를 부르짖도록 하는 것, 그리고 그
곳에 모여앉아 너희들이 천국의 배를
타고 하늘에 오르는 착각 속에 있는
그 성전을 짓는 그 순간에 너희들은
나와는 아무런 관계도 없다는 것을 알
아야 할 것이니라.
26 나와 관계없는 죄의 온상에서 너희들
이 그곳에 앉아 나의 이름을 부르며
나의 아들 예수를 부르며 우리 부자를
팔아먹는 그와 같은 형국으로써 가는
그곳에 가 너희들이 나의 아들 이름을
부르며 나를 부르짖으며 재물로써 그
이름을 부르고 그 대가를 치르는 어리
석은 그와 같은 행위를 하지 말라.
27 차라리 푸른 하늘을 보며 거기에서 나
여호와에게 용서를 빌며 나의 아들 예
수를 불렀을 때 그 이름이 하늘에 오
름을 알라.
28 우리 부자의 이름을 팔아 재물을 거둬
들이려고 혈안이 된 종교 지도자, 거
래꾼이 되어 있는 그들에게 너희들은

그 속에서 맹종함이니라.
29 직함을 가지고 있는 자, 신도라는 백
성 너희들이 지금 어떠한 행위를 하고
있는지 아는가?
30 너희들은 짐승을 잡으려고 총칼을 들
고, 무기를 들고 그 길목을 지키는 자
밑에 가서 짐승을 몰아가는 몰이꾼과
같은 행위를 하고 있는 것이니라.
31 너희들이 지금 우리 부자의 이름을 팔
아 재물을 긁어모으려는 그와 같은
종교 지도자는 무기를 들고 지켜 앉아
있으며, 오래 다녔다는 신도요, 새로
운 신도요, 그리고 그 성전에 가서 이
름을 걸어 놓은 모든 신도라는 그 백
성은 몰이꾼으로서 그저 짐승을 모는
그와 같은 형국으로 간다는 것을 잊지
말라.
32 더 큰 성전과 더 큰 교회를 지으려는
그와 같은 역사에 너희들이 동원되고
있다는 것을 잊지 말라.
33 너희들은 나에 대한 믿음이 없기에
몰이꾼을 이용하여 잡은 짐승의 그 대
가로 너희들은 어떠한 짓을 하는가?
34 너희들이 교회라는 것을 지으며 더 큰
성전이라는 것을 지어서 제가 죽을 때
까지 관리하다 저희 자식에게 대를 물
리는 짓거리를 하고 있는 것이 그들이
니, 그것이 바로 나 여호와의 뜻에 따
라 하는 태도인가?
35 그것은 나 여호와의 뜻에 의하는 것이
아님을 너희들은 알라.
36 나 여호와의 뜻에 따라 움직이며 나
여호와의 뜻에 따라 사는 백성으로서
너희들이 바로 거듭나라는 것이 나의
법전이요, 내가 세상에 전하는 역사를
이루는 것이거늘,
37 어찌하여 너희들은 이를 보지 아니하
려 하며 이를 보고 깨우치려 하지 아
니하는가?

5,027 번째 하나님 말씀

2003년 2월 16일 07시 31분

1 사랑하는 나의 아들아!
2 "네, 아버님! 말씀하옵소서."
3 사랑하는 너의 제자들이요, 나로부터
선택된 아들딸 너희들에게 간곡히 내
가 이르노니,
4 너희들은 무엇보다도 나 여호와가 존
재함을 먼저 굳건히 믿으라 그리 전하
라.
5 그리고 너희들이 나 여호와가 존재함
을 믿는 그 속에서 나 여호와가 너희
들과 항상 같이하고 있다 하는 것을
먼저 깨닫고 인식하도록 그리하라.
6 너희들이 아무리 어두운 밤에 남들이
보지 않는 곳에서 행하는 모든 것도
나 여호와가 바라보고 있다고 생각하
며 이 무서운 사실을 말로는 그리해도
7 그와 같은 것을 너희들이 마음속에 깊
이 새겨 두지를 못하며 그를 믿지 못
하고 있음이니,
8 너희들이 행하는 것이 더러는 흔들리
며 너희들이 어렵고 힘든 그 고비에서
남들이 해서는 아니 될 그 사탄의 유
혹에 너희들이 스스로 견디고 이기는
그와 같은 역사를 하지 못함이니라.
9 그러니 오늘부터 너희들이 나 여호와
가 존재함을 확실히 믿으며 내가 너희
들과 같이한다는 것을 생각하고 살 때,

10 너희들의 모든 행동이요, 말을 함에
있어서 스스로 조심하며 너희들이 바
른 생활을 하고 바른말을 하고 살 수
있는 그와 같이 인생이 변화됨을 알아
야 할 것이니라.
11 내가 너희들에게 나의 법전을 가슴 깊
이 안고 정독하라 하지 아니했던가?
12 그 말의 의미가 얼마나 소중한 것인가
를 너희들은 아직도 모르느니라.
13 너희들이 가장 사랑하는 것을 가장 소
중히 생각하는 것을 안는 것보다도 더
소중한 마음으로 너희들의 가슴에 나
의 법전을 끌어안고, 한 송이 아름다
운 꽃을 안은 것보다도 더 소중히 나
의 법전을 가슴에 안고 정독할 때,
14 거기에 있는 내가 너희들에게 전하고
자 하는 그 뜻을 알게 됨이니라.
15 가슴에 안고 너희들이 정독하지 않을
때 거기에 있는 뜻을 알 수가 없음이
니라.
16 그저 남들이 써 놓은 책이요, 아름답
게 살며 선하게 살라는 그런 말이려니
하는 그와 같은 생각밖에는 안들 때,
이는 진정 나의 법전을 가슴에 안고
정독함이 아님을 알아야 할 것이니라.
17 너희들이 세상에 그보다도 소중함이
없는 것처럼, 아름다운 꽃 한 송이를
가슴에 안은 것처럼 나의 법전을 소중
히 생각하며 그 법전을 정독하고 읽을
때,
18 거기에서 내가 너희들에게 원하는 그
깊고 넓은 뜻을 알게 될 것이며,
19 너희들이 법전을 접한 것이 얼마나 영
광이며 행복한 것인가를 알게 될 것이
니라.
20 법전을 접하지 못하고 사는 너희들의
삶이 얼마나 어리석은 삶이요, 불행한
삶인지를 알게 될 것이며,
21 거기에 있는 구구절절이 내가 전하는
그 뜻을 너희들이 알 때, 너희들 자신
이 얼마나 행복한 것인가를 알게 될
것이니라.
22 나의 법전을 가슴에 안으라 함은 무엇
이던가?
23 이 세상에 가장 소중한 것으로 생각하
며 가장 사랑하는 것으로써 너희들이
그리 가지라 함이니라.
24 그리하여 너희들이 나의 법전을 가슴
에 안고 정독하고 또 정독할 때 너희
들이 반석 위에 서게 됨이니,
25 반석 위에 서서 하늘에 오르는 찬란한
빛을 보게 됨이니, 그 빛을 보고 그 길
을 따르지 아니하는 백성이 어디에 있
겠는가?
26 이는 하늘에서 내리는 빛을 너희들이
상상하지 말라.
27 너희들의 마음의 빛이니라.
28 너희들이 나의 법전을 가슴에 안고 정
독했을 때, 나 여호와가 존재함을 알
며 내가 이미 내린 그 뜻을 앎이니, 너
희들의 가슴에 찬란한 빛이 있게 됨이
며, 어찌 살아야 할 것이며 어찌 가야
하는 것을 아느니라.
29 이제 이 세상에서 가장 사랑하는 여인
이요, 애인이라는 말처럼 가장 소중한
것처럼 나의 법전을 그리 너희들이 접
하라.
30 그것이 나를 사랑함이니, 나를 사랑하
는 속에서 내가 너희들에게 전하고자
하는 그 뜻을 너희들이 알게 됨이니,

너희들 가슴에 그 찬란한 빛이요, 하
늘을 향하여 뻗어 오는 것을 알게 될
것이니라.
31 그리고 나의 법전을 정독하고 또 정독
할 때 너희들이 반석 위에 선다 하였
음이니, 이를 너희들이 깊이 소중히
알라.
32 나의 법전이 얼마나 소중한 것인가를
먼저 깨우치도록 그리하라.
33 가장 사랑하는 것, 여인이 아이에게
젖을 먹일 때의 그 포근한 마음보다도
더 소중한 마음으로 나의 법전을 가슴
에 안고 정독하라 그리 이르라.
34 그러면 너희들이 모든 것을 다 보게
될 것이니, 나의 법전을 사랑하는 마
음을 갖도록 그리 전하라.

5,028 번째 하나님 말씀

2003년 2월 16일 07시 38분

1 사랑하는 나의 아들아!
2 "네, 아버님! 말씀하옵소서."
3 창조주 나 여호와가 역사하고자 하는
것은 새로운 이 세상이요, 지상에 천
국을 이루고자 하는 것이 나 여호와의
뜻이며, 그를 위하여 너희들이 그 세
상에 살 수 있는 자격을 갖추라 함이
니라.
4 너희들이 나에게 오르고자 하면 너희
들이 천사와 같은 자가 되지 아니하면
나의 나라에 오를 수 없다 하였음이니,
5 악을 행하는 것이 아니요, 선을 행하
고 사는 자, 그러니 내가 새로운 천국
을 이루며 새로운 천국을 이루는 것은
이 지상에 그와 같이 그 속에서 살 수
있는 자격을 갖춘 백성이 하늘의 천국
에 오를 수 있기 때문에 그를 위하여
역사함이니라.
6 너희들이 하늘의 천국에 오를 수 있는
자격이 없는 자, 아무리 나 여호와가
너희들을 천국에 갖다 놓는다 하여도
너희들이 숨이 막히며 가슴이 터질 것
같은 그와 같은 압박감 때문에 죄지은
자 천국에 존재하지 못한다 하였음이
니라.
7 그리하니 너희들이 지상의 천국에 사
는 그와 같은 역사를 이룬 자, 그는 천
국에서 사는 삶을 살아왔기에 하늘의
천국에도 오를 수 있는 것이니라.
8 그리하여 그 역사를 이루고자 나 여호
와가 오늘 너희들에게 이리 깨우치고
자 하며 그 길을 오라 하는 것이 나 여
호와의 뜻이니라.
9 그러니 창조주의 이 마음을 너희들은
아는가?
10 그러나 지금의 모든 종교 집단이요,
그 종교 집단에 속해 믿음을 가진 백
성은 누구나 다 저희들 개인을 위해서
내가 존재하며, 저희들이 속해 있는
종교 집단에 있는 자들을 위하여 나
여호와가 존재하며 너희들이 구원을
받으며 너희들을 구원하는 것처럼 착
각하고 있으니,
11 너희들은 그와 같은 생각에서 벗어나
야 함을 내가 수십 번 기록하여 전하
였느니라.
12 나 여호와는 국한된 백성만을, 선택된
백성이라는 너희들의 일부를 구원하
는 것이 아니요, 사랑하는 나의 피조
물 만백성 너희들을 구하고자 하는 것

이니라.
13 그리하여 너희들은 누구나 다 나에게
오를 자격이 있는 것이며, 내가 너희
들을 구하고자 하는 것이 나의 뜻임을
잊어서는 아니 될 것이니라.
14 너희들은 다 똑같은 나의 아들딸이라
하지 아니하였느냐?
15 그리고 너희들은 같은 길을 여행하는
자라 하였느니라.
16 그 여행하는 길이 바로 육의 세상에서
의 여행은 똑같이 죽음을 향하여 가는
너희들이니,
17 어찌하여 죽음을 향하여 가는 그 불쌍
한 너희들끼리 그리도 사악한 마음을
가지며,
18 서로 위로하고 달래며 격려하고 가는
그와 같은 마음의 자세로 살아야 할
것을, 서로 시기하고 질투하는 마음으
로 똘똘 뭉쳐져 있는 그와 같은 삶을
사는가?
19 육의 삶에서 너희들이 가는 길은 죽음
이니, 같이 죽음을 향하여 가는 동료
끼리 서로 위로하고 달래 주는 그와
같은 마음을 갖고 가야 하는 것이니라.
20 그리하여 너희들은 모두를 다 사랑하
라 함이니, 이를 너희들이 알고 가야
할 것이니라.
21 그리하여 너희들이 천국에서 사는 삶
으로,
22 죽음을 향하여 가는 그 길에서 악한
것을 갖고 죄를 지어 너희들의 목에
걸고 가는 것이 아니요, 선함을 가슴
에 안고 살아가는 그와 같은 백성으로
서 너희들이 하루하루를 다져 가 나에
게 오르라는 것이 나의 뜻임을 그리
알라.
23 나 여호와가 세상의 만백성을 상대로
하여 내가 너희들을 구원하고자 하지
아니하면, 어찌하여 이 160권의 대장
서의 법전이 나가며, 너희들이 세상을
상대로 싸우라 내가 그리하겠는가?
24 너희들은 너희들 자신이 한 사람, 한
사람이 초라하며 능력이 없으며 가진
것이 없으며 남을 설득할 수 있는 능
력이 없는 너희들이라 하여 세상을 상
대로 싸울 수 있는 그 힘이 없다 그리
말할 것이니라.
25 그러나 너희들은 그리 생각하지 말라.
26 너희들은 세상을 상대로 하여 만백성
을 구하는 것이요, 나의 법전을 전하
는 그 역사는 너희들이 다 믿음을 가
지고 있으며, 나 여호와가 존재함을
믿음으로 인하여 그 모든 힘이요, 모
든 기적의 역사가 이루어질 것이니라.
27 다만, 너희들이 나 여호와가 존재함을
믿는 그 힘 하나만 가지고 있다 하면,
이 세상을 상대로 싸우는 데 너희들이
조금도 부족함이 없으며,
28 수십억의 그 종교 집단들이 그 많은
물질과 그 많은 능력과 그들이 맹종하
는 그 무서운 속에서 너희들이 싸워
이길 수 있는 것은 믿음이니라.
29 너희들이 나 여호와가 존재함을 믿으
면 그 믿음으로써 너희들은 세계를 상
대로 싸워서 이기는 데 조금도 부족함
이 없음을 알아야 할 것이니라.
30 사랑하는 나의 아들딸 너희들은 들어
야 할 것이니라.
31 나의 아들이 그 무서운 죽음의 고통을
마다하지 아니하며 너희들과 똑같이

육의 고통의 아픔을 느끼는 그가 그
길을 간 것은 창조주 나 여호와가 존
재함을 확신했으며 내가 있음을 그는
알며 아버지가 존재함을 알기 때문이
니라.
32 너희들도 그와 같이 믿음을 갖고 따르
라.
33 예수가 목숨을 던져 나에게 순종하며,
내가 존재하는 것을 알고 내 뜻에 거
역하지 아니하고 따랐던 그 믿음을 너
희들이 갖고 있으면 너희들이 세상을
상대로 해서 싸움에 조금도 두려움이
없음을 알 것이니라.

5,029 번째 하나님 말씀

2003년 2월 16일 07시 43분

1 사랑하는 나의 아들아!
2 "네, 아버님! 말씀하옵소서."
3 내가 존재함을 굳건히 믿으라 하였음
이니라.
4 그리고 너희들이 나에게 와 심판을 받
는 것을 굳건히 믿고 나를 사랑하라
하였음이니라.
5 그러나 너희들은 육의 향락의 즐거움
의 그 순간에 너희들은 과연 무엇을
생각하는가?
6 나 여호와가 존재함을 생각하는 그
마음이 강한가, 그렇지 않으면 육의
향락을 위해 너희들의 마음이 뺏기는
것이 더 소중한가?
7 이 갈림길에 서 있을 때 너희들은 나
여호와가 존재한다는 그 마음을 머릿
속에서 지우며 너희들의 가슴속에서
지움이니라.
8 너희들이 그리 나를 지우기에 너희들
이 악을 행할 수 있으며 사악한 짓을
할 수 있으며 인간 육의 향락에 의해
무너지는 그와 같은 행위를 함이니라.
9 그 순간에 너희들이 나 여호와가 존재
한다는 것을 굳건히 믿고 가슴에 새긴
다면 너희들은 절대로 인간의 향락이
요, 즐거운 그것에 너희 자신을 팔지
아니하며 너희들 자신이 무너지지 아
니할 것이니라.
10 너희들이 모든 악의 마음으로부터 무
너지는 것은 나 여호와가 존재함을 굳
건히 믿지 못하여 너희들의 머릿속에
서 나를 순간에 지워 버리니, 나를 믿
는 마음이 약함이니라.
11 너희들이 훈련과 훈련을 거듭하여 너
희들의 몸을 단련시킨다면, 그 육은
의식적으로 너희들이 훈련받은 것을
유사시 그와 같은 행동으로 스스로 하
게 되어 있음이니라.
12 너희들이 나 여호와가 존재함을 마음
과 가슴속에 굳게 심고 다져 놓으면
어떠한 상황에서도 내가 존재함을 알
게 됨이니,
13 내가 존재함을 굳건히 믿고 있는 그
마음으로써는 어떠한 사악한 유혹에
도 넘어지지 않으며, 순간에 인간의
향락을 위하여 너희들 자신을 무너트
리고 던지는 그러한 행위는 하지 아니
하며 할 수가 없음이니,
14 그리하여 너희들의 마음을 내가 좁쌀
보다도 더 작게 아름다운 쪽으로 다스
리라 하는 뜻이 여기에 있음이니라.
15 너희들이 악을 행하며 인간의 향락을
즐거워하는 그와 같은 행위를 하는 것

은
16 너희들이 순간적으로 나를 지워 버리
며, 의식적으로 나를 생각하지 아니하
며, 나를 멀리하며 내가 존재하는 것
을 너희들의 가슴과 머릿속에서 지워
버리고 있기 때문이니,
17 그 죄가 얼마나 무서운 것인가를 아는
가?
18 이제 나 여호와가 존재함을 항상 가슴
에 안고 나의 은혜에 감사하는 마음으
로 너희들이 나를 사랑하는 마음으로,
이 세상의 그 무엇보다도 나 여호와를
사랑하는 마음이 있다면,
19 사랑하는 사람의 마음을 아프지 아니
하게 하는 것이 너희들이 진정한 사랑
이라 하였으니,
20 나 여호와의 가슴을 울리는 행위를 하
지 말라, 사랑하는 나의 아들딸들아!
21 너희들이 나를 진정으로 사랑하며 너
희들이 나에게 가슴 아픈 일을 할 때
나 여호와가 운다 하였음이니라.
22 그러니 너희들이 진정으로 나를 사랑
하는 자라면 너희들이 나를 울리는 그
와 같은 행위를 할 때 너희들의 가슴
은 얼마나 아프겠는가?
23 너희들의 가슴이 칼로써 너희 살을 도
려내는 그보다도 더 아픔을, 사랑하는
나 여호와를 울리는 행위를 할 때 너
희들의 마음이 그와 같이 아프고 저림
을 너희들이 스스로 알 것이니,
24 너희들의 가슴이 아픔을 알며 나 여호
와의 가슴 아픔을 안다 하면, 사랑하
는 사람과 영원히 손을 놓고 헤어질
때 너희들의 가슴이 얼마나 아프던가?
25 그보다 더 저리는 것이 나 여호와의
마음이요, 너희들의 마음이니, 그러니
너희들이 잘못했을 때 내가 아파하는
가슴의 그 상처를 생각하며 너희들이
또 느끼는 그 상처의 아픔을 같이 느
낀다면,
26 너희들은 감히 두 사람이 서로 우는
행위는 하지 아니할 것이며, 두 사람
이 얼굴 붉히며 두 사람이 부끄러운
행위는 정녕 하지 아니할 것이니라.
27 너희들 자신이 잘못 살아와서 가슴 아
픈 것도 너희들의 마음의 아픔이 상처
가 클 것이며, 가장 사랑하는 사람이
잘못 살아갈 때 잘못 행동을 할 때, 그
를 바라보는 사랑하는 사람의 마음이
얼마나 아플 것인가?
28 너희들은 잘못 가면 아니 됨이니라.
29 그리하여 나 여호와를 사랑하는 마음
을 너희들이 가지라 하였음이니, 너희
들이 나를 지극히 사랑할 때 나를 울
리는 행위를 아니 할 것이며 스스로
너희들이 부끄러운 행위를 아니 하는
백성으로 변할 것이니 그리 알라, 사
랑하는 나의 아들딸들아!
30 사랑하는 사람이 바라보고 있음을 알
라.
31 사랑하는 사람을 실망시키지 말라.
32 사랑하는 사람을 너희들이 잘못함으
로 울리지 말라.
33 너희들이 나를 실망시키는 것, 내가
해서는 안 된다는 것을 행하는 것, 그
것이 나 여호와를 울리고 가슴 아프게
함이니, 그를 생각하며 살라.

5,030 번째 하나님 말씀

2003년 2월 16일 07시 49분

1 사랑하는 나의 아들아!
2 "네, 아버님! 말씀하옵소서."
3 모든 나의 사랑하는 백성이 지금 나를
찾고 나를 부르짖으며 나에게 오르고
자 아니하는가?
4 그러나 지금의 종교 집단의 모든 백성
은 그 집단의 우두머리요, 그 지도자
들이 너희들 인간의 삶에 모두를 다
맞추며 너희들이 신격화되어 그리 착
각 속에 그들을 이끌고 가니,
5 너희들이 잘못 가고 있는 것을 바라보
는 나 여호와의 마음이 얼마나 아프고
가슴이 저리겠는가?
6 나에게 오르는 길이라 하여, 하늘에
오르는 길이라 하여 너희들이 지금 나
의 피조물 만백성을 유혹하여 이끌고
가는 그 길이 지옥으로 가는 길이니,
7 너희들이 정녕 나에게 오르는 길을 온
다면 나 여호와의 기쁨은 이루 말할
수 없음이나,
8 너희들이 나의 사랑하는 모든 백성을
이끌고 가는 것이 지옥으로 가는 길을
달려가고 있으며,
9 나를 보지 않으며 나의 뜻을 따르지
않으며 내가 내린 십계명에 너희들이
순종하며 그를 지키고 살아가려 하지
아니하니,
10 그와 같이 나와는 전혀 관계도 없는
길로 달려가는 너희들을 바라보는 창
조주 어버이인 나의 마음이 과연 어떠
하던가?
11 이는 너희들의 마음과 육신에 크나큰
상처를 입는 것보다 더 고통스러운 아
픔을 나에게 주는 것이며, 내가 그와
같은 고통을 받고 있다면 너희들은 알
겠는가?
12 너희들은 나에게 너무나도 큰 상처를,
너희들의 육에서 칼로 살점을 도려내
는 그보다도 더 아픈 상처를 주고 있
다는 것을 알아야 할 것이니라.
13 어찌하여 너희들은 백 년도 안 되는
육의 삶에서 너희들이 목적하는 것,
그리고 역사하는 것을 위해서는 모든
것을 다 바쳐 죽기 아니면 살기로 노
력하면서, 너희들이 가장 위대하고 소
중한 것을 얻고 구하는 데는 그리도
소홀히 하는가?
14 내가 너희들에게 전함이니, 나의 법전
대로 살라, 그리고 나의 계명대로 살
라 하는 것이 너희들이 손해 가는 것
이 무엇이 있으며, 너희들이 손해 보
는 장사라 그리 생각하는가?
15 나 여호와가 내린 계명대로 사는 것,
내가 내린 나의 법전대로 사는 것, 너
희들이 아름답고 곱게 살라 함이니,
16 너희들이 무슨 상처를 입으며 너희들
이 무슨 손해를 보는가?
17 장사하는 자 손해 볼 수 없다 하듯이,
너희들이 나를 믿으며 나를 경배하며
따르는 것이 무엇이 손해던가?
18 그보다 값진 장사요, 그보다 더 값진
것은 너희들의 삶에서 없거늘, 어찌하
여 그를 소홀히 하며 그를 너희들이
함부로 생각하며 그를 기억하고 살지
않는가?
19 너희들은 어찌하여 그리도 우매하더
냐?

20 백 년도 안 되는 육의 삶을 위하여 너
희들이 무엇을 이루고자 하는 그것이
아니라, 영원히 사는 너희들의 삶을
위하여 노력하는 것이 얼마나 값지고
위대한 것인가를 너희들은 스스로 그
판단력이 없음이니 그 깨달음을 알라.
21 너희들이 나의 법전이요, 나의 계명대
로 살고자 노력하는 것은 너희들이 절
대 손해 가는 장사가 아니며 억울한
것이 아님을 알라.
22 그보다 더 위대하고 값진 장사는 없거
늘, 어찌하여 너희들은 아무런 이해관
계도 없는 그와 같은 곳에 그리도 연
연하고 사는가?
23 너희는 이 세상을 아름답게 살 수 있
는 사랑을 가지라.
24 그리고 이 세상을 아름답게 볼 수 있
는 사랑을 실천하는 그것이 너희들이
하늘에 오르는 길이며 너희들이 나에
게 오는 길을 위하여 달려가는 것이니
라.
25 이 세상 모든 것을 아름답게 보고 살
아가는 그 넓은 가슴의 사랑을 갖도록
그리하라.
26 그리고 나의 피조물 만백성은 서로 경
원시하며, 같은 믿음을 가지 아니한다
하여 짐승을 보듯 하는 그와 같은 마
음을 갖지 말라.
27 그 마음을 가지고 있는 한 너희들은
가슴을 열지 아니하며 사랑이 없음이
니, 너희가 하나가 될 수 없음이니라.
28 너희들은 너무나 사랑함에 인색함이
니라.
29 그리고 너희들은 말로써 사랑이 풍족
하나 행함에는 너무나 인색함이니라.
30 내가 뭐라 하였느냐?
31 육은 서로 죽음을 향하여 달려가는 동
반자라 하였거늘, 어찌하여 죽음을 향
하여 가는 너희들이 그리도 인색하고
인정이 없으며 사랑이 없는가?
32 사랑이 나에게 오는 길이요, 천국으로
가는 길이요, 사랑이 없는 것은 지옥
으로 가는 길이라 하였음이니,
33 죽음을 위해 가는 너희들이 똑같은 동
반자들 속에서 어찌 서로 위로하고 사
랑하는 그 마음을 갖지 못하는가?
34 그것만이 너희들이 나에게 오르는 길
이며, 나를 가장 기쁘게 해 주는 너희
들의 삶이라는 것을 잊지 말라.

5,031 번째 하나님 말씀

2003년 2월 16일 07시 57분

1 사랑하는 나의 아들아!
2 "네, 아버님! 말씀하옵소서."
3 사랑하는 나의 백성 너희들을 창조한
나 여호와이니, 너희들이 이 세상에
살아가는 그것이 천국에서 사는 삶을
지상의 천국에서 살지 못하며 지상의
지옥에서 살아간다 하면, 너희들을 창
조한 나 여호와에게 너희들에 대한 그
책임이 있음을 알아야 할 것이며,
4 그 책임의 한계는 너희들 모두를 다
아름답게 살다 나에게 오르는 그와 같
은 백성으로서 곱게 자라 줌이 곧 나
를 기쁘게 하며 나의 뜻이요, 나의 책
임을 다하는 것이니라.
5 너희들이 잘 가고 잘못 가는 그 모든
책임 또한 나 여호와에게 있음이니,
너희들을 바로잡고자 하여 내가 지금

나의 아들을 통하여 밤과 낮을 가리지
아니하고 이와 같이 나의 성령을 너희
들에게 내려보냄이니, 이를 너희들이
정녕 들여다보고 구원의 길을 얻도록
그리하라.
6 내가 너희들을 창조하여 세상에 내보
냈으니, 너희들이 내가 보낸 그 자리
에 돌아올 수 있는 것은 나 여호와의
책임이 또 큼이니라.
7 그리하여 내가 너희들에게 재앙으로
다스리지 아니하며 내가 이와 같이 아
름다운 나의 뜻을 전하여 너희들이 스
스로 깨우치는 그 역사를 이루고자 하
는 것이 나의 뜻이거늘,
8 그리고 내가 세상에 너희들을 내보냈
으니, 너희들이 천국과 같은 아름다운
속에서 살도록 그 길을 열어 줌이 나
여호와의 뜻이니라.
9 그리하여 앞으로 내가 지상의 천국을
만들어 내가 보낸 나의 피조물 만백성
너희들이 그 지상의 천국에서 살게 하
고자 하는 것이 나의 뜻이니 그리 알
라.
10 너희들이 바르게 살지 못한다면, 나의
계명을 접어 두고 역행하며 순종하지
아니하고 살 때 너희들의 그 뜻을 내
가 바로잡아야 할 것이며,
11 그를 가르쳐야 하며 나의 뜻을 알도
록 너희들을 가르치는 것이 나의 책임
이며 나 여호와가 또한 해야 할 일이
니,
12 이를 위하여 너희들을 오늘 내가 다스
리고자 하는 나의 뜻을 깊이 너희들이
깨달아 알도록 하라.
13 그리하여 모든 책임을 지는 나 여호
와며, 너희들이 바로 살아가도록 하는
것이 나 여호와이니,
14 너희들이 잘못 살아가는 것을 바라볼
때 나 여호와의 마음이 무거우며, 너
희들이 사악한 마음을 가지고 살아갈
때 나 여호와의 가슴이 무거우니,
15 나의 가슴이 아파져 오는 이 사실을
아는가?
16 너희들은 모르고 살 것이니라.
17 모든 책임을 지고 있는 나 여호와가
너희들이 나를 거역하며 사탄의 자식
으로서 흘러들어 갈 때 그를 보는 내
마음이 너무나 아프고 저림이니라.
18 그 모든 것은 나 여호와의 책임이요,
나 여호와의 잘못이 또한 거기에 있기
에, 너희들을 바로 세우고자 지금 이
와 같이 내가 나의 가슴을 태워 새로
운 성령을 너희들에게 내려보낸 뜻이
거기에 있음이니,
19 내가 너희들을 얼마나 사랑하며 소중
히 생각하는가?
20 내 마음을 너희들은 알아주기를 바라
느니라.
21 나 여호와가 존재함을 의심할 때, 너
희들이 나에게서 멀어지는 것이며 너
희들이 나의 뜻을 거역하게 되는 것을
알아야 할 것이니라.
22 너희들이 내가 존재함을 의심하며 항
상 생각하지 아니할 때, 너희들과 나
는 서서히 멀어짐이니, 그와 같은 형
국으로 살아가는 너희들을 볼 때 나
여호와의 마음이 얼마나 고통스러운
가를 너희들이 정녕 한번 생각해 볼
수는 없는가?
23 나에게 와야 하는 그 길을 버리고 너

희들이 죽음의 길로 간다면 어떠하겠
는가?
24 너희들이 마셔야만 병마에서 일어날
수 있는 그와 같은 소중한 약을, 자식
이 다려 부모에게 전했을 때 그 부모
가 자식이 효도함을 의심하며 그 약을
의심하며 그를 뿌리친다 하면, 그를
보는 자식의 마음이 얼마나 천 갈래
만 갈래 찢어지겠는가?
25 그리하여 그 부모는 결국 그 약사발을
뿌리침으로 생명이 죽어 가는 것을 모
르고 있음이니,
26 부모가 그 자식의 정성을 의심하여 그
가 병마를 치료할 수 있고 구원할 수
있는 약을 정성껏 달여 바치는 그것을
엎어 버리는 부모의 마음이라면, 그
자식의 마음이 얼마나 아프겠는가?
27 지금 그보다 더한 것이 나 여호와의
찢어지는 아픔이니라.
28 천 갈래 만 갈래 찢어지는 나의 아픔
이니,
29 내가 너희들을 구원할 수 있으며 나에
게 오를 수 있는 나의 법전을 책이라
하여 글로 만들어 너희들이 읽고 깨우
치도록 세상에 내려보내거늘, 너희들
이 이를 보지 아니하니 내 마음이 그
리 아프니라.
30 사랑하는 나의 백성들아, 나 여호와의
뜻에 따라 기도하며 깨닫고 변하는 너
희들은 될 수는 없겠는가?
31 너희들은 지금 그와 같은 길을 가야
할 것이니라.
32 지금 많은 백성이 나 여호와의 뜻이
요, 나의 계명이요, 율법에 따라 기도
하고 깨달으며 천사와 같은 마음으로
변하는 백성이 과연 얼마나 있다 생각
하는가?
33 육의 삶의 향락을 위해 모두를 다 바
치며 나 여호와가 존재함을 수시로 순
간순간에 지워 버리며 필요한 대로 너
희들이 그를 지우고 사는 것이 아니던
가?
34 너희들은 평소에는 나 여호와가 존재
함을 믿으며 나를 부르짖고 사느니라.
35 그러나 육의 향락을 위하여 너희들이
무엇인가를 얻고 잃을 때, 불의한 것
을 이룰 때는 나를 순간에 지워 버리
며, 나쁜 행위를 할 때도 나를 순간에
지워 버리고 그와 같이 편리하게 나를
생각하고 살아감이니,
36 그것이 바로 너희들이 지옥으로 가는
길임을 잊지 말라.
37 진정한 길을 위하여 가는 자 지금 이
세상에 없음이니라.
38 너희들이 그 어렵고 힘든 길이라 하여
가다 중도에 쓰러지며 포기하며 모두
를 다 버리고 그리 가니,
39 끝까지 그 어렵고 힘든 길을 가는 백
성이 없음이니, 진정한 그 길은 어렵
고 힘듦이니라.
40 하늘에 오르는 길은 좁기에 너희들이
힘듦이니라.
41 그리하여 중간에 다 포기하며 다 도망
가는 나의 백성이니,
42 이제는 너희들이 중도에서 포기하며
용기를 잃는 그와 같은 백성이 되지
말라.
43 나의 아픔을 너희들은 알아야 할 것이
니라.
44 그리하여 너희들이 바로 서고 완벽한

나의 백성의 지도자로 서서 길을 잃고
헤매는 나의 수많은 백성을 인도하고
깨우치는 그 대명을 이루는 데 오늘
선택된 나의 백성 너희들이 주저하지
말라.
45 내가 너희들을 사랑함이니라.

5,032 번째 하나님 말씀

2003년 2월 16일 13시 06분

1 사랑하는 나의 아들아!
2 "네, 아버님! 말씀하옵소서."
3 나의 법전을 읽고 깨우쳤다고 말하며
나의 강론을 직접 듣는 백성 너희들이
변하고 또 변했다 그리 말하나,
4 때로는 너희들이 다른 사람과 똑같은
그와 같은 행동을 할 때는 과연 너희
들이 변했다 생각할 수 있겠는가?
5 어렵고 힘든 고비에서 인간의 그 본질
이요, 본성이 나온다 하면, 과연 너희
들이 변했다 말할 수 있는가?
6 아무것도 변한 것이 없음이니라.
7 이는 곧 나 여호와가 존재함을 너희들
이 확실히 믿지 못하는 그와 같은 형
태에서 이루어지는 것이니, 너희들의
마음을 어찌 다스려야 하는가?
8 어떠한 상황에서도 너희들의 마음이
흔들려서는 안 되며, 어떠한 환경에
처해 있다 하여도 너희들의 마음이 변
화되며 너희들의 감정을 표출하는 그
와 같은 형국으로 가서는 절대로 아니
되는 것이니라.
9 어떠한 환경이든, 어떠한 긴박한 상황
에서도 너희들이 나를 잊지 아니하고
나를 믿는 자라면 남이 봐서 해서는
안 되는 그와 같은 행위를 할 수 없으
며 그와 같은 행동을 할 수 없음이니
라.
10 너희들이 캄캄한 밤중에 하는 것도 내
가 다 알고 있으며 보지 않는 것이 없
다 하였거늘, 아무리 너희들이 그와
같은 이야기를 수백 번, 수천 번 들으
면 무엇하는가?
11 너희들이 캄캄한 밤에 나 여호와가 보
지 아니할 것으로 생각하여 나쁜 짓을
하며 죄를 짓고 사악한 행위를 한다
하면 과연 너희들은 깨달은 것인가,
깨우침의 길을 가고 있는 백성인가?
12 아무것도 이루어진 것이 없으며, 아무
것도 행해진 것이 없는 것이 너희들이
니라.
13 그러니 그 길을 가는 것이 그렇게 힘
들고 어려운 것이니라, 나의 아들아!
14 그리하여 너희들이 그 길을 가는 것이
선택되었으며 너희들이 아니면 누구
도 이 어렵고 힘든 길을 갈 수 없음이
니라.
15 능력이 있는 자, 권력이 있는 자, 너희
들이 한순간은 나의 뜻이 두렵고 나의
말이 두려워 나의 성령으로 기록되어
내려가는 나의 법전의 그 내용이 두려
워 너희들이 지킬지 모르나,
16 한 달, 두 달이요, 1년, 2년, 이와 같이
세월이 흘러간다면 너희들은 퇴색되
며 환경에 젖어들며 부귀와 영화요,
권력에 나를 잊게 됨이니라.
17 그리하여 그들로서는 나로부터 선택
된 완벽한 제자요, 백성으로서 바로
갈 수가 없음이니, 그리하여 너희들이
선택되었으며 너희들만이 할 수 있음

을 알라.
18 나 여호와가 이루고자 하는 것은 이루
어지지 아니하는 것이 없듯이, 내가
하고자 하는 것이 아니 되는 것이 없
으니,
19 내가 하고자 하는 것이 무엇이 잘못된
것이 있겠는가?
20 오로지 너희들이 선택된 것은 그와 같
은 역사를 할 수 있으며 그 길을 갈 수
가 있으며 내 뜻을 따라 행할 수 있기
때문에 선택되었음이니,
21 이를 너희들이 주저하지 말며 의심하
지 말라.
22 너희가 아니면 누구도 갈 수 없는 길
이니라.

5,033 번째 하나님 말씀

2003년 2월 16일 13시 10분

1 사랑하는 나의 아들아!
2 "네, 아버님! 말씀하옵소서."
3 나의 법전을 읽고 깨우친 백성이요,
너를 따르는 제자, 선택된 나의 백성
이 지금 자신을 제물로 바쳐 만백성을
구하는 길을 간다 하면, 과연 그 길을
갈 수 있으며 그 길을 역사할 수 있겠
는가?
4 과연 너의 제자들이 몇 명이나 만백성
을 구하고자 자기 자신을 제물로 던
질 수 있다 생각하는가?
5 너희들은 그와 같은 역사를 이룰 수
없을 것이니라.
6 그러나 나의 아들 예수는 그 길을 선
택했으며,
7 저 자신을 제물로 바쳐 나의 피조물
만백성 너희들을 바로 깨우치며 하늘
에 오르는 길로 인도하고자,
8 그리고 사랑이 무엇이며 진정한 사랑
이라는 것이 무엇인가를, 사랑은 봉사
와 희생이 따름을 만백성 너희들에게
깨우쳐 주고자 하여 예수는 그 어렵고
힘든 고통의 길을 주저하지 아니하고
그 길을 선택하여 갔음이니라.
9 너의 제자들, 나의 법전을 읽고 깨우
친 백성, 너희들은 나의 만백성을 구
하는 그 대명을 받은 자들로서,
10 너희들도 나의 아들 예수처럼 그와 같
이 너희 자신을 제물로 바칠 수 있는
그와 같은 마음의 형태가 아직은 굳어
지지 아니하였으나,
11 너희들은 나의 백성을 위하여 언젠가
는 스스로 자신을 주저 없이 던져 너
자신이 제물로 될 수 있는 그 길을 갈
수 있을 것이며 변화된 백성으로 갈
수 있는 자이기에 나로부터 선택된 자
임을 너희들은 알라.
12 그러니 너희들은 두려워하지 말며 겁
먹지 말라.
13 너희들이 그와 같이 너희 자신을 제물
로 바쳐 만백성을 구하는 길을 갈 수
있을 때는 그만큼 믿음이요, 경지가
높아져 있으며 깨달음의 한계가 높아
져 있으니,
14 너희들은 그를 고통이라 생각하지 아
니하며 너희 스스로 나에게 오는 길을
선택하여 너희들이 만백성을 구하는
데 자신을 던질 수 있는 완벽한 준비
가 되어 있는 나의 선택된 백성으로
굳게 서 있을 것이니,
15 너희들이 오늘에 대하여 불안해하며

겁먹으며 두려워하지 말라.
16 그와 같은 세월이 지나며 깨우침의 시
간이 흐름으로 인하여 점점 무너져 나
태해지는 것이 아니라, 더 굳고 굳어
진 그 믿음 속에서 자신의 모든 것을
다 던져 만백성을 구원하는 그 역사를
할 수 있는 많은 너의 제자들이 이 세
상에 태어날 것이니,
17 그들로 해서 새로운 역사는 이루어질
것이며 하늘에서 이루어진 것같이 지
상의 낙원이 그리 이루어진다는 것을
알라.
18 이 세상이 죄악으로 물들어져 있으며
다 썩어져 가고 있음이니,
19 그 속에서 오로지 너희들이 바로 서며
이 모든 것을 다 버릴 것 버리고, 구할
것 구하는 그와 같은 대명을 맡은 자
들이니라.
20 그러니 너희들 이외는 그 누구도 할
수 없음을 알며, 지금 불안해하며 겁
먹으며 너희들 자신이 미약하고 용기
가 없어 이루지 못할 것 같으나,
21 너희들이 그 역사를 다 이룰 수 있으
며 행할 수 있는 백성임을 잊지 말며
주저하지 말라, 사랑하는 나의 아들딸
들아!

5,034 번째 하나님 말씀

2003년 2월 16일 13시 16분

1 사랑하는 나의 아들아!
2 "네, 아버님! 말씀하옵소서."
3 너희들은 육의 삶의 세상이 영원히 지
속될 것이라 생각하며 너희들의 생명
은 이 세상에서 영원히 사는 것같이
그리 생각하며 그 착각 속에서 하루하
루를 살아감이니라.
4 그리고 나에게 받은 그 생명의 삶을
다 마치고 나에게 와 심판을 받는다는
그와 같은 생각을 한다면, 오늘의 삶
을 뒤돌아보는 그와 같은 삶을 살 것
이나,
5 그와 같은 엄연한 사실을 잊어버리며
착각 속에서 그를 망각하고 사는 것이
너희들이니라.
6 이제 나의 법전을 읽고 깨우친 백성
너희들은 가슴에 간직하고 깨우쳐야
할 것이 있느니라.
7 너희들의 생명은 이 세상에서 잠깐 스
쳐 가는 그와 같은 삶밖에 아니 되며,
이 지구의 역사에 비하면 영원히 존재
하는 것이 아니니라.
8 이 지상에 와서 잠깐 스쳐 가는 그와
같은 인생의 삶이니, 그 속에서 사는
너희들이 어찌하여 그 웃지 못할 삶을
지금 살아가는 것인가?
9 그를 바라보는 나 여호와의 마음이 그
리도 아픔이니라.
10 너희들은 육의 세상의 지구의 역사에
비하면 잠깐 켜졌다 꺼지는 라이터 불
과 같다 내가 하였음이니, 너희들이
그 짧은 삶을 위하여 가장 소중한 것
을 버리고 잊어버리고 살아가고 있음
이니, 얼마나 바보스러운 삶인가?
11 너희들이 살아가는 그 모습 자체가 나
여호와가 볼 때 웃지 못할 형국에서
너희들이 벗어나지 못하고 있음이니
라.
12 영원히 사는 영혼이 구원받는 길을 위
하는 것이 아니요, 잠깐 스쳐 가며 지

워지는 그 육의 삶을 위하여 모두를 다 바치며 그것에만 연연하고 사는 너희들의 모습이 내가 보기에 너무나 안쓰럽고 답답하니,
13 나의 마음을 너희들에게 전하며, 영원히 사는 길과 육으로 사는 그 엄연한 사실을 구분 짓도록 너희들을 깨우치고자 하여 내가 상세히 나의 법전에 기록하여 전함이니,
14 이를 보고 너희들이 깨우쳐야 할 것이니라.
15 이와 같이 내가 너희를 깨우치려 책으로 전하여 내리는 것을 보지 않는다면 너희들은 얼마나 어리석고 바보스러운 그 삶을 위하여 너희들의 소중한 육의 그 삶을 살아가고 있는가?
16 그것을 너희들은 알아야 할 것이니라.
17 나의 백성 너희들이 얼마나 부끄럽고 얼마나 단순한 백성이며 미래를 보지 못하는 백성이던가?
18 그저 당장 배가 고프며 한 끼의 끼니가 필요할 때는,
19 보이지 않는 미래의 위대한 것은 생각지 아니하며, 그것을 다 죽 한 그릇과 바꾸어서 포기할 수 있는 그와 같은 생각을 하며 단순한 마음에서 사는 것이 나의 백성 너희들이니라.
20 보이지 않는 미래에 투자할 줄 모르며,
21 보이지 않는 미래를 위하여 연구하고 생각하는 것이 아니요,
22 보이지 않는 미래의 영광을 보지 못하고 당장 배가 고픈 자, 죽 한 그릇에 미래에 이루어질 그 모든 것을 다 포기하는 어리석은 삶을 사는 것이 나의 백성 너희들이니라.
23 그와 같이 어리석은 삶을 사는 너희들이야말로 불안과 공포에서 벗어나지 못하며, 삶의 초조한 마음을 털어 버리지 못하는 것이니라.
24 그러한 너희들의 마음을 악용하는 것이 바로 무엇인 줄 알겠는가?
25 너희들의 미래에 이루어지는 역사의 그 위대함을 생각하지 못하며 영원히 사는 천국이 있음을 생각하지 못하며 기억하지 아니하고 살기에,
26 너희들이 육에 연연하는 그와 같은 삶이요, 앞만 보고 살아가는 그것밖에 모르며 오늘을 위하여 살아가는 그 삶이니,
27 오늘이 지난 다음을 모르고 내일을 깨닫지 못하여 불안과 초조한 마음으로 매일 살아가는 그 백성의 마음을 악용하여 너희들을 이끌어 가 저희 종교집단의 구성원으로 끌어감이니,
28 그 순간부터 너희들은 구원이 아니요, 지옥으로 간다 내가 그리 말하였음이니라.
29 불안과 초조한 마음을 가지고 있는 너희들을 끌어들이는 그들이 진리와 참뜻을 가는 것이 아니요, 나와는 전혀 관계도 없는 멀고도 먼 그와 같은 길을 가니,
30 이를 내가 보고만 있을 수 없어 지금 나의 아들을 통하여 새로운 성경이요, 법전이요, 너희들을 심판하는 마지막 시대를 상세히 그려 너희들에게 전함이니,
31 이를 보고도 깨우치지 못하면 아니 될 것이니라.
32 이를 보고 너희들이 바로 서며 깨우침

을 얻도록 그리하라.

5,035 번째 하나님 말씀

2003년 2월 16일 13시 22분

1 사랑하는 나의 아들아!
2 "네, 아버님! 말씀하옵소서."
3 내가 너희들에게 뭐라 전하였던가?
4 겸손하며 겸허한 자세로 인생을 살아 달라 하였음이니라.
5 너희들은 나로부터 높은 지혜를 받았으니 만백성을 위하여 살아가는 가장 낮은 자요, 나 여호와의 뜻을 따라 행하며 축복과 영광과 은혜를 받은 만큼 모든 동식물 중에서 가장 겸허하고 겸손한 마음으로 살아가라 내가 그리 말하고 가르쳤음이니라.
6 나의 이 뜻을 받아들여 그리 행하여야 할 것을 잊지 말라.
7 그러나 너희들의 오만이 극치에 달하였으며, 너희들의 능력이요, 가지고 있는 재능이요, 그 모두가 세상을 다 바꿔 놓을 것같이 너희들이 그리 생각하며,
8 이 우주의 역사를 다 바꿔 놓을 수 있다는 그와 같은 자만과 오만에 젖어 있는 것이 나의 백성 너희들이 지금 가지고 있는 자세이니라.
9 그러나 너희들은 여기서 하나 깨우쳐야 할 것이니라.
10 다른 백성이 어떻게 살아가든 나로부터 선택된 백성이요, 나의 법전을 읽고 깨우친 백성 너희들은 '여호와 하나님의 뜻대로 하옵소서.' 하는 그와 같은 마음의 자세로 기도하며,
11 그와 같은 생각으로 살아가는 것이 얼마나 소중한가를 알아야 할 것이니라.
12 '전지전능하신 여호와 하나님! 저 자신을 아버님 뜻대로 하옵소서.
13 저 자신은 존재하지 아니하며 오로지 아버님 뜻에 따라 아버님에 의하여, 아버님의 역사를 위하여 제가 존재하옵나니, 아버님 뜻대로 모든 것을 하옵소서.'
14 그와 같은 겸허한 자세로 기도하며 하루하루를 살아가야 함을 잊지 말라.
15 그와 같은 마음으로 살아가는 것이 너희들이 가야 할 길이며 행해야 할 길임을 절대 잊어서는 아니 됨을 알라.
16 진실한 자세가 되었을 때 너희들은 나를 볼 수 있으며 나의 음성을 들을 수 있으며 나에게 원하는 그 모두를 얻을 수 있으며 이룰 수 있거늘,
17 어찌하여 너희들이 그와 같은 마음 자세로 살지 못하는가?
18 겸손하고 겸허한 자세로, '모두는 여호와 하나님의 것이니 아버님 뜻대로 하옵소서.' 오로지 그 기도하는 마음으로써, 진실한 사랑을 가지고 바로 살아가는 그와 같은 자세의 삶을 살게 되면 나를 보게 될 것이니라.
19 너희들은 걸치는 호화로운 옷에 감탄하며 남이 이루어 놓은 것을 보고 감탄하느니라.
20 그리고 너희들의 손으로 만든 어떤 기계의 움직임이요, 그 변화에 대해 감탄의 찬사를 보내며 그와 같이 너희들이 형용할 수 없는 모든 언어와 단어를 사용하여 그를 찬사 하며 그에게 아름다운 미사여구를 구사하는 것이

너희들이니라.
21 그러나 너희들은 나의 백성으로서 살
아가면서 나 여호와가 그와 같은 마음
이요, 그와 같은 언어를 가지고 살아
가고자 하는 것을 생각지 아니함이니,
22 너희들이 평소 살아갈 때 항상 그와
같은 마음의 자세로 살아가야 할 것이
니라.
23 아름답게 걸친 옷이요, 남이 기적의
역사를 이룰 때, 그와 같이 남이 무엇
을 만들어 냈을 때, 그를 보고 너희들
은 감탄함을 금치 못하나,
24 나 여호와가 모든 동식물이 하나의 오
차도 없이 이 세상에 존재하며 살아가
도록 하며 너희들이 모두를 취하여 살
아갈 수 있게 만든 나 여호와의 그 뜻
에는 감탄의 뜻을 전하지 못하며, 감
사하며 위대함을 모르고 사는 것이 너
희들이니,
25 이제는 자연의 움직임을 보고 너희들
이 나 여호와가 존재함을 알며, 내가
역사한 그 위대한 뜻을 들여다보는 그
와 같은 자세로써 너희들이 생각하고
세상을 볼 때 겸손하고 겸허한 마음의
싹이 틀 것이니라.
26 너희들은 그와 같은 마음의 자세로 살
아가야 함을 알 것이니라.
27 너희들은 이제 생각해야 하느니라.
28 인간이 만든 모든 것이요, 아름답게
옷을 걸친 그 모습에 경탄하는 것, 어
떠한 경탄을 하는 것도 그 외형으로
보이는 것만이 위대하다 경탄의 찬사
를 보내서는 아니 될 것이니라.
29 옷을 걸친 자가 아름답게 보일 때, 그
옷을 걸칠 수 있는 그 육체요, 그 형체
를 만들어 세상에 내려보낸 나 여호와
에 대한 경탄이요, 감사함을 먼저 느
껴야 할 것이거늘,
30 어찌하여 너희들은 겉의 외형에 대해
서는 그리도 감사하며 고마움을 느끼
며 그 위대함을 알면서,
31 나 여호와가 그 본체를 만들어 놓았으
며 내가 만든 그 형태요, 그 틀 위에
아름다움을 과시하고 보이며 변화의
역사를 이루거늘, 나 여호와의 그 위
대함에 너희들은 감탄의 경외를 표시
하지 못하며 그를 들여다보지 못하는
가?
32 내가 너희들에게 감탄의 인사를 받고
자 함이 아니요, 너희들에게 경탄의
인사를 받고자 하는 것이 나 여호와의
뜻이 아니니라.
33 다만, 세상의 어떠한 것도 내가 세상
을 지배하고 통제하여 역사해 놓은 것
보다 위대함이 없다는 것을 너희들이
좀 바라보고 깨우칠 수 있는 마음 자
세를 갖도록 하라는 나의 뜻이 여기
있음을 그리 알라.

5,036 번째 하나님 말씀

2003년 2월 16일 13시 28분

1 사랑하는 나의 아들아!
2 "네, 아버님! 말씀하옵소서."
3 사랑하는 나의 피조물 만백성 너희들
은 그리 말하느니라.
4 인간의 힘으로써 영원히 완전한 형태
로 살아갈 수 없으며, 창조주 나 여호
와가 원하는 그와 같은 아름다운 천사
와 같은 형태로 살 수 없다 그리 말하

며,
5 그리하여 심지어 열 손가락 안에 들어
가는 그 십계명 자체도 지키고 살 수
없다 고개를 흔들며 그와 같은 것은
인간은 도저히 할 수 없다 그리 생각
하느니라.
6 그래서 인간으로서는 그리 살아갈 수
없다 그리 말하며 너희들은 뭐라 말하
는가?
7 너희들의 모든 마음을 나 여호와가 잡
아 주며 이끌어 주는 그와 같은 형태
가 아니면 너희들은 천사와 같은 마음
으로 변할 수가 없다 그리 말함이니,
8 너희들은 여기서 그리 생각하지 말라.
9 너희들 스스로 그 길을 가고자 노력하
는 자, 그와 같이 노력하는 자와
10 나 여호와가 너희들을 이끌어 주고 잡
아 주어야만 바로 설 수 있으며 천사
가 될 수 있다 생각하는 자와는
11 하늘과 땅의 차이가 있음을 너희들이
알아야 할 것이니라.
12 인간의 노력으로써 이룰 수 있다 하여
피나는 노력을 하는 그 백성과,
13 세월만 기다리며 나 여호와가 선택하
여 기적의 역사요, 은혜요, 은사를 내
려 주기 바라는 그와 같은 백성,
14 전자의 백성은 변하여 내가 기억하며
너희들이 노력하는 만큼 내가 받아들
일 것이나,
15 후자의 나의 능력을 기다리며 내가 역
사하기만 기다리는 백성은 영원히 변
할 수 없으며 내가 너희들에게 역사하
지 아니함을 알아야 할 것이니라.
16 나 여호와는 너희들을 알고 있음이니
라.
17 그리고 너희들이 살아가는 생각이요,
너희들이 살아가는 방법이요, 그 모두
를 내가 알고 있음이니,
18 너희들의 능력이 얼마가 있는데 그 능
력 이상으로써 너희들이 최선을 다하
고 노력했느냐에 따라서 내가 중요하
게 그를 심판하며 상을 내리고 안 내
림은 내가 거기에 따라서 결정한다 하
였음이니라.
19 너희들이 얼마만큼 노력하느냐가 중
요함이니라.
20 너희들이 변화되고 나의 뜻대로, 나의
명대로, 나의 계명대로 살아가고자 노
력하고 노력하는 그 속에서 너희들은
나로부터 모두를 얻게 되며 이루어진
다는 것을 잊지 말라.
21 이와 같은 나의 이치요, 나의 뜻을 너
희들은 알아야 할 것이니라.
22 또한 너희들이 인간 세상에 살아가면
서 너희들로서는 넘지 못하는 선이 있
으며 넘지 못하는 한계가 반드시 있느
니라.
23 너희들이 말하듯이 너희들 스스로 천
사요, 나 여호와의 심성과 같이 살 수
없다는 그와 같이 너희들이 넘을 수
없는 한계가 있다 그리 말하듯이 너희
들이 넘지 못하는 그 한계가 있는가
하면,
24 너희 인간이 넘어서는 안 되는 선이
또한 있음을 너희들은 알아야 할 것이
니라.
25 너희들이 넘어서는 안 되는 한계의 선
이 안에 그어져 있음이니, 너희들이
그 선을 넘는 것은 또한 추락함이니라.
26 너희들이 하늘에 오르는 길의 그 한계

의 선을 넘을 수도 없으며 넘어서 나
에게 올 수 없다 말하듯이, 너희들은
아래로 추락하는 넘어서는 안 되는 그
선이 있거늘,
27 그 선을 넘고 살아가는 것이 지금 종
교 집단 너희들이 가고 있는 형태이니
라.
28 너희들이 넘어가서는 안 되는 그 선은
무엇이던가?
29 너희들이 평범한 인간의 삶의 기준 그
대로 산다 하면, 너희들이 절대 넘어
서는 안 되는 추락의 선을 넘지는 않
는 것이니라.
30 그러나 나의 이름이요, 나의 아들이
요, 우리 부자의 이름을 팔아 장사하
는 지금의 종교 집단이요, 지도자들이
야말로 어떠하던가?
31 그들은 절대로 넘어서는 안 되는 그
선을 넘어 그들이 추락하고 있으며 지
금 지옥으로 달려가는 것이 그들이
넘어서는 안 되는 선을 넘는 삶을 살
고 있는 것이니라.
32 인간으로서 넘어서는 안 되는 선을 넘
고 넘었을 뿐만 아니라 너무도 멀리
가 있는 지금의 형국이니라.
33 모든 종교 집단이요, 믿음이요, 구원
을 받는 길을 간다는 그 백성이 믿으
로 넘어서는 안 될 그 선을 넘어 너무
나 멀리 추락해 있는 그와 같은 형국
이니 이를 어찌하겠는가?
34 그와 같은 너희들의 모습을 바라보는
내 마음이 얼마나 아프던가?
35 이제 넘어서는 안 되는 그 추락의 선
을 넘은 그 백성을 너희들이 바로잡아
이끌어 구원의 길로 올라야 할 것이며,
36 그들이 그 선을 다시 넘어 하늘에 오
를 수 있는 길을 달려오도록 그리하라.
37 그리하여 너희들이 최선의 노력을 다
했을 때 하늘에 오르는 그 넘지 못하
는 선을 나 여호와가 넘게 할 것이니,
38 너희들이 하늘에 오르는 길을 넘지 못
하는 선이 있는가 하면, 너희들이 절
대로 넘어서는 안 되는 선이 또한 그
어져 있음을 잊지 말라.

5,037 번째 하나님 말씀

2003년 2월 16일 13시 34분

1 사랑하는 나의 아들아!
2 "네, 아버님! 말씀하옵소서."
3 너희들이 평생 살아가면서 또한 시간
이 날 때마다 그리도 그 길을 가지 않
도록 하게 해 달라 말하며, 정녕 그 길
은 갈 수 없다 그리 말하며,
4 불안과 무서움이요, 공포에 떨며 두려
워하면서 그곳에는 가지 않도록 해 달
라 온갖 방법을 다 동원하여 나에게
기도하고 경배하며 너희들의 인생 전
부를 다 바치느니라.
5 그러면서도 너희들이 그리 두려워하
며 타서는 안 된다고 몸부림치는 그
지옥의 열차를 지금 타고 가고 있음이
니,
6 지금 가는 것이 잘못된 믿음이요, 종
교 집단 그들을 따라서 너희들이 그리
잘못 흘러가고 있음을 알아야 할 것이
니라.
7 너희들이 지옥으로 타고 가는 그 열차
가 잘못되어 전복된다든지, 탈선을 한
다든지,

8 어떠한 크나큰 사고라도 나서 그것이
멈추어 있어 너희들이 거기서 충격을
받고 사고 난 그 현장에서 깨달음을
얻어, 타고 가던 그 열차를 다시 타지
아니하며 천국의 길을 올 수 있는 그
와 같은 역사에 이르는 것도 아님이니
라.
9 차라리 너희들이 타고 가는 그 지옥의
열차가 사고라도 나 부딪쳐서 너희들
의 머리를 다치며 몸 일부분이 떨어
져 나가는 그와 같은 사고를 당한다
하여도,
10 너희들이 정신을 차려서 다시 살아나
올 수만 있다 하면 그 얼마나 영광된
길이겠는가?
11 그와 같은 순간에 너희들이 변화가 될
수 있다는 것은,
12 너희들의 육신은 일부 떨어져 나간다
하여도 영원히 사는 나의 나라에 올
수 있는 영혼의 구원을 받음이니, 그
보다 더한 축복이 어디에 있겠는가?
13 너희들이 지옥으로 달려가는 그 열차
요, 그리도 가서는 안 되며 그 길은 가
지 않도록 해 달라 애원하고 기도하며
평생 모두를 다 바쳐 기도했던 그 길
이 지옥으로 가는 너희들이 그리도 무
서웠던 길, 가지 않고자 했던 길이거
늘,
14 그 길을 달려가는 지금의 믿음을 가고
있음이니, 얼마나 너희들이 불안하고
불행한 길이더냐?
15 차라리 열차가 부딪쳐 사고가 나며
그가 뒹굴어 추락한다 하면 너희들이
그곳에서 정신을 차려 깨어날 기회라
도 있으련만, 그와 같은 사고도 없음
이니라.
16 지옥으로 이끌고 가는 그 열차의 운전
하는 그 기술자요, 그 종교 지도자들
이야말로 탈선하지 아니하며, 넘어져
전복되지 아니하며, 사고가 나지 않도
록 이중 삼중으로 그와 같은 준비를
해 놓고 사랑하는 피조물 나의 백성
너희들을 끌고 가고 있음이니,
17 사고가 난다 하여도 거기서 벗어날 수
없으며 또한 사고가 나지 않느니라.
18 절대로 날 수도 없는 것이 지금의 종
교 지도자요, 사악한 자들이 이끌어
가는 그와 같은 형국이니라.
19 그러니 너희들이 거기서 벗어날 수 없
는 것이니라.
20 너희들 스스로 몸을 날려 뛰어내리는
그 길밖에 없으며 그 방법밖에 없음을
알라.
21 너희들이 스스로 용감히 거기서 뛰어
내리지 않는 자는 아무도 구원을 받을
수 없는 것이니라.
22 뛰어내려야만 사는 것이니라.
23 뛰어내리는 자만 구원을 받을 수 있음
이니라.
24 너희가 어떻게 해야 하는지 이제는 알
것이니라.
25 너희들이 스스로 그 길을 선택하여 가
도록 그리하라.
26 그와 같은 역사는 오로지 너희들의 몫
이며 누구의 몫도 아님을 알라.

5,038 번째 하나님 말씀

2003년 2월 16일 23시 58분

1 사랑하는 나의 아들아!

2 "네, 아버님! 말씀하옵소서."
3 지금의 모든 종교 집단이 가는 길에
너희들은 형제요, 자매라 그와 같이
말을 하고 가느니라.
4 그리하여 너희들이 같은 믿음의 길을
가는 백성은 하나가 된 것이며 한 형
제처럼 그리 말하나,
5 과연 그 뿌리와 믿음과 그 깊이가 어
디까지 뿌리를 내리고 있다 생각하는
가?
6 너희들은 평소에 말로써는 못 줄 것이
없으며 나누지 못할 것이 없다 그와
같이 말을 하며 자매라 그리 말하느니
라.
7 그러나 너희들이 어떠한 이해관계요,
금화와 은화를 놓고 나누고 가질 때는
서로 큰 것을 가지려고 아비규환의
형국이니,
8 너희들은 일반 백성이 살아가는 것만
큼도 양보심이 없으며 이해심이 없는
것이 지금의 종교 집단에 몸을 담고
가는 자들이니,
9 과연 그러고서도 너희들이 믿음의 가
는 길이요, 나로부터 선택된 백성이
요, 나를 향하여 오는 백성이라 그리
말할 수 있는가?
10 내가 성서에 일찍이 기록하여 전하기
를, 너희들의 형제를 사랑하는 마음이
이방인이요, 나를 믿지 않는 백성이
서로 사랑하며 우애 있게 살아가는
것만큼도 못하다 내가 일찍이 그리 깨
우쳤으니,
11 바로 너희들은 이해관계에는 한 치의
양보도 없이 언제 그랬냐는 듯 먹이를
놓고 싸우는 맹수와 같이 그리 변함이
니,
12 너희들은 다 자신이 이기주의요, 사랑
이 없이 그와 같이 황폐해졌기 때문이
니라.
13 그리하여 지금의 종교 집단이 만백성
을 사랑하는 마음이요, 나를 향하여
온유함이요, 유한 마음으로써 나의 백
성을 다스려,
14 내가 세상에 나갈 때 그들에게 주었던
천사와 같은 마음으로써 그 백성을 바
로 가게 하는 것이 아니요,
15 저만을 알며 저만을 위해 살아가는 그
와 같은 지금의 깨우침으로 가고 있음
이니,
16 그리하여 저만이 구원을 받아야 하며
제가 바로 하늘나라에 가야 하며 나
여호와의 품에 온다는 그와 같은 생각
에 젖어 있음이니,
17 아무것도 생각하지 아니하고 생각할
수도 없는 것이 너희들이니라.
18 오늘날 너희들이 작은 것을 양보하지
못하며, 말로써는 사랑을 베풀며 세상
모든 것을 다 줄 것같이 하나, 너희들
앞에 금화의 덩어리를 갖도록 던져 놓
았을 때, 너희들은 서로 큰 것을 잡으
려고 아우성을 칠 것이며,
19 조금도 양보하지 못하는 것이 지금 말
로는 자매요, 형제요, 사랑한다는 자
들이니라.
20 그러니 너희들이 저만이 구원을 받으
며, 제가 구원을 받는다는 그것밖에는
아무것도 생각할 수 없도록 그리 길들
여 놓았음이니,
21 내가 나의 아들을 통하여 그를 따르는
제자들에게 뭐라 가르쳐 말했던가?

22 천국을 가는 길에 하나의 표가 남았
다 해도 네가 가는 것이 아니요, 스스
로 남을 위해서 네가 양보하는 마음을
갖고 살라 하였으며,
23 남들이 다 천국에 갈 수 있으나 저는
가지 아니하여도 된다는 그와 같은 마
음으로 믿음의 길을 가는 것이 나의
뜻이며, 나를 사랑하는 것이며, 진정
한 참사랑을 아는 백성이라 내가 그리
말하였음이니라.
24 그러니 나의 아들을 따르는 제자들에
게 나의 아들이 가르치기를, 천국에
가는 그 마지막 하나의 표도 양보하
라 그리 가르치며 그리 가는 것이 나
여호와의 뜻이라 말하는 나의 아들과,
나의 아들을 따르는 제자들이 지금 깨
우쳐 가는 그 길과,
25 수단과 방법을 가리지 아니하며 금화
와 은화요, 재물을 갖다 바쳐서라도
천국에 꼭 가야 하며 구원의 길에 가
야 한다 하여 저에게 달라, 그 길을 열
어 달라, 그리고 하늘에 올 수 있도록
해 달라 그리 기도하고 바라며, 나의
아들 예수의 보혈로써 구원을 받아 너
희들이 천국의 표를 받아 놓은 것처
럼 당당히 올 수 있다 가르치는 지도
자와 거기서 배우는 그 백성의 마음
중에
26 어느 것이 정녕 사랑이 있으며, 어느
것이 양보의 미덕이 있으며 나 여호와
의 뜻에 따라 가는 것인가를 스스로
분석해서 판단해야 할 것이니라.
27 이제 너희들이 전하는 말이 있느니라.
28 너희들이 무를 자르듯이 힘차게 잘라
내는 그와 같은 용기 있는 마음이 아
니면 구원을 받을 수 없으며,
29 칼로 물을 베듯이 이것도 저것도 아
닌 그와 같은 형국에서는 결국 지옥으
로 가게 됨이니,
30 그때 가서 너희들이 아무리 통곡하고
애원하고 돌아서려 해도 그때는 이미
돌아설 수도 없으며 뒤를 돌아다볼 수
도 없는 그와 같은 형국에서 몸부림치
는 그와 같은 너희들이 되지 말라.
31 나 여호와가 나의 법전에 그 모두를
상세히 기록하여 너희들에게 전했음
이니, 너희들이 이를 보고 하고 아니
하고는 너희들의 몫이니 그리 알라.

5,039 번째 하나님 말씀

2003년 2월 17일 0시 10분

1 사랑하는 나의 아들아!
2 "네, 아버님! 말씀하옵소서."
3 너희들이 이루어야 하는 것은 사랑이
며, 실천하는 것이 또한 사랑이라 내
가 그리 말하였느니라.
4 그리하여 사랑은 무엇이라 내가 말하
였던가?
5 부족한 자에게 나누어 주는 것이며,
가진 자가 갖지 못한 자에게 그를 채
워 주며 도와주는 것이 사랑이라 내가
너희들에게 그리 말하였느니라.
6 그리하여 나로부터 많이 관리하는 자,
그리고 더 갖고 관리하는 자, 어렵고
힘든 자에게 나눠 주는 것이 진정한
사랑이며, 그와 같이 베풀며 사는 것
이 나에게 올 수 있는 길이라 그리 말
하였느니라.
7 그러나 지금의 종교 집단, 종교 지도

자 너희들은 과연 어찌 가고 있는가?
8 너희들은 어려운 자, 불쌍한 자, 구분
할 것 없이 그저 너희들의 성전에 많
이 갖다 바치게 하며 그리고 바쳐라,
또 더 바쳐라 그와 같이 유도하며 나
의 백성을 충동질하며 바치도록 하는
것이 너희들이니라.
9 많이 바치는 대로 너희들이 축복을 받
는다 그리 말함이니,
10 내가 재물을 더 받고 안 받고, 바치고
안 바치는 것으로써 너희들에게 축복
을 주고 안 주고 너희들을 기억하고
기억하지 아니한다는 말을 한 적이 없
느니라.
11 나는 아무것도 관계가 없음이니라.
12 너희들이 나를 사랑하는 마음, 그리고
아름답게 변하는 그 정성스러운 마음
이면 되며,
13 너희들이 아무리 천금을 갖다 나에게
바친다 하여도 나는 그것이 관계없다
하였음이니라.
14 떨어지는 낙엽 하나라도 너희들이 소
중히 정성스럽게 아름다운 마음으로
그리 나에게 바친다 하면, 그것이 나
에게 더 소중하다 그리 말하였느니라.
15 그러나 너희들은 바치고 또 바치며 기
대어 사는 그 집까지도, 너희들이 가
지고 있는 소중한 것까지도 다 팔아서
바치는 것이 구원을 받는 것이며 영광
된 길을 가는 것이라 그리 말하며 가
르치느니라.
16 그리고 그와 같은 자를 너희들은 격려
하고 칭찬하며, 많은 백성 앞에서 그
야말로 진정한 믿음이요, 나로부터 사
랑을 받는 자라 그리 가르침이니,
17 가족과 형제가 어찌 되든 간에 그저
많이 갖다 바치는 자가 위대한 자라
그리하여 종교 지도자로부터 정녕 믿
음이 바른 자며 진정한 믿음의 길을
가는 자라는 그 칭찬의 한마디를 들
으려고 그와 같이 가고 있는 길이니,
18 너희들이 종교 지도자로부터 칭찬을
받기 위한 그와 같은 믿음으로써 가는
것인가, 나 여호와에게 오는 진정한
믿음을 위하여 오고 있는 것인가 하는
것을 너희들이 생각해 봐야 할 것이니
라.
19 너희들이 종교 지도자로부터 칭찬을
받는 것, 많은 사람 앞에서 진정한 믿
음의 길을 가는 위대한 자라는 그와
같은 말을 듣고자 하는 생각을 하고
지금 가고 있다면 재물을 바치는 그
자체도 나와 관계없는 것이라 내가 일
찍이 말했듯이,
20 너희들은 거래하고자 하는 사악한 마
음에서 그와 같은 행위를 하는 것이니,
21 너희들이 무엇을 주고 얻고자 하는 것
은 아무리 베풀고 갖다 바친다 하여도
그는 사랑이 아니며 나눔이 아니라 내
가 그리 말하였느니라.
22 인간관계에서 살아가면서 이웃에게
어떠한 것을 베풀어 준다 하여도, 너
희들이 단 한 번이라도 인사를 받고자
하는 마음으로써 하는 것은 베푸는 것
이 아니라 그리 엄히 말하였음이니,
너희들은 이와 같은 뜻을 알아 깨우쳐
야 할 것이니라.
23 너희들이 구원을 받겠다는 것, 그리고
나에게 오르겠다는 것,
24 그리고 너희들을 가르치는 그 잘못된

종교 지도자들이 만인 앞에서 칭찬해
주며 너희들이 믿음의 진정한 길을 가
는 자라 하는 그와 같은 답을 들으려
고 그와 같은 행위를 한다면,
25 얼마나 너희들이 어리석은 짓을 하고
있는 것인가를 깨우쳐야 할 것이니라.
26 하늘에 오르는 길이 아니요, 나와는
점점 먼 길로 가고 있는 것임을 너희
들은 알아야 할 것이니라.
27 종교 지도자들이 집에 쌓아 두고 있는
그와 같은 형국인 것을 너희들은 모르
고 있을 것이니라.
28 너희들이 갖다 바치는 것, 너희들이
소중히 갖다 전하는 것, 나 여호와를
위하여 너희들이 나에게 전해진다 하
여 그들에게 바치는 것, 그 모두가 그
종교 지도자 그들의 창고에 그득히 쌓
여 있으며,
29 그들은 그 쌓아 놓은 것을 가지고 호
의호식하며 살아가는 그와 같은 사실
을 너희들은 과연 알고 하는 것인지,
모르고 하는 것인지,
30 그와 같이 나를 위하여 갖다 바친 그
모든 귀한 물건들이 그 창고에 쌓여
있다면 과연 어떠하겠는가?
31 이보다 더 추하고 더러운 것이 없으
며, 종교 지도자들이 나 여호와의 이
름을 팔아 가난한 자, 불쌍한 자, 저희
들보다 못한 자에게 바치라, 바치라
하여,
32 그들이 바친 것을 저희들의 곳간에 쌓
아 놓고 호의호식하며 바친 자보다 더
행복을 추구하며 육의 편안한 마음을
가지고 산다 하면,
33 그것은 종교 지도자가 가야 할 길이
아니며, 그는 잘못된 자라는 것을 너
희들은 알아야 할 것이며,
34 그와 같은 현실이 이루어지고 있는가
없는가를 한번 살펴보고 되짚어 보라.
35 그리하여 그와 같은 것이 있다면 나의
법전이 나의 성령의 뜻이라는 것을 너
희들이 이제 깨우칠 때가 되었음을 알
라.

5,040 번째 하나님 말씀

2003년 2월 17일 0시 18분

1 사랑하는 나의 아들아!
2 "네, 아버님! 말씀하옵소서."
3 내가 성경에 기록하여 너희들에게 깨
우쳐 전하기를, 나에게 경배하기 위하
여 예물을 준비하여 제를 드리며 나에
게 기도요, 경배의 예를 갖춘다 할 때
도,
4 나에게 모든 경배의 기도를 드리는 그
와 같은 소중하고 귀한 시간의 그 순
간에라도,
5 너희들의 형제에게 원망 듣는 일이며
형제로부터 마음 아픈 일을 한 것이
생각나거든,
6 그를 중단하고 가서 먼저 그들의 마음
을 돌리며 그들을 먼저 위로하고 나에
게 와 준비한 예물을 놓고 나에게 경
배의 기도를 드리는 것이 너희들이 해
야 할 길이라 내가 나의 성경에 기록
하여 너희들에게 전했음이니라.
7 나를 위하여 경배드리는 그 순간이요,
모든 예물을 준비하고 격식을 갖춰 엄
숙히 행하는 그 행사 중에라도 너희들
이 너희 형제에게 잘못한 것이 있으면

먼저 가서 형제와 화목하게 하고, 그
후에 와서 네가 예물을 바쳐 경배의
기도를 드리라 하였음이니,
8 이것이 무엇을 의미하며 내가 너희들
에게 무엇을 깨우치고자 하는가?
9 이 구절은 어떠한 내용을 담고 있는
것이며, 내가 너희들을 가르치고 깨우
치는 것이 어떠한 의미며 어떠한 뜻이
며 어떠한 길인가를 깊이 생각하고 깨
우쳐야 함을 너희들은 알아야 할 것이
니라.
10 너희들이 나에게 정성을 다하여 드리
는 그 경배의 시간이요, 그 순간에도
너희들이 나를 위하여 기도하며 경배
하는 그것보다도 너희 형제지간의 화
목이 먼저라는 것을 내가 기록하여 전
했음이니,
11 이 세상에 살아가면서 형제의 화목보
다 더 소중한 것이 어디에 있는가?
12 부모를 공경하며 형제의 화목보다 더
소중한 것이 없다 내가 너희들에게 그
리 말함이니, 그 뜻이 과연 어디에 있
겠는가?
13 나 여호와에게 경배하며 나를 위하여
너희들이 모두를 살아가며 나를 위하
여 재물을 바치며 나를 위하여 부모와
형제보다도 나 여호와를 먼저 생각하
는 그와 같은 믿음으로 가지 말라 하
는 것을 엄히 기록하여 너희들에게 깨
우쳐 줌이니, 이를 너희들이 지나가는
말로 듣지 말며 이를 너희가 소홀히
다뤄서는 아니 됨을 알아야 할 것이니
라.
14 나 여호와에게 경배드리는 그 귀하고
그 귀중한 시간의 순간에도 너희들이
형제와 화목하지 못한 것이 있거든,
그것을 먼저 가서 서로 화합하며 형제
지간의 우애를 돈독히 하고 나에게 와
서 경배를 드리는 것이 옳다 하였음이
니, 이는 바로 무엇이던가?
15 너희들이 천사와 같은 아름다운 마음
이요, 인간의 도리를 다하지 못하는
자,
16 아무리 나에게 기도하고 경배한다 하
여도 그를 내가 듣지 아니하며 나와는
관계없다는 것을 내가 나의 법전에 기
록한 그 의미의 뜻이 여기에 담겨 있
음을 너희들은 알아야 할 것이니라.
17 너희들이 아무리 아름답게 살아간다
하여도 행함이 추하며 남에게 더러운
짓을 하며,
18 너희들이 말하는 인간 세상의 죄를 짓
고 그 죄를 용서했다 각자 기도하며
그리고 너희들이 말로써 기도하고 나
에게 용서를 받았다는 그와 같은 생각
을 하고 사는 너희들,
19 그것이 다 허사인 것을 내가 여기다
기록하여 깨우쳐 줌이니, 너희들은 알
아야 할 것이니라.
20 형제와 화목하지 아니한 자도 나에게
기도드리며 예물을 바쳐 경배할 수 없
다 내가 그리 말했으니,
21 너희들이 죄를 짓고 사악한 마음을 가
지고 살아간다면 너희들은 나를 찾으
며 나에게 기도할 자격이 없다는 것을
내가 여기에 기록하여 전함이니, 너희
들은 이와 같은 뜻을 알아야 할 것이
니라.
22 이는 즉, 내가 나의 아들을 통하여 기
록하여 전했듯이, 너희들은 천국의 삶

이 우선이라 그리 깨우치며, 천국에
오르는 것이 우선이며 그와 같이 천국
에 오르는 것만을 위해 살아가는 너희
들이 지금 살아가는 그 형태에서 천국
에 와 사는 것이 아니요,
23 너희들이 선택을 받아 천국에 와 살려
거든, 너희들은 인간 세상의 삶에서
인간 세상에 천국을 먼저 건설하며 그
속에서 사랑하는 마음으로 살아가는
자가 하늘에 오를 수 있다 내가 그리
말하였음이니, 이는 곧 무엇이던가?
24 너희들이 지상의 삶이요, 육의 세상에
서 천국을 이루는 것은 무엇보다 화목
이며 사랑이라는 것을 너희들에게 깨
우쳐 주고자 함이니,
25 그를 모르는 자는 아무리 기도하고 경
배해도 나는 그를 듣지 아니한다는 것
을 내가 다시 한 번 깨우쳐 주고자 오
늘 나의 아들을 통하여 너희들에게 전
함이니, 이를 명심하고 또 명심하라.
26 너희들이 나에게 경배하는 그 소중한
시간에 재물이요, 예물을 준비하여 나
에게 기도하는 그 순간보다도 너희들
의 형제지간의 우애가 더 소중하다 하
였음이니,
27 이 의미를 깊이 깨우쳐 너희들이 행하
도록 그리하라.
28 나 여호와의 뜻과는 전혀 관계도 없는
그와 같은 형국으로 너희들이 나를 경
배하며 나에게 모든 것을 바치며,
29 너희들의 형제에게 바치는 것보다 너
희 부모를 위하여 바치는 것보다, 너
희 형제를 사랑하는 것보다 부모를 사
랑하는 것보다도
30 그 모두는 다 접어 두고 오로지 나 여
호와에게 바치며 나 여호와만 사랑하
면 된다는 것을,
31 나 여호와는 그것이 아니라 너희들의
형제요, 부모의 화합과 부모를 공경하
는 그와 같은 마음이 우선이라 내가
다시 나의 법전에 기록하여 전했음이
니,
32 성경에 있는 것을 깨우치지 못했거든
나의 아들을 통하여 내리는 나의 법전
의 이 기록을 보고 너희들이 깨우쳐
바른 삶을 살도록 그리하라.

5,041 번째 하나님 말씀

2003년 2월 17일 0시 32분

1 사랑하는 나의 아들아!
2 "네, 아버님! 말씀하옵소서."
3 너희들에게 이르노니 '너희 원수를 사
랑하며 너희를 핍박하는 자를 위하여
기도하라.
4 이와 같이 한 즉, 하늘에 계신 너희 아
버지의 아들이 되나니' 그와 같이 나
의 성경에 기록하여 너희들에게 깨우
친 구절이 있음이니라.
5 너희 종교 지도자들이 이를 잘 알고
있으며, 그들은 이를 다 암송하고 있
으며, 그들은 이 뜻이 무엇인가를 다
알고 있음이니라.
6 그러나 그들은 지금 어찌하고 살고 있
는가?
7 그와 같은 것을 그들은 행하도록 하며
실천하도록 가르치는 것이 아니며 그
와 같이 사는 것이 구원의 길이라 말
하지 아니하며, 너희들에게 그리 지시
하지 아니함이니라.

8 행하는 것이 얼마나 중요한 것인가를
그 종교 지도자는 가르쳐 주지 아니함
이니라.
9 그리하여 말로써만 행하는 것을 암송
하며 사랑을 암송하며, 그와 같이 암
송하는 것으로써 너희들은 모두를 다
구원을 받았으며 역사하는 것같이 그
리 생각하느니라.
10 너희 종교 지도자들이 나 여호와에게
경배하며 나에게 모두를 다 바친다 하
여 너희 손으로 지은 그 성전에서 너
희들을 가르치는 종교 지도자에게 모
든 것을 다 바치는 것이 형제요, 부모
에게 다 바치며 사랑을 나누는 것처럼
그리 가르침이니,
11 여기에서 나의 피조물 만백성이 배우
고 얻는 것이 무엇이던가?
12 너희들의 부모에게 행하지 아니하고
나 여호와에게 행하면 부모에게 행한
것과 똑같이 된다 그리 가르치듯이,
13 너희들이 행함이 아니요, 말로써 그저
그 내용만을 암송하고 외우고 있으면,
말로써 부르짖으며 말로써 찬송하며
말로써 경배드리며 말로써 기도로써
모든 것을 다 이루면 그와 같이 이루
어지는 것이요, 다 끝난 것처럼 그리
가르침이니,
14 어떠한 내용을 암기하는 것으로써 끝
난다 그리 가르치고 그리 배워 왔음이
니라.
15 그리하여 암송하니, 말은 너희들을 당
할 자가 없으며 말로써 펴 주는 것은
그 누구도 너희들만큼 너그럽고 인자
한 자가 없느니라.
16 그러나 너희들은 콩알보다도 작은 금
화 하나를 놓고 서로 가지라 던져 놓
았을 때,
17 서로 머리가 터지게 싸우며, 형제요,
자매라 그리 말하던 것을, 원수요, 적
으로 생각하며 아비규환 속으로 너희
몸을 던져 그를 취하려는 것이 너희들
이니,
18 그리하여 평범하게 살아가는 이방인
이라는 사람들만도 못한 것이 너희들
이 형제를 사랑하는 것이라 하였으니,
19 이와 같은 나의 뜻을 전해 듣는 너희
들은 추하고 더러운 그 부끄러움을 알
아야 할 것이니라.
20 그러면서도 반성하지 못하고 지금 구
원을 받겠다 가고 있는 그 길이 얼마
나 추하고 욕심에 차 있는 길인가?
21 그것을 너희들 스스로 깨우쳐야 함을
알아야 할 것이니라.
22 이는 너희들이 행해야 하며, 오로지
하늘의 뜻이요, 하늘의 역사하는 것은
선행만이 위대한 길이며, 행함이 가장
중요하다 그리 가르치지 아니하였기
때문이니라.
23 너희들이 이와 같이 행하는 것이 소중
한 것이라 그리 가르치며 그들을 깨우
쳤다면, 오늘날 이와 같은 형국은 이
루어지지 아니하였음을 너희들은 알
아야 할 것이니라.
24 그러니 너희들이 행하지 아니하며 실
천하지 아니하는 것은 아무도 너희들
을 구원할 수 없으며 역사할 수 없는
것이니, 이와 같은 이치를 너희들은
깨달으라.
25 행하지 않는 것은 모든 것이 이루어질
수 없듯이, 행함이 없이 말로써 암송

하여 부르짖는 그 믿음은 나와는 아무
런 관계도 없음이니라.
26 '너희들이 과연 얼마만큼 이를 행하고
사느냐?' 나의 백성에게 너희들이 그
리 가르쳐서, 얼마나 나 여호와의 뜻
에 따라 천사요, 나의 심성과 같이 변
했느냐 하는 것이 너희들이 나로부터
심판을 받는 가장 중요한 기준의 가치
이며,
27 나에게 무엇을 요구하고 무엇을 달라
기도할 자격이 있는 것이니라.
28 그러나 너희들이 행함은 중요하지 아
니하고 말로써 암송하고 말로써 행하
면 된다 그리 가르쳤기에, 막상 부닥
쳐서 행하여야 할 때는 정녕 180도로
변화되는 것이 너희들이니라.
29 사랑하는 나의 아들을 따르는 제자 그
들이 하나가 변화되어 바로 서고자 얼
마나 고통스러운 싸움과 괴로움 속에
서 바로 일어서는가?
30 너희들이 말로써 행하는 것은 하나의
고통도 없으며 그저 수다 떠는 즐거움
이며,
31 나의 아들을 따르는 백성은 그를 고치
고자 몸소 시행하고 몸으로 닦고 실천
함이니,
32 과연 그것이 어떤 차이가 있는가?
33 너희들은 유사시에 사랑을 베풀 때,
말로써 수다로써 암송하며 모두를 다
역사한 백성은 그때 너희들이 무서운
짐승과 같이 돌변하는 것이니라.
34 콩알만 한 금화를 던졌을 때 너희들은
짐승처럼 변할 것이며,
35 지금 나의 아들을 따르는 백성이요,
고통과 시련을 겪고 나 여호와가 존재
하며 나에게 오는 길이 얼마나 어렵고
힘든가를 아는 백성은 그 콩알이 그저
콩으로 보이는 것뿐이니,
36 그들이 그를 주우려고 서로 몸을 던
질 필요도 없으며, 앞에 있는 사람을
밀어붙일 것도 없으며, 앞에 있는 사
람의 다리를 잡아 넘어트릴 것도 없으
며, 앞에서 잡으려는 자의 다리를 잡
아당길 것도 없는 것이 나의 백성이니
라.
37 지금 너희들은 여기서 통탄하며 부끄
러움을 깨달아야 할 것이니라.
38 말로써 이루고자 하는 것은 아무것도
되지 못하며,
39 말로써 세상 것 다 준다는 것은 콩알
만 한 황금 덩어리 하나가 있다 해도,
저희들이 목숨을 바치고 어제의 형제
요, 오늘의 형제라 한, 1초 전에도 형
제라 하여 세상 것을 다 줄 것같이 하
던 자들이 적으로 돌변하여 죽기 아니
면 살기로 그것을 취하는 것이 말로써
행하는 자들이니라.
40 나의 아들이요, 나의 아들을 따르는
그 백성은 그 하나를 고치고자 그들이
고통과 시련과 남들이 갈 수 없는 그
어렵고 힘든 고비를 넘겨 왔기 때문
에, 그것이 너무나 소중하고 너무나
아깝기에,
41 그들은 그 콩알만 한 황금에 그 고행
의 길을 가며 닦아 온 그 모든 것을 잃
는 그와 같은 행위를 할 수 없음이니,
42 이것이 말로 수다 떨며 믿어 온 백성
과 나의 아들을 따르며 행함이 중요하
다 하여 지금 행하는, 나로부터 선택
된 소중한 나의 아들딸 너희들과의 그

차이점이니, 과연 어느 것이 맞는가?
43 나 여호와가 너희들에게 말한 것이 틀
리다 하면 너희들은 나의 법전을 찢어
도 내가 말하지 아니할 것이니라.
44 그렇다면 너희들은 여기서 하나 깨우
치고 넘어가야 할 것이니라.
45 말로써 수다 떨며 세상 것을 다 주며
사랑을 베푸는 자, 너희들은 유사시에
하나의 그 콩알만 한 황금 덩어리를
위하여 정적으로 생각하며 그저 대들
어 서로 가지려고 전쟁터에 나가서
싸우는 병사들보다 더 무섭게 돌변하
는 것이니,
46 너희들은 하나도 변화된 것이 없지 아
니하는가?
47 너희들이 1년을 다니고 10년을 다니
고 죽을 때까지 다녀도 나의 백성을
변화시키지 못했으며,
48 그를 가르치는 종교 지도자들이 또한
나의 백성을 변화시켜 새로 태어나는
그와 같은 길을 인도하지 못했기에,
49 그들은 내가 처음에 너희들에게 성령
을 내려 준 천사와 같은 마음의 원심
으로 돌아가는 길을 하나도 인내하지
아니하였으며 가르치지 아니하여 깨
우치지 못하는 것이니라.
50 다만, 짧은 시간이라도, 나의 법전이
세상에 나온 지 얼마 안 되어 나의 법
전을 읽고 깨우친 백성의 그 믿음의
세월이 과연 얼마나 길다 하는가?
51 그러나 그들은 지금까지 변화되기 위
하여 나에게 오고자, 나의 뜻에 따라
서 십계명을 지키고 살아가고자, 내가
새로 내린 성경에 기록되어 있는 그
모두를 지키고 살아오고자 뼈를 깎는
그 고통과 시련의 길을 왔기 때문에,
52 그것이 아무리 소중하여도 콩알만 한
황금이 아니요, 너희들이 들 수 없는
천만금의 황금 덩어리를 갖다 놓는다
하여도,
53 그 백성은 지금까지 그 고통의 길이
무엇인가를 알기에 그를 그저 돌덩이
로 바윗덩어리로 보는 그와 같은 마음
이라면,
54 누가 진정 나의 뜻에 따라서 가는 백
성이며 변화된 백성이던가?
55 너희들은 깨우침이 변화되지 아니하
며, 아름다운 마음으로 변화되지 아니
하며, 참진리를 위해서 육의 향락이
요, 부귀영화를 누릴 것도 불의한 것
은 다 버릴 수 있는 그와 같이 변한 마
음이 아니면
56 나의 백성이 아니요, 진정한 믿음의
길이 아니요, 진정한 종교 집단이 아
니라는 것을 여기서 알아야 할 것이니
라.
57 믿음의 시간이 길면 길수록 너희들이
이를 시행하고 나의 백성을 인도하는
그와 같은 지도자로서 변화되어야 하
는 것이 진정한 믿음의 길을 가는 것
이니라.
58 그러나 변화되지 아니하였다면 너희
들은 진정한 믿음이 아니요, 잘못 가
르쳤으며 잘못 갔으며,
59 더 무서운 것은 지금 많은 신도라는
나의 사랑하는 피조물 만백성이 너희
들과 같은 똑같은 마음으로써
60 행함이 중요하지 아니하고, 개구리처
럼 울고불고 소리 지르며, 그저 소리
만 지르고 너희들이 말로써 수다 떨면

다 이루어진다 그리 가르침이니,
61 그들은 유사시에 지킬 자격이 없으며, 너희들 가슴에서 나오는 사악한 마음을 녹일 수도 없으며, 그 뿌리가 존재하기 때문에,
62 그 뿌리가 그저 수시로 맹수가 먹이를 채듯이 그와 같이 너희들을 동요시키며, 너희들이 그리 사나운 행동을 할 수 있도록 너희들을 자극하고 깨우치도록 그것이 잠재해 있을 뿐이지,
63 하나도 변화된 것이 아님을 너희들은 알아야 할 것이니라.
64 그러니 모든 신도들을 잘못 가르쳤으며, 모든 신도요, 나의 백성 너희들은 잘못 배웠음이니라.
65 그러니 이를 내가 바로잡고자 나의 아들을 통하여 내가 지금 160권의 대장서의 법전을 세상에 내림이니,
66 너희들은 이를 보고 깨우치며, 내가 오늘 이 밤에 나의 아들을 통하여 내리는 나의 뜻을 깊이 깨우치며, 나의 심정을 헤아려 너희들이 바로 서는 백성이 되도록 그리하라.

5,042 번째 하나님 말씀

2003년 2월 17일 0시 47분

1 사랑하는 나의 아들아!
2 "네, 아버님! 말씀하옵소서."
3 나의 사랑하는 백성 너희들이 나에게 기도하는 그 뜻이 과연 어디 있는가?
4 나를 경배하기 때문에 너희들이 기도하는가?
5 과연 너희들은 너희 자신의 구원을 위하여 기도하는가?
6 너희들은 여기서 너 자신의 그 믿음의 길이요, 나에게 경배하며 울고불고 찬송을 부르며 광란의 짓을 하며 나 여호와의 이름을 애완용 강아지 이름 부르듯이 그리 불러 대는 그 행위가 과연 무엇을 위하여 그리하는가 한번 생각해 볼 때가 되었음을 알라.
7 이를 진단하지 못하는 자는 참진리의 길을 볼 수 없음을 알라.
8 또한, 너희들 집단들은 과연 무엇을 위해서 기도하는가?
9 나의 사랑하는 만백성을 구원하여 하늘에 오르는 길로 인도하기 위하여 참진리요, 나의 뜻을 너희들이 가르치고 전하는가?
10 너희들 자신의 세를 과시하기 위하여 기도하는 것은 아닌가?
11 너희들은 나의 백성을 구원하고자 기도하고 경배하며 설교함이 아님을 알라.
12 너희들은 지금 그 성전에서 나의 백성을 구원하기 위해 설교하며 가르치고 나에게 경배의 기도를 드린다 하나,
13 너희들은 그것이 아니며, 전혀 그와는 관계없는 행위를 하고 있음을 알아야 할 것이니라.
14 너희 집단의 힘과 세를 과시하기 위하여 너희가 만든 우상에게 기도하는 것이며, 너희들 우상 앞에 경배하는 것이며,
15 너희들은 사탄에게 기도하며, 사탄이 원하는 그와 같은 행위임을 알아야 할 것이니라.
16 지금 너희들이 나의 이름을 부르며 기도하고 경배하는 그 모든 행위가 우상

숭배요,
17 그 우상이요, 사탄이요, 사악한 자에
게 기도드리는 것이며,
18 모세 시대에 그들이 광란의 짓을 했으
며 우상을 만들어 그와 같이 나의 뜻
을 거역했던 백성과 똑같은 행위를 하
고 있음이니라.
19 지금 내가 나의 아들을 통하여 너희들
이 우상 앞에 기도하며 경배한다 그리
말하면, 너희들은 나의 아들을 갈기갈
기 찢어 죽이려고 그리 대들 것이니
라.
20 그러나 너희들은 들으라.
21 내가 첫째의 계명에 '나 외에 다른 신
을 두지 말라.' 그리하였음이니, 그리
고 그 뜻이 무엇이라 내가 말하였던가?
22 너희들이 나 여호와에게 기도하며 나
를 생각하는 것보다 더 소중한 것이
있다 하면, 무엇인가를 더 사랑한다
하면 그는 바로 너희들 가슴에 우상을
두는 것이며 우상을 섬기는 것이라 내
가 말하였음이니라.
23 돌을 깎고 나무를 깎아 산천의 나무
요, 들을 보고, 강물을 보고 기도하는
것만이 우상이 아니니라.
24 날짐승을 보고 우상으로 섬기며 기도
하는 것만이 우상이 아니라 하였음이
니라.
25 너희들이 마음을 주는 것, 너희들의
손에 끼고 있는 그 보석을 나보다 더
사랑하며 생각한다면 그것이 곧 우상
이라 하였음이니,
26 너희들이 우상의 믿음을 가고 있는 자
라는 것을 변명할 여지가 없을 것이니
라.
27 너희들은 세를 불리며 세를 과시하며
더 아름다운 성전을 지어 그 속에서
너희들이 강론을 하려고 그 성전을
짓고자 모든 심혈을 기울이고 있으며
세를 불리기에 급급하니,
28 이것이 바로 믿음이요, 나를 위하는
길이 아니요, 너희들이 우상을 섬기는
것이며,
29 너희들이 나에게 경배하며 나의 진리
를 가르치는 것이 아니요, 나의 사랑
하는 피조물 만백성에게 너희들이 재
물을 긁어모으기 위한 그 행위를 하고
있음이니, 그 행위가 또한 우상이니라.
30 내가 나의 아들을 통하여 너희들에게
뭐라 가르쳤던가?
31 너희들이 나의 뜻이요, 나의 참진리를
가르친다 하여 너희들이 손으로 지은
그 성전에서 나의 사랑하는 피조물 만
백성에게 설교하며 강론을 한다 하였
음이니라.
32 그리하여 너희들은 그들이 눈물을 흘
릴 수 있는 것, 그리고 아름다운 것,
가슴에 모두를 다 심어 줘 그들이 변
할 수 있는 그와 같은 역사의 일부는
너희들이 행하고 있음이니라.
33 그러나 너희들은 그와 같이 가르친 것
을 그리 행하라 전하며 끝맺으면 그들
을 깨우치는 것이며, 그들이 변화될
수 있으며,
34 나의 백성이요, 나의 지도자로서 너희
들이 일하는 것이라 내가 말할 수 있
다 하였음이니라.
35 그러나 너희들은 시작과 중간은 그럴
싸한 말을 하며 나의 백성의 가슴을
울려 그들이 때로는 아름다운 마음을

갖고 살고자 하는 그와 같은 생각을
갖도록 하나, 너희들이 결론을 맺을
때는 무엇이던가?
36 재물을 바치라, 그리고 재물을 바친
자만이 구원을 받으며 하늘에 많이 쌓
아 놓는 자만이 죽어 하늘에 와 그 천
국 문 앞에 섰을 때 크나큰 은혜와 영
광을 받는다 그리 말함이니,
37 그래서 너희들이 사악한 자라 그리 말
함이니라.
38 너희들이 정녕 진정한 지도자라면 그
와 반대의 교리가 있어야 할 것이니라.
39 너희들이 재물을 바치는 것은 성전을
위한 어쩔 수 없는 그와 같은 행위라
그리 말하나, 너희들은 그와는 관계없
이 내가 너희들에게 지키고 하라는 율
법 즉, 구약에 기록된 것이요, 신약에
기록된 것이며 나의 십계명을 철저히
지키는 것이 구원을 받는 길이요,
40 그리하지 않는 자는 구원을 받을 수
없다는 그 결론으로 설교의 마지막 단
계를 끝내,
41 나의 피조물 만백성이 밖에 나와 세상
살이 사는 데 두려움을 알며 죄를 짓
는 것이 얼마나 무서운 것인가를 알아
그들이 바로 서고 바로 깨우치도록 그
리해야 하나,
42 너희들은 이를 거꾸로 가르치느니라.
43 그리하여 결론은 재물을 바치는 자가
구원을 받는다 그리 말하며 그리 가르
침이니,
44 그들이 그 결론을 듣고 너희들의 손으
로 지은 그 죄의 온상인 성전을 나와
서 세상을 바라볼 때 그들의 기억 속
에 남는 것은 아무것도 없으며,
45 그들이 무엇을 배웠으며 무엇을 행하
라 가르치지 아니했기 때문에 그들은
행할 줄 모르느니라.
46 다만, 그들이 가슴속에 안고 나온 것
은 딱 두 가지가 있음이니라.
47 하나는 너희들이 재물을 바치면 구원
을 받는다 그러니 바치라, 바치라 하
는 소리요,
48 너희들은 그저 성전에 가서 기도하고
경배하면 구원을 받아서 천국에 가는
자들이요, 그리고 나의 아들 예수의
보혈로써 구원을 받은 자들이요,
49 그리고 또 너희들은 죄를 짓고 사악한
짓을 해도 너희 손으로 지은 그 성전
에 가서 기도하고 경배하며 용서를 빌
때, 그 죄는 다 떨어지며,
50 너희들은 하얀 눈이 세상을 덮은 그
아름다운 풍경같이 백조와 같이 깨끗
한 그 마음이 되었으니, 너희들은 그
와 같이 죄를 용서받은 자라 그리 가
르치며,
51 그것만을 가슴에 안고 나오게 그리 너
희들이 가르침이니,
52 그들이 나와서 생각할 때 가슴속에 남
는 건 그것뿐이니라.
53 예수의 보혈로써 구원을 받았으며 재
물을 많이 바쳤으니 저희들이 지은 죄
를 다 용서를 받았다 그리 말하느니라.
54 그러나 너희들이 나왔을 때는 남는 것
이 아무것도 없으니, 그것은 바로 무
엇이던가?
55 진실이 아니므로 가슴에 받아지지 아
니함이니라.
56 그와 같은 가르침을 듣고 나온 백성
너희들이 그 죄의 온상인 성전을 나와

밝은 태양이요, 밝은 세상을 볼 때, 과
연 예수의 보혈로써 구원을 받은 것인
가 안 받은 것인가 너희들은 의심하며
의혹함이니, 그는 믿음이 없는 것이
아니던가?
57 그리고 재물을 바치는 것이 과연 구원
을 받은 것인가 안 받은 것인가 의혹
을 하며,
58 과연 죄를 짓고 산 그 사악한 것이 너
희들의 기도로써 그 죄악이 씻어졌는
가 안 씻어졌는가 너희들은 그것을
의심하고,
59 밖에 나와서 밝은 세상을 볼 때 아무
것도 남은 것이 없으며 찜찜하고 미
심쩍은 마음만이 남느니라.
60 그와 같은 믿음의 그 형국이 계속 반
복되는 것이 하늘에 오르는 길이라 하
여 지금 가고 있는 그것이니, 이 얼마
나 너희들이 어리석은 짓을 하며 얼마
나 잘못 가고 있는가?
61 너희들의 성전에서 화려한 행사를 하
는 데 너희들이 그 모두를 다 바쳐 역
사하는 그것 또한 무엇이던가?
62 그것도 너희들이 우상을 섬김이니라.
63 너희들이 화려한 행사요, 그 의식을
위하여 너희들의 모두를 다 바치며 그
를 위하여 세를 불리고자 하며 너희들
이 배우와 같은 연극을 하고 있다 하
면 그는 바로 무엇이더냐?
64 그것이 또한 우상을 섬기는 것이니라.
65 그것이 바로 우상이 아니고 무엇이던
가?
66 이와 같은 이치를 깨우칠 때 너희들은
우상을 섬기는 자라 내가 말했음이니,
여기에 너희들이 가슴에 손을 얹고 너
희 스스로 진정으로 한번 깨우쳐 보라.
67 오로지 저희 것만이 맞다 그리 싸우는
너희들이 되어서는 아니 되느니라.
68 너희들은 종파와 종파 간에 그 참진리
를 부르짖는 그 음성을 듣는 것이 아
니요, 진정한 아름다운 길로 살아가는
것을 듣는 것이 아니요,
69 저희 종파가 하는 것만이 오로지 정답
이요, 오로지 맞다 그리 소리 지르는
것이 너희들의 형국이니, 그 앞에서
무엇을 이룰 수 있는가?
70 거짓 하는 것은 살인과 같으니 거짓
하지 말라는 그것이 당연하며 거짓
하지 아니하고 사는 것이 당연하니라.
71 그러나 너희들은 그것이 아니라고 그
리 반박하며, 그것이 사탄이요, 이단
이라 그리 말하느니라.
72 그러면서 너희들은 무어라 말하느냐?
73 인간이기 때문에 거짓말 안 하고 살
수 없으며 거짓말 안 하고는 지탱할
수 없기에 그것은 잘못된 교리라 그리
가르침이니라.
74 그리고 사탄이요, 이단이라 말하느니
라.
75 그러나 너희들은 과연 도둑질이요, 거
짓말을 하지 말라 가르치는 자가 진정
한 선생이 아니던가?
76 너희들이 지키고 못 지키는 것은 너희
들에게 달렸음이니라.
77 아름다운 세상이요, 사람으로서 홍익
인간이요, 인간으로부터 대우를 받고
살 수 있는 인간이 되는 것은 너희들
이 가르치는 선생으로부터 바른길을
깨우치며 정답을 받아야 모든 것이 세
상에 나와 존재함이니라.

78 그리하여 너희들에게 정답을 가르치
는 선생에게 너희들이 정답을 알아들
을 수가 없다 하여, 그것이 잘못 가르
치는 것이요, 어용의 선생이라 그리
말을 한다면 과연 누구의 말이 맞고
누가 잘못된 것인가?
79 너희들이 못 알아듣는 것은 너희들의
잘못이거늘,
80 너희들을 가르치는 선생이 잘못한 것
이며 그 선생이 잘못 가르치는 선생이
라 그 제자가 말한다면 이를 어찌하는
가?
81 그 제자가 제가 하는 것이 맞으며 제
가 부르짖는 것이 맞다 말한다면 과연
어찌하는가?
82 너희들이 거짓 하지 아니하며 살인하
지 아니하며 사악한 짓을 아니 하고
살고 못 사는 것은 너희들의 과제이며
너희 자신의 믿음이며 너희들의 마음
이니라.
83 그러나 그와 같은 행위는 죄이니 하지
말라 가르치는 나의 아들이요, 나의
법전이요,
84 이를 강요하여 전하고자 하는 나의 아
들의 제자들이요, 나의 사랑하는 백성
이요, 나의 전사로서 세상의 만백성을
구할 내가 사랑하는 그들이 과연 잘못
된 것이며, 너희들이 맞다 생각하는가?
85 이와 같은 이치 하나도 너희들이 바라
보지 못하며 깨우치지 못함이니, 이를
어찌하여 너희들을 바로잡을 수 있단
말이던가?
86 어떠한 것으로도 너희들을 바로잡을
수 없음이니라.
87 너희들은 사람에게 보여 주고자 그들
앞에서 어떠한 행사를 하는 것도 나
여호와는 인정하지 아니하며 그는 나
에게 공이 없다 하였음이니라.
88 너희들이 의를 행하는 그와 같은 행사
를 할지라도,
89 그저 의를 위하는 행사요, 의를 가르
치려고 행하는 그 마음이면 내가 이를
알며 내가 이를 들을 수 있으나,
90 너희들이 남에게 보이고자 하며 남들
에게 너희들의 세를 과시하기 위해서
하는 행위는 그것은 나와는 아무런 관
계가 없다 하였음이니라.
91 '그렇지 아니하면 너희들은 하늘에 계
신 너희 아버지께 상을 받지 못한다.'
내가 성경에 기록하여 나의 아들 예수
를 통하여 전하였음이니,
92 이 구절의 의미를 너희들이 깊이 한번
깨우쳐 보라.
93 너희들이 아무리 의를 행하며 아무리
좋은 행사를 하며 아무리 옳은 것을
가르친다 하여도,
94 남에게 보이려고 하며 그들에게 과시
하고자 하는 그와 같은 계산된 행위는
나에게 와 상을 받을 수 없으며, 이미
지상에서 그 모든 상을 다 받았음이니,
95 이와 같은 이치를 알아 깨우쳐 행하도
록 그리하라.

5,043 번째 하나님 말씀

2003년 2월 17일 01시 06분

1 사랑하는 나의 아들아!
2 "네, 아버님! 말씀하옵소서."
3 '너희들이 구제할 때에 외식하는 자가
정녕 믿음과는 관계없이 남의 흉내만

내며 또 연극배우처럼 그와 같은 행위
를 하는 자, 지도자에게 구원의 영광
을 얻으려고 하며 회당과 거리에서 하
는 것같이 내 앞에 나팔을 불지 말라,
내세우지 말라.'
4 가르쳤으며 '진실로 너희에게 이르노
니, 저희는 자기 상을 이미 받았느니
라.' 내가 그리 말하였느니라.
5 이 뜻이 과연 무엇이던가?
6 너희들은 회당에서 남의 뜻과 남의 말
과 남의 흉내를 내는 연극배우와 같은
행위로써 믿음을 가르치며 지도하는
자가 되어서는 그들로부터는 어떠한
영광이요, 구원의 길을 얻을 수 없다
함을 내가 너희들에게 말하였느니라.
7 그리고 너희들이 남들에게 보이고자
하며 자신을 자랑하고자 하며 너희들
이 보이고자 어떠한 행위를 하는 것,
그리고 집단을 내세우는 것, 그와 같
은 것은 진실한 믿음이 아니요,
8 너희들은 이 세상에서 받을 것을 다
상을 받았으니, 나 여호와로부터 받을
상이 하나도 없다는 것을 내가 너희들
에게 다시 한 번 기록하여 전한 것이
니,
9 오늘의 현실을 위하여 내가 성경에 미
리 기록해 놓은 뜻임을 너희들은 알아
야 할 것이니라.
10 '너는 구제할 때 오른손이 하는 것을
왼손이 모르게 하여 은밀한 중에 나
여호와가 너희들에게 상을 갚으리라.'
그리 가르친 대목의 내용을 너희들은
과연 얼마나 지키고 사는가?
11 오른손이 하는 것을 왼손이 모르게 은
밀한 중에 할 때 나 여호와가 너희들
에게 상을 내리며,
12 너희들이 만백성에게 자랑하며 보이
고자 하는 그와 같은 어떠한 아름다운
행위도 나와는 관계없다 내가 너희들
에게 그리 기록하여 전하였음이니,
13 너희들은 이 대목의 내용을 깊이 깨우
쳐 어찌 그를 보고 깨우쳐야 하며 어
찌 행하여야 하는가를,
14 많은 노력 속에서 마음을 비우고 읽는
자, 나 여호와가 너희들에게 전하고자
하는 그 뜻을 알게 될 것이니라.
15 너희들은 여기서 오늘의 어떠한 믿음
이요, 이단이요, 사탄이라 서로 반목
하여 갑론을박하며 시시비비할 것이
없느니라.
16 지금 2천 년이라는 기나긴 역사를 가
진 믿음의 길을 가는 그 백성이 얼마
나 아름답게 변하여져 갔으며 얼마나
이 세상이 정화되어 있는가 그것을 너
희들이 바라보면, 그 믿음의 옳고 그
른 것을 알게 될 것이니라.
17 지금 2년이라는 그 세월이 갓 넘은 나
의 아들을 따르는 제자들과 이를 보고
깨우치는 백성과, 2천 년이라는 기나
긴 역사의 뿌리를 가진 지금의 믿음을
가고 있는 백성 너희들이 과연 누가
나 여호와의 뜻에 따라 천사와 같이
변하는 백성인가?
18 너희들은 변화된 백성을 볼 때 어떠한
것이 진정한 나 여호와의 뜻이며 나의
뜻에 따라 참진리의 길을 가는 백성인
지를 알게 될 것이니,
19 이를 보고 너희 스스로 구원의 길이
무엇인가를 선택할 수 있는 기회를 내
가 너희들에게 다시 한 번 주고 있음

이니,
20 이를 명심하여 너희들이 바른길을 선
택하여 구원을 받도록 하여야 함을 잊
어서는 아니 되느니라.

5,044 번째 하나님 말씀

2003년 2월 17일 07시 28분

1 사랑하는 나의 아들아!
2 "네, 아버님! 말씀하옵소서."
3 '나 여호와가 존재함을 믿는 그 자체
가 구원의 길에 들어서는 기본이요,
근본이라' 하였음이니,
4 너희들이 나 여호와가 존재함을 믿는
그 자체가 얼마나 위대한 것인가를 아
는가?
5 너희들이 나를 믿지 못하는 그 상황에
서는 아무것도 역사할 수 없으며 너희
들은 변화할 수 없다 하였음을 알아야
할 것이니라.
6 너희들이 나를 믿는 마음이 확고할
때, 모든 것을 역사할 수 있음을 알아
야 할 것이니라.
7 나 여호와가 존재함을 믿는 그 자체,
그 마음이 얼마나 굳어야 하며 그 마
음이 얼마나 위대한 것인가를 너희들
은 모를 것이니라.
8 너희들이 나 여호와가 존재함을 믿는
그 마음이 굳어질 때 너희들이 흔들릴
수가 없으며 무너질 수 없기 때문이
니라.
9 너희들은 평소에는 나 여호와가 존재
함을 잘 믿으며 내가 있다 그리 믿느
니라.
10 그러나 유사시에 너희들이 정말 위급
한 상황이 처했을 때도 어렵고 인내하
기 힘든 곤경에 처했을 때도 너희들이
나 여호와가 존재하는 것이라 그리 믿
는 마음이 너희들을 살릴 수 있는 것
이며 너희들이 변할 수 있는 것임을
알아야 할 것이니라.
11 풍랑에 부딪혀 너희들이 타고 있는 배
가 물속에 반 가라앉으며 물속에서 너
희들이 살아날 수 없는 그와 같은 형
국이요, 그 밀어붙이는 풍랑을 도저히
견딜 수 없는 그와 같은 형국에서도
나를 믿는 마음, 나 여호와가 존재하
기에 반드시 그 위기를 넘을 수 있다
는 그와 같은 믿음을 갖는 것,
12 그보다도 더 긴박한 상황에서도 내가
존재한다는 것을 믿는 그와 같은 마음
이 변하지 아니할 때,
13 너희들은 정녕 나로부터 선택된 나의
아들딸로서 서게 됨이니,
14 그와 같은 속에서 하늘에 오르는 찬란
한 빛을 보며 믿음의 길에 들어섬을
알아야 할 것이니라.
15 지금 나의 백성 너희들은 평소에는 나
를 다 믿으며 내가 존재한다는 것을
알며 나를 위하여 목숨을 바치며 모든
것을 다한다 생각하느니라.
16 그러나 너희들이 도저히 견딜 수 없는
고통이요, 인내할 수 없는 그와 같은
시련이 닥칠 때, 너희들의 마음은 수
시로 변함이니라.
17 그리하여 그때는 나 여호와가 존재함
을 의식하지 아니하며 인정하지 아니
하려 하며,
18 인간의 노력으로써 무엇인가를 헤쳐
나가며 너희들 머리로써 모두를 해결

하려 그리 생각함이니,
19 거기에서 바로 무너지게 됨이니라.
20 너희들이 지고 일어설 수 없는 무거운
짐이요, 어떠한 고통을 준다 해도,
21 너희들이 나를 믿으며 내가 존재함을
믿으며 나로부터 그 길을 헤쳐 나갈
수 있는 용기와 희망이요, 또 그 방법
을 줄 것이라 믿는 그와 같은 마음이
었을 때,
22 너희들은 바로 나의 아들딸이요, 나의
길에 들어설 수 있다는 것을 잊지 말
라.
23 그러나 너희들은 그렇지 아니하니라.
24 육의 고통이요, 육의 시련에 조금만
부닥쳐도 나를 의심하며 나를 믿는 그
자체를 의심함이니,
25 바로 그는 나의 법전을 의심하며 나의
아들을 의심하게 되며 모두를 의혹투
성이로써 마음이 변하니,
26 그와 같은 마음을 가지고는 너희는 결
국 나에게 오르는 길을 올 수 없다는
것을 알라.
27 믿음이 얼마나 중요한가?
28 나 여호와가 존재함을 믿는 그것이 너
희들이 구원의 길에 들어서는 길이라
하였음이니, 그 믿는 마음에서 굳건히
나가라.
29 좌절해서도 아니 되며 무엇과 견주어
이야기해서도 안 되며,
30 남은 잘되며 다른 종교를 믿는 자는
잘되며 나 여호와를 찾지 않는 자는
잘되기 때문에, 너희들이 그와 같은
의혹의 마음이요, 그들을 부러워하는
마음이요,
31 그와 같은 마음이 만분의 일이라도
있다 할 때 너희들의 그 믿음은 흔들
림이니,
32 나를 믿어 할 백성이 믿지 못하고 살
아가는 그와 같은 너희들의 본심이 드
러남이니라.
33 그와 같은 형국으로써 믿음의 길을 가
서는 아니 됨을 깊이 새기고 또 새기
라.
34 그리하여 내가 오늘 나의 법전에 다시
한 번 너희들에게 이리 강조하고 깨우
쳐 줌이니, 이를 명심하여 행하도록
그리하라.

5,045 번째 하나님 말씀

2003년 2월 17일 07시 38분

1 사랑하는 나의 아들아!
2 "네, 아버님! 말씀하옵소서."
3 지금 모든 종교 집단이요, 또는 종교
지도자가 이끌어 가는 그와 같은 방법
이 잘못되어 있으며,
4 나와는 전혀 관계도 없는 그와 같은
길을 가며 나의 뜻과는 관계없는 그것
을 이루려 하며,
5 너희들이 하늘에 오르는 길이 아니요,
지옥으로 가는 길을 가고 있다 내가
너희들에게 말하였음이니라.
6 또한, 너희들이 기도할 때 믿음과는
관계없이 너희들이 지금 가고 있다 하
였음이니라.
7 너희들은 그 기도조차도 나를 위하여
나에게 경배하는 기도가 아니며 내가
원하는 기도가 아니라 말하였음이니
라.
8 너희들의 그 기도 속에는 무엇을 더

달라, 무엇을 이루어 달라, 그리고 더
갖고자 하는 그와 같은 부르짖음이니,
9 그것은 너희들이 원천적인 욕심을 버
리지 못하고 지금 하는 것이 아니던가?
10 그리고 진실로 너희들이 나를 위하여
조용히 경배하며 나로부터 무엇인가
를 듣고 깨우쳐 하늘에 오르는 길을
보고자 하며 나로부터 배우고자 하는
그 겸허하고 겸손한 기도가 아니라,
11 다른 사람의 흉내를 내는 그와 같은
기도를 하고 있음이니,
12 남을 흉내 내는 그와 같은 기도는 하
지 말라.
13 너희들이 정녕 나에게 오르고자 하면
조용히 기도하며 나에게 응답을 듣고
자 그와 같은 기도를 하는 것이 당연
하니,
14 내가 원하는 것, 내가 가르치고 내가
명하고자 하는 것을 듣고자 하는 것이
바로 기도임을 너희들은 알아야 할 것
이니라.
15 그러하니 '지은 죄를 용서해 주옵시
며, 하나님 아버님의 뜻대로 살아갈
수 있는 용기를 주옵소서.' 그와 같은
겸손한 말로써 진실로 나에게 기도할
때,
16 내가 너희들에게 그 깨달음을 내려 줄
것이거늘,
17 어찌하여 너희들은 욕심을 버리지 못
하고 그저 달라는 그 소리만을 부르짖
고 있는가?
18 그리하여 내가 너희들에게 전하였듯
이 너희들은 진정한 믿음의 길을 가는
것이 아니요,
19 남에게 과시하며 남에게 보이려 하며
너희들의 집단이 이와 같다 하는 것을
남에게 자랑하기 위한 그와 같은 집단
의 형국으로 변했으며,
20 너희들만이 특별한 인간의 집단이며,
그리고 너희들을 보고 따라오지 아니
하는 백성은 불쌍하다 생각하며 우월
주의에 빠진 백성이라 내가 그리 말하
였느니라.
21 내가 성경에 기록하여 너희들에게 일
찍이 깨우쳐 주지 아니하였던가?
22 너희들이 손으로 지은 회당이요, 너희
들의 손으로 지은 그 모임의 집단이
요, 큰 거리의 어귀에 서서 기도하기
를 좋아하는 것이 너희들이라 내가 말
하였느니라.
23 나 여호와가 나의 아들을 통하여 말하
기를 너희들에게 그리 일러 주었느니
라.
24 '너희가 그와 같은 행위를 하는 것은
자기 상은 이미 다 받았다.' 내가 그리
너희들에게 깨우쳐 주었음이니라.
25 너희들이 아무리 나의 뜻을 따르며 내
가 존재한다 그를 가르친다 하여도,
26 너희들의 손으로 지은 회당과 같은 것
을 만들지 말며 회당과 같은 곳에서
기도하지 말라 하였으며,
27 너희들이 많은 사람이 모이는 길거리
에서 나 여호와가 존재함을 과시하고
다니는 그 자체가 너희들의 오만이요,
자만이라 내가 그리하였으니,
28 그와 같은 믿음을 갖지 말라 하였음이
니라.
29 그러나 너희들은 지금 어찌 가르치는
가?
30 너희들이 나의 피조물 만백성을 사냥

의 몰이꾼으로 쓴다 하였음이니라.
31 그들을 거리로 내보내어 그들에게 나
의 백성을 인도하여 너희들의 집단으
로 끌어오라 하고 있음이니, 그것이
무엇인가?
32 나의 백성을 너희들의 집단에 끌어들
임으로써 거기에 재물과 관계됨이니,
나의 사랑하는 백성을 너희들이 그와
같이 활용하고 쓰고 있음이니,
33 너희들이 얼마나 잘못 가고 잘못 행하
는 것인가를 알라.
34 그와 같이 이끄는 것이 아니요, 너희
들의 살아가는 모습이 변화되었으며
너희들이 천사와 같은 삶으로 변화되
어, 너희들을 보고 만백성이 깨우쳐
오는 그와 같은 역사를 이루려 해야
하는 것이니라.
35 너희들은 지금 진리를 깨우치기 위한
것이 아니요, 사람의 수를 늘리며 너
희들의 세를 불리려고,
36 그리고 그들로부터 재물을 거둬들이
는 그와 같은 도구로, 재물을 바치는
기계로 나의 백성을 생각하고 끌어들
이고 모으는 것이 너희들의 형태가 아
니던가?
37 그리하니 너희들은 나로부터는 어떠
한 상도 받을 수 없으며,
38 오로지 인간 세계에서 받을 것 받고
줄 것은 다 준 그와 같은 형국이라 내
가 너희들에게 그리 말함이니라.
39 너희가 과시하는 그와 같은 믿음의 형
태로 간다는 것은 미리 나로부터 모든
것을 다 받아 갔음이니,
40 이제 너희들이 지상에서 삶을 마치고
나에게 왔을 때, 나로부터 아무것도
받을 만한 진정한 그 위대한 영광을
하나도 쌓아 놓은 것이 없다는 것을
내가 다시 강조함이니,
41 너희들이 살아가는 방법이요, 너희들
이 만백성을 깨우치는 그 지금의 믿음
의 방법을 대수술을 하여 대변화와 변
혁을 이루지 아니하면 아니 됨을 너희
들은 알아야 할 것이니라.
42 그러하니 너희들은 나의 뜻이요, 내가
원하는 길을 가지 아니하니,
43 곧 너희들은 나의 아들딸이 아니요,
사탄의 아들딸로 전락하였음이니,
44 이제는 내가 말하는 종교 지도자 너희
들이 무대에 서서 배우들이 하는 관중
을 웃기는 그 쇼요, 그 형태를 중단하
라.
45 너희들은 어찌하여 배우들이 모인 것
같이 그 역할까지도 너희들이 하여 나
의 만백성을 우롱하려 하는가?
46 너희는 나의 백성의 마음을 도둑질하
며 그 마음을 뺏어 가는 그와 같은 행
위를 하지 말라.
47 그리하여 진정 세상의 아름다움을 모
르며 죄를 짓고 살아가며 지옥으로 가
면서도 그 길이 무엇인지 모르는 나의
백성을 이제는 손을 놓아야 하며 그들
을 풀어 줄 때가 되었음을 알라.
48 너희들이 풀어 주지 아니하여 나 여호
와가 직접 그들을 풀어 주며 너희들의
성전의 문을 닫게 하며 거미줄을 치게
할 때의 그 고통은 너희들이 감내할
수 없을 것이니,
49 너희들이 그와 같은 고통을 겪기 전에
스스로 나의 사랑하는 백성을 바로 인
도하며, 그들을 묶어 놓은 그 쇠사슬

에서 그 고리를 풀도록 내가 너희들에
게 지금 기회를 줌이니 그리 알라.
50 이 법전 160권이 세상에 나왔을 때 그
때부터 너희들은 인내할 수 없는 고통
에 휘말림을 알라.

5,046 번째 하나님 말씀

2003년 2월 17일 07시 45분

1 사랑하는 나의 아들아!
2 "네, 아버님! 말씀하옵소서."
3 '너희는 기도할 때 네 골방에 들어가
문을 닫고 은밀한 중에 나 여호와에게
간곡한 기도를 하라.' 그리하였음이니
라.
4 그리하여 너희들이 아무도 보지 않는
골방에 들어가 문을 닫고 은밀한 중에
기도할 때, 나 여호와가 너희들에게
모든 상을 내릴 것이며 그 공을 너희
들이 받을 것이라 그리 나의 아들을
통하여 내가 미리 전하여 깨우쳐 주었
음이니,
5 과연 너희들은 그 기도함에 있어서
그리하는가?
6 너희들은 너희 자신을 한번 봐야 할
때가 되었음이니라.
7 지금의 모든 종교 집단이요, 또한 종
교 지도자 너희들과 나의 피조물 만백
성, 신도라는 너희들이 하고 있는 형
태가 과연 내가 성경에 기록하여 전한
그 방법과 타당하며 그 길을 가고 있
다 생각하는가?
8 너희들은 지금의 종교 집단이요, 지도
자가 이끌어 가며 너희들이 회당을 지
으며 교회라는 것을 지으며 성전이라
는 것을 지어 웅장하게 가꾸며,
9 그리고 나의 피조물 만백성의 세를 불
리고자 온갖 수단과 방법을 가리지
않으며, 그리고 또한 재물을 거둬들이
고자 모든 방법을 다 동원하여 각종
이름을 붙일 수 있는 대로 붙여 헌금
을 거둬들이니,
10 이것은 인간 세상에서 재물을 거둬들
이기 위한 그 고지서를 만들면 만드는
대로 너희들이 바쳐야 함이니,
11 그와 같은 형국에 있는 집단은 이 세
상에 아무 곳에도 없을 것이니라.
12 그래도 이와 같이 가는 것이 합당하며
이 행위가 옳다 생각하며 나 여호와의
뜻에 의해 살아간다 생각한다면 너희
들은 그 길을 가라.
13 그러나 너희들은 이제 깨우쳐야 할 것
이니라.
14 그러니 내가 너희들에게 스스로 혼자
문을 닫고 골방에서 은밀한 중에 기도
하는 그 기도를 내가 듣는다 기록하여
전하였으니,
15 너희들이 과연 그 길로 가는가 아닌가
를 생각하며,
16 너희들이 지금의 가고 있는 그 믿음이
요, 종교 지도자들이 하는 형태가 너
희들이 봐서 정녕 성경에 의하여 살지
아니하며 성경에 일치해 살지 아니하
며 의심이 가며 의혹이 가는 점이 있
다면, 너희들은 바로 거기서 뛰쳐나와
야 할 것이니라.
17 그 순간에 뛰쳐나오는 용기가 없는
자, 너희들은 영원히 죽음의 길로 간
다는 것을 알아야 할 것이니라.
18 너희들은 이제 시간이 없음이니라.

19 너희들이 살아가는 운명은 나로부터
정해진 것을 세상에 받아 나가 살아감
이니, 그 시간은 점점 줄어들며, 너희
들이 깨우쳐 나에게 회개하고 올라올
수 있는 그 시간이 없으니,
20 너희들에게 지금 가장 소중한 것은 시
간이 없다는 것을 너희들은 알아야 할
것이니라.
21 그리하여 너희들이 바로 깨우쳐 그곳
에서 잘못되었다는 의혹이 생길 때 뛰
쳐나와 하늘에 오르는 길을 보도록 그
리하라.
22 그 길을 보지 아니하면 너희는 영원히
구원을 받을 수 없으며 내 품에 올 수
없다는 것을 알라.
23 이제 너희들은 나의 성경을 정독하라.
24 내가 나의 법전을 정독하라 함은, 나
의 법전을 정독하는 자만이 그 속에
있는 깊은 뜻을 알 수 있듯이,
25 너희들이 나의 성령을 건성으로 몇 회
를 읽는 그 숫자를 채우려고 읽어서
는 아무것도 알 수가 없으니,
26 나의 성경도 정독하여 그 숨어 있는
뜻을 그대로 너희들이 받아들이며 그
를 한번 깨우쳐 보라.
27 우선 그와 같이 깨우쳤을 때, 너희들
은 깨달으며 너희들을 바로 일깨워 주
는 대목이 거기에 있을 것이니라.
28 그리하여 정독하라.
29 그리고 정독하다 보면 너희들이 깨달
음을 얻을 수 있음을 알라.
30 정독하지 아니하며, 형식적으로 성경
을 아무리 읽어도 알 수 없으며 깨달
을 수 없다는 그와 같은 나약한 마음
으로 간다면, 정녕 그 비유의 뜻을 알
수 없으며,
31 순수하게 너희들이 알 수 있는 내용마
저도 들여다보지 못하는 그와 같은 우
를 범하게 됨이니,
32 성경도 한 번을 읽더라도 정독하는 마
음으로 읽어 보라.
33 그러면 너희들이 길을 알 것이니라.

5,047 번째 하나님 말씀

2003년 2월 17일 07시 56분

1 사랑하는 나의 아들아!
2 "네, 아버님! 말씀하옵소서."
3 너희들이 정녕 나에게 기도하고자 하
는 자, 그리고 나로부터 경배의 기도
를 드리는 백성, 너희들은 나에게 구
원하는 기도요, 달라는 그와 같은 기
도를 하지 말라.
4 이제 기도하는 것은 나의 법전, 새로
운 성경에 기록하여 너희들에게 전하
였음이니, 그것이 천국에 오는 길이라
는 것을 너희들은 알아야 할 것이니라.
5 너희들이 그리도 갈구하고 오고자 하
는 그 천국의 길은 오로지 나의 법전
에 기록되어 있는 그 기도 내용대로
기도하는 것만이 나에게 오를 수 있는
그 영광을 얻는다는 것을 잊지 말라.
6 너희들의 마음대로, 생각대로 만들어
서 하는 그와 같은 기도는 나에게 드
리지 말라.
7 나에게 드리는 기도가 정녕 바른 기도
라 그리 생각하는 자, 너희들은 너무
나 엄청난 착각을 하고 있음을 알아야
할 것이니라.
8 너희들이 말로써 하는 그 기도는 나와

관계도 없음이며 나는 그를 듣지도 아
니한다 하였음이니라.
9 그와 마찬가지이니라.
10 너희들이 말로 해서 만든 그 찬란한
수다의 기도가 나에게 들린다 생각하
며 그와 같이 이루어진다 생각하는 그
착각 때문에,
11 너희들이 때로는 나 여호와로부터 메
시지를 받았으며 나로부터 명을 받았
으며 나로부터 대명을 받은 자라 그와
같이 착각을 하고 있느니라.
12 너희들의 그와 같은 착각은 또한 더
무서운 결과를 낳고 있음이니라.
13 그와 같은 너희들의 기도로써 모든 것
이 달라지며 모든 것을 역사한다고 생
각하며,
14 그리고 그저 달라 소리 지르며 부르짖
으면 줄 것이라는 그와 같은 왜곡된
믿음으로 인하여 지금 모든 성전이요,
너희들이 손으로 지은 교회라는 곳에
가면 너희들이 무조건 구원을 받는다
는 그와 같은 착각에서 벗어나지 못함
이니,
15 그를 믿고 지금 가는 것이 너희들이니
라.
16 너희들이 나에게 오를 수 있는 기도
는, 내가 새로운 나의 법전에 기록한
간단한 그 내용으로 기도하라.
17 너희들이 그리 연구하고 생각해서 하
는 그 기도는 나는 듣지 않는다 하였
으며, 그 기도 소리는 이 세상의 땅과
하늘을 다 오염시키는 사악한 행위를
하는 것이며,
18 그와 같이 생각 속으로 하는 기도는
나 여호와에게 올리는 것이 아니요,
너희가 사탄에게 보고하는 그 결과의
짓을 하고 있음을 알라.
19 너희들은 나 여호와가 전지전능하며
모두를 다 아는 여호와 하나님이라면
서,
20 어찌하여 내가 알아서 너희들에게 내
리는 그와 같은 지혜를 갖지 아니하고
달라, 달라, 그리고 이루어 달라 소리
지르고 눈물로써 울부짖으면 준다 그
리 말하는가?
21 어찌하여 이와 같이 무식하며 너희들
이 나의 피조물 만백성을 어리석게 가
르치는가?
22 사악한 짓을 하며 죄를 짓고 사는 자
가 달라, 달라 한다 하여 내가 그저 무
조건 주는 나 여호와라 생각하는가?
23 그렇다면 내가 어찌하여 공의의 하나
님이요,
24 내가 어찌하여 선과 악을 구분하여 마
지막 심판하는 창조주 여호와이며,
25 천국이요, 지옥으로 가고 오는 것을
결정짓는 나 여호와라 어찌 그리 생각
하는가?
26 사는 자세가 잘못된 자가 나에게 무엇
을 부른다 하여 내가 그를 듣는다 생
각하지 말라.
27 나의 뜻에 따라 순종하며 나의 뜻을
거역하지 아니하며 나의 계명대로 살
아가고자 노력하는 그 백성이 울고불
고했을 때 내가 그를 들어줌이니라.
28 너희들은 이 뜻을 알라.
29 지금 내가 너희들에게 가르쳐 말하기
를, 내가 새로 내리는 나의 법전을 이
세상에 가장 사랑하고 소중한 것처럼
가슴에 안고 그 떨리는 마음으로 나의

법전을 들여다볼 때,
30 너희들이 거기에서 그 위대함을 알게
될 것이라 내가 그리 말하였음이니라.
31 그러니 너는 이 구절을 가지고 너의
제자들에게 전하여 그들로부터 명상
하여 나에게 답을 얻으라 그리하라.
32 '나의 법전을 가슴에 안고 정독하는
자, 반석 위에 서서 하늘에 오르는 길
의 그 빛을 본다.'는 그 뜻을 그들이
명상하여 거기서 답을 얻도록 그들에
게 네가 명하여 그들로 하여금 명상의
시간을 갖도록 그리하라.
33 이 뜻이 얼마나 소중한 것이며 이것이
얼마나 위대한 것이며 너희들에게 꼭
필요한 말인가, 그리고 내가 너희들에
게 내리는 가르침인가를 명상으로써
스스로 깨닫는 기회를 갖도록 하라
그리 전하라, 사랑하는 나의 아들아!

5,048 번째 하나님 말씀

2003년 2월 17일 08시 04분

1 사랑하는 나의 아들아!
2 "네, 아버님! 말씀하옵소서."
3 너희가 구원의 길이요, 구원받고자 금
식이라는 기도를 하느니라.
4 연극을 하는 배우처럼 너희들이 그러
한 분단장하지 말라.
5 내가 그와 같은 형태로써 하지 말라
깨우쳐 주었음이니라.
6 너희들이 분단장하는 그와 같은 형극
으로써 연극을 하는 배우처럼 연극을
하는 그와 같은 형태로 금식하지 말
라 하였음이니라.
7 진실한 믿음이요, 진실한 회개요, 깨
우침을 얻기 위한 그와 같은 순수하고
아름다운 자세로써 행해야 함이니라.
8 너희들은 이를 남에게 보여 주기 위하
여 어떠한 무엇인가를 과시하기 위하
여 '나는 이와 같이 몇 차례의 금식을
했노라.' 그와 같은 생각을 하고 하는
것은 바로 무엇이던가?
9 너희들은 무대에서 관중을 웃기고 즐
겁게 하려고 분단장하는 그 형태의 모
습을 보여 주는 바로 배우와 같은 자
들이니라.
10 그와 같은 배우의 모습으로써 나에게
금식하는 그와 같은 관계를 가지 말라
하였음이니라.
11 너희들은 믿음과는 관계없는 그러한
금식 기도를 하지 말라.
12 그와 같은 것은 나와 관계가 없음이니
라.
13 너희들이 슬픈 기색을 하는 것은 배우
들이 무대 위에 서서 너희들에게 보이
는 연기의 한 아름다운 장면이지,
14 믿음의 길을 가는 자가 그와 같은 배
우와 같은 연극의 형태로써 금식 기도
를 해서는 아니 되니, 너희 마음의 자
세를 한번 돌이켜 보도록 그리하라.
15 너희가 그와 같은 모습으로써 금식 기
도를 함은 나에게 과시하고, 남들에게
보이고자, 남들에게 과시하고자 하는
형극의 금식 기도이지,
16 나 여호와에게 경배하며 그리고 회개
하며 바로 살아가고자 하는 그 깨달음
을 얻고자 하는 것이 아니며,
17 나로부터 어떠한 성령의 가르침을 듣
고자 하는 것이 아니며 구원의 길을
가고자 하는 것이 아니니라.

18 '너희는 과시하려는 금식의 기도를 하
지 말라.' 내가 너희에게 일찍이 기록
하여 전하였느니라.
19 슬픈 모습을 짓는 그 모습이 흉하고
흉한 모습이니라.
20 그러한 너희들의 금식 기도 또한 지상
에서 하는 만큼 다 받고 잃고 얻을 것
을 다 했으니, 그 또한 나에게 와서는
받을 상이 하나도 없음이니라.
21 너희 자신을 분단장하는 그와 같은 배
우와 같은 형국의 마음으로 금식하지
말라.
22 오로지 진정한 믿음이요, 진정한 깨달
음이요, 너희들이 무엇인가를 얻고자
하는 그와 같은 변화된 마음이 아니면
그것이 다 잘못된 것임을 너희들은 알
아야 할 것이니라.
23 그와 같은 행위는 또한 나와 관계가
없으며 내가 그를 기억하지 아니하니,
그 또한 나의 백성이 아닌 자들이 하
는 짓이니라.
24 너희들은 나와 관계없는 짓만을 골라
서 그와 같은 행위를 하지 말라.
25 너희들이 금식을 하고자 하면, 다락방
에서 조용히 남들이 보지 않는 곳에서
금식 기도의 역사를 이루며 행하면 그
것이 나에게 축복을 받으며 하늘에 와
서 받을 수 있는 상이 있음을 너희들
이 알라.
26 너희들은 그저 기도를 하는 것도 다락
방에서, 골방에서 문을 닫고 혼자 은
밀한 중에 나에게 간곡한 기도를 드렸
을 때, 너희들이 모두를 얻을 수 있다
하였거늘,
27 금식이라는 것을 음식을 전폐하면서
나에게 무엇을 얻고자 갈구하는 너희
들이 집단적으로 많은 사람 앞에서 그
분단장한 모습으로 쇼하는 모습을 보
여 주면서 슬퍼하며 괴로워하는 그 모
습이,
28 다 분단장한 배우가 무대에서 그 훌륭
한 연기를 보여 주는 것처럼 너희들이
그와 같은 짓을 하고 있다는 것은 바
로 무엇이더냐?
29 너희들이 금식의 기도를 많은 사람 앞
에서 하는 것은 보여 주고자 하며 내
보이고자 하는 것이니,
30 이것이 잘못된 믿음이요, 감히 생각할
수도 없는 무서운 죄악의 행위를 하고
있다 함을 알라.
31 나 여호와와 관계없는 짓을 하고 있으
면서 나의 이름을 부르며 나를 찾는
것, 내가 기억하지 아니하며 나와 관
계없다는 자가 나를 찾고 나를 부르는
것은 너희들이 나를 능멸하며 나를 욕
함이니라.
32 나를 진정한 창조주요, 너희들이 말하
는 전지전능한 하나님이라 생각한다
면, 내가 원하는 것을 하지 아니하며
나의 이름을 부르지 말며,
33 우리 부자의 이름을 불러 세상을 혼탁
하게 하지 말고 오염시키지 말라.
34 그와 같은 너희들의 행위는 나와는 관
계없음이니 그리 알라.

5,049 번째 하나님 말씀

2003년 2월 17일 08시 16분

1 사랑하는 나의 아들아!
2 "네, 아버님! 말씀하옵소서."

3 너희들이 나로부터 받아 나간 그 생명
의 시간은 정해져 있으며,
4 그 정해진 속에서 너희들이 그 시간을
하나하나 낭비하고 살아감이니,
5 그것이 얼마나 소중하고 귀한 시간인
가?
6 과일이라는 것을 하나하나 깎아서 취
하듯이 그 과일이 줄어드는 것은 알면
서,
7 너희들이 어찌하여 나로부터 정해진
그 소중한 생명의 시간이 줄어가는 것
은 보지 못하며 그것이 얼마나 귀한
것인가를 알지 못하는가?
8 너희들이 그를 먼저 깨닫는다면 그 남
은 시간이요, 살아가는 그 시간을 얼
마나 소중히 써야 하며, 그 시간을 부
여받은 것을 나 여호와에게 얼마나 감
사함을 느껴야 하는가?
9 그릇에 담은 물을 마시면 마심으로써
줄어들며 적어지는 것을 너희들은 아
느니라.
10 그리고 너희들의 생명보다 더 소중한
금화와 은화라 말하는 그것을 너희들
이 쓰고 사용할 때 줄어드는 것은 알
며 그것을 안타까워하는 마음을 가지
고 살면서,
11 어찌하여 그보다도 더 비교할 수 없고
소중한 내가 너희들에게 내려보낸 그
생명의 시간은 그리도 허비하고 낭비
하며 값없이 그리 쓰는가?
12 정녕 너희들이 살아가는 모습을 나 여
호와가 볼 수 없기에, 내가 나의 법전
에 기록하여 한 장의 그림을 그려 보
여 주듯이 이리 명확하게 글로써 전해
주는 나 여호와가 너희들을 사랑하는
그 마음을 정녕 너희들은 모르겠는가?
13 너희들은 어찌하여 내가 내려 준 그
소중하고 귀한 시간이요, 두 번 다시
돌아올 수 없는 그 시간의 소중함을
모르는가?
14 너희들이 하나의 과일을 깎아 먹어 줄
어드는 것은 또 하나를 구해서 먹을
수 있으며,
15 너희들이 마시는 그 물 그릇에 물이
줄어드는 것은 다시 한 번 떠서 그리
보충하면 되는 것이니라.
16 그러나 그와 같이 보충할 수 있는 것
은 너희들이 그리 소중하게 애절히 생
각하면서,
17 나로부터 두 번 다시 돌아올 수 없으
며 두 번 다시 잡을 수 없으며 두 번
다시 만질 수 없으며 두 번 다시 쓸 수
없는 그 귀중한 생명의 시간은 너희들
이 그리 허송세월하며 낭비함이니,
18 그러면서 그 귀중한 시간 속에서 어찌
살아가는가?
19 너희들은 더 무엇을 이루고자, 더 갖
고자, 소원의 뜻을 이루고자 대답이
없는 바윗돌 앞에 고개 숙여 두 손을
닳도록 빌며 성황당이라는 그 큰 나무
밑에 가서 빌며 날짐승에게 빌며 그저
흐르는 강물에 가서 빌며 산천에 가서
무엇을 얻고자 기도하고 경배하니,
20 너희들이 아무런 대답이 없으며 메아
리가 없는 그곳에 가서 고개 숙여 손
발이 닳도록 애절하게 그리 빌며 무엇
을 얻고자 하는 그와 같은 너희들의
삶의 그 시간이 과연 어떻다 생각하는
가?
21 너희들은 지금 종교 지도자요, 집단들

이 나 여호와의 뜻을 모르며 나에게
오르는 길이 무엇인지도 모르고 가르
치는 자,
22 나의 아들 예수가 무엇 때문에 너희들
의 죄를 지고 죽었는지 그 뜻도 모르
며 그저 너희들의 죄를 대신하여 죽었
다 말하며,
23 너희들의 손으로 지은 죄의 온상인 성
전에 오면 구원을 받는다 그리 가르치
는 곳에서 너희들에게 어떤 메아리가
오며 너희들이 무엇을 얻으며 무엇을
보는가?
24 평생을 다녀도 그를 볼 수 없다 내가
그리 말하였느니라.
25 너희들의 종교 지도자가 몇 년이라는
인간이 가르치는 세속에서 교육을 받
아 너희들을 가르치면 그는 몇 년 동
안을 가르치고 난 다음에는 남은 것이
없으니,
26 그가 배운 시간만큼만이라도 너희들
을 다스려 잘 깨우쳐 세상 밖에 내보
내 만백성을 구하는 역사를 하라 하였
으나,
27 한번 걸려들면 평생 죽을 때까지 거기
서 나가지 못하도록 금화와 은화를
바치며 노예와 같이 그리 부려 먹으
니, 내가 뭐라 말하였더냐?
28 사냥꾼이 사냥하여 그 짐승의 가죽을
팔며 살을 팔며 뼈를 파는 것과 같이
너희들을 짐승으로 대하며 너희들을
사고파는 그와 같은 형국인 그곳에서
너희들은 얻을 것이 없으며 돌아오는
메아리가 없는 그곳에 목숨을 바쳐 가
느니라.
29 그러나 너희들이 구하는 그 길이 나의
법전이요, 새로 내려온 성경의 이 속
에 그 모두 다 있다 하였거늘, 너희들
은 이를 보지 아니하며 듣지도 아니함
이니,
30 여기는 글로써 기록하였으며 책으로
만들어 너희들에게 제시함이니,
31 너희들은 이것이 잘못되었을 때 나 여
호와에게 와서 따질 수도 있으며 항변
할 수도 있는 것이며,
32 증거하여서 이를 보고 깨우치면 하늘
에 오는 길이요, 참진리를 너희들이
깨달을 것이며,
33 깨닫지 못한 자 그때 가서 나의 법전
을 버려도 되거늘,
34 너희들은 대답도 없으며 메아리도 없
는 그 모든 형상에 대해서 고개 숙여
손발이 닳도록 소원을 빌며 뜻을 이루
고자 기도하며,
35 잘못 가르치는 종교 지도자들의 그곳
에 가 재물을 바치며 너희들이 평생
노예보다 더한 모습으로 살아가면서
도
36 어찌하여 그곳에서 벗어날 줄을 모르
며, 내가 근거하여 볼 수 있는 글로써,
책으로써 너희들 앞에 내리는 나의 법
전은 어찌하여 그리도 보지 아니하며
우매하고 사악한 마음의 뿌리를 뽑지
못하는가?
37 너희들은 여기서 깊이 깨우치라.
38 과연 무엇이 소중한 것인가?
39 너희들이 사는 시간을 허송세월할 수
있으며 시기하고 질투하며 사악한 마
음으로 과연 살 수 있는가?
40 너희들이 한 모금 마시면 물이 줄어드
는 그릇에 담긴 물보다도 천배 만배

더 소중한 것이 너희들이 나로부터 받
아 나간 그 정해진 생명이요, 그 시간
이거늘, 어찌하여 그와 같은 어리석은
삶을 사는가?
41 이제 나의 법전을 읽고도 너희들이 그
를 깨우치지 못한다면, 너희들은 정녕
나에게 받은 그 은혜를 역으로 갚는
자이니 그리 알라.
42 너희가 지워도 지울 수 없는 수많은
죄를 사하는 길은 아무것도 없음을
알라.
43 너희들이 오로지 그 죄를 사할 수 있
는 것은 지금부터 선하게 살며 선행
을 하는 길밖에는 없음이니라.
44 아름다운 마음으로 살아가는 것, 사랑
을 베푸는 것밖에 없으니,
45 너희들이 그 사랑을 베푸는 방법이요,
사랑이 무엇인가를 먼저 알아야 그를
행하지 아니하는가?
46 너희들이 선하고 착한 그 마음이 사랑
을 베풀며 하늘에 오르는 길이요, 나
에게 경배하며 나에게 달려오고 싶어
하나, 너희들이 알지 못하며 그 방법
을 모르기에,
47 잘못 가고 있는 불쌍한 나의 아들딸,
사랑하는 너희들을 위하여 내가 그를
볼 수 있는 나의 새로운 법전을,
48 그것도 증거할 수 있으며 너희들이 나
에게 와 따질 수 있으며 항변할 수 있
는 책이요, 문자로 만들어 너희들 앞
에 그리 내리거늘, 이 소중한 보배를
보지 못하니,
49 이를 보는 나 여호와의 마음의 아픔이
찢어지고 또 찢어지는 괴로움이 있느
니라.
50 대답도 없는, 너희들이 관리하고 먹
고살라 하는 그 자연 앞에 너희들이
빌고 용서를 원함이니, 이것을 보는
내 가슴이 답답함이 이루 말할 수 없
으며,
51 잘못 가르치는 종교 지도자 앞에 너희
들이 온갖 세상의 삶을 다 거기에 바
치며 내가 내려 정해 준 그 귀중한 시
간을 함부로 쓰며 그리고 허황된 속에
너희들이 살아가는 그 모습을 보는 것
이 나의 가슴이 찢어지는 아픔이니라.
52 나의 성령을 모두 태워 내가 나의 아
들을 통하여 지금 근거할 수 있는 책
으로 만드니,
53 너희들이 이 책을 읽고 깨우쳐 하늘에
오르는 길을 오지 못했을 때, 너희들
이 나에게 항변하며 따질 수 있는 이
법전을 세상에 내려보내나,
54 이를 보지 아니하며 사탄이요, 사악한
이요, 마지막 시대에 오는 거짓 선지
자가 너희들을 현혹한다 하여 이를 찢
어 버리고 태우는 것을 보는 나의 가
슴이 또 한 번 더 깊이 찢어지며,
55 나의 가슴을 예리한 칼로써 살점을 도
려내는 것보다 더한 아픔으로 나 여호
와가 너희들을 바라보니,
56 나의 찢어지는 아픔을 너희들은 어찌
하여 그리도 보지 못하는가?
57 어찌하여 이 어리석은 백성 너희들은
내가 너희들을 사랑하는 그 사랑의 그
의미요, 사랑의 뜻이요, 나의 사랑의
깊이를 그리도 못 보는가?
58 너희들이 나의 가슴을 도려내는 그 고
통과 아픔을 언제까지 나에게 그 시련
을 주려 하는가?

59 너희들은 여기서 깨우쳐야 할 것이니
라.
60 나의 아들 예수가 죽어 간 그 모든 것
도 그가 무엇 때문에 죽었는가?
61 너희들의 죄를 대속하고자 그저 무의
미하게 그와 같이 죽어 간 것이 아니
니라.
62 '사랑, 사랑'이라는 것을 너희들에게
전하며 그를 보고 따르게 하려고 나
의 아들까지 희생하여 보냈음이니, 너
희들이 우리 부자의 가슴을 그리 울리
지 말며, 지금 세상에 나가 너희들을
구하고자 하는 나의 아들의 눈에서 더
이상 피눈물이 나오는 그 고통을 주지
말며,
63 그 고통을 더는 백성으로 돌아서라.
64 너희들은 그를 죽이려 하며 그를 상하
려 하는 그와 같은 악마의 자식이 되
지 말라.
65 너희들은 여기서 이 무서운 이치를 깨
닫고 바로 서도록 그리하라.

5,050 번째 하나님 말씀

2003년 2월 17일 08시 29분

1 사랑하는 나의 아들아!
2 "네, 아버님! 말씀하옵소서."
3 너희들은 이 세상에 살아가는 그 모든
것이 나를 만나고자 하며 나를 보고자
하며 나에게 오고자 하는 것이 너희들
모두의 소망이요, 갈망하는 것이라 그
리 말하느니라.
4 그리고 나에게 오르는 길을 위하여 너
희들은 오늘의 고통스럽고 힘든 삶을
살아간다 말하느니라.
5 그리고 너희들이 모든 재물을 바치며
손으로 만든 성전에 가 기도하며 그저
광란의 짓을 하는 그 모두도 또한 너
희들이 나에게 오르고자 하는 그와 같
은 행위라 그리 말하며,
6 또한 그리함으로 구원을 받았으며 받
을 수 있다 그리 생각하고 착각 속에
살아가는 것이 너희들이니라.
7 이제 나를 믿지 아니하며 나무 밑에
가 기도하며 바위에 절하고 소원을 비
는 백성, 그리고 정녕 구원의 길에 들
어섰다 하여 내가 지은 이 세상의 아
름다운 성전의 한 귀퉁이에 두꺼비집
과 같이 지어 오염시키며 지금 가고
있는 백성, 너희들은 모두 이제 들을
찌니라.
8 너희들이 구원을 받는 길이요, 나에게
오르는 길은 아무것도 세상에 없음이
니라.
9 오로지 지금부터 나의 계명을 지키고
사는 것, 그리고 너희들이 나의 율법
이요, 나의 십계명에 따라 살아가는
것과 나의 법전에 기록된 내용을 보고
깨우쳐 그를 행하고 사는 길밖에 없음
이니,
10 나의 법전을 접하지 아니하는 자, 이
를 보지 아니하는 자, 너희들은 정녕
구원의 길에 들어설 수도 없음이니라.
11 내가 너희들에게 깨우쳐 전하기를,
'나의 법전을 가슴에 안고 정독하는
자 반석 위에 서서 하늘에 오르는 찬
란한 빛을 보게 되는 영광을 얻는다.'
하였으니,
12 나의 법전을 접하지 아니하는 자는 반
석 위에 서서 하늘에 오르는 찬란한

빛을 볼 수 없다 함이니라.
13 그러니 너희들이 어찌 나에게 오를 수
있는 길을 오고, 갈 수 있다 생각하는
가?
14 너희들은 그와 같은 생각을 꿈에도 하
지 말라.
15 내가 지금 내리는 새로운 성경이요,
나의 법전을 읽고 깨우치는 자, 그리
깨우쳤다 해서 나에게 오르는 길이 아
니요, 그와 같이 행하는 자, 그대로 살
아가는 자, 그를 지키고자 어떠한 고
통과도 싸워서 이기고 오직 그 길만을
가는 그와 같은 백성이 나에게 오르는
길이라 하였음이니라.
16 너희들이 나의 법전을 읽고 접하는 그
순간에 깨닫는 것, 그리고 행하는 것
을 얼마나 소중하게 지키고 사느냐에
따라서 반석 위에 일어서는 영광을 언
으며 하늘의 빛을 보게 됨이니,
17 그 하늘의 빛을 보는 자 그 길을 따라
오게 되어 있음을 알라.
18 나의 법전이 너희들을 구원하는 길이
요, 참진리요, 그것밖에 없음이거늘,
19 이를 믿지 않으며 이 빛을 보지 아니
하는 자,
20 나의 법전이 구원하는 길이라는 것을
믿지 않으며 사탄이요, 사악한 자가
하는 행위라 그리하는 자, 너희가 죽
음을 향하여 그 정해진 시간을 살다
너희들의 육은 죽어 흙으로 돌아가는
그와 같은 것을 부인하려 하는 자이며,
21 그를 믿지 아니하는 자보다도 더 어리
석은 자가 나의 법전을 읽지 않는 자
이니라.
22 자연 속에서 물이라는 것이 흐르되 물
은 높은 곳에서 낮은 곳으로 흘러감이
니라.
23 그와 같이 너희들이 높은 곳에서 낮은
곳으로 흐르는 그 물의 간단한 순리를
거역하며 믿지 아니하며 그와 같이 되
지 아니한다면서 물은 낮은 곳에서 높
은 곳으로 역류한다는 고집을 피우는
자보다도,
24 나의 법전이 마지막으로 너희들을 구
원하는 길이요, 이 길을 보지 않는 자
는 구원을 받을 수 없다 하는 그것을
부정하는 것이 더 어리석은 백성이며
더 불쌍한 백성임을 너희들은 알아야
할 것이니라.
25 너희들은 또한 여기서 이 세상의 모두
가 하나의 오차도 없이 돌아가며 이
세상이 움직이며 모든 동식물이 살아
갈 수 있도록 그 모두를 내가 내렸으
며,
26 천 가지, 만 가지 생명을 가진 것들에
게 그들이 먹고살 수 있는 그 먹이를
세상에 다 내려보냈으며 준비해 내려
보내, 너희들이 지금 살아가는 그와
같은 방대하고 위대한 나 여호와의 주
관함을 안다 하면,
27 이를 너희들이 믿지 아니하며 또 나
여호와가 존재하지 아니하다 부정하
는 자보다도 더 무섭고 어리석은 자가
나의 법전을 인정하지 않는 백성임을
너희들은 알아야 할 것이니라.
28 그와 같이 감히 작은 머리로써 어리석
음을 행하지 말라.
29 너희들의 머릿속으로써 생각하는 것
이 무엇이든 너희들의 그 생각은 한계
가 있다 내가 하지 아니하였던가?

30 그러한 너희들이 나 여호와가 이루고
자 하는 나의 새로운 성경이요, 나의
법전이 너희들에게 마지막이니,
31 이를 보지 아니하면 구원을 받을 수
없다 나 여호와가 직접 이리 글로써
세상에 전함이니, 이는 증거하며 근거
가 있으니,
32 그렇다 하면 너희들이 이를 읽고 깨우
쳐 그 속을 들여다보면 과연 나 여호
와의 뜻이며, 너희들이 이를 보지 아
니하고 행하지 아니하면 하늘에 오르
고 못 오르는 그 뜻이 여기에 있음이
니,
33 너희들이 바위 앞에 가서, 돌 앞에 가
서 메아리가 없는 그 모두의 너희들이
먹고살라 하여 이 자연에 만든 그 형
상에 가서 기도하고 소원을 비는 그와
같은 백성, 또 믿음의 길을 가는 그와
같은 백성,
34 너희들이 그 길을 간다 하여도 내가
말하지 아니할 것이니,
35 너희들이 나의 법전의 단 1부, 16권만
이라도 정독하라.
36 너희들이 나의 법전 16권을 정독하고
나서도 깨달음이 없으며, 이 법전이
잘못되었으며 너희들이 가는 길이 옳
다 생각하거든,
37 말 없는 바위요, 흐르는 강물이요, 산
천에 가서 또 큰 나무요, 나는 날짐승
에게 소원을 빌며,
38 지금 자연의 아름다운 이 지상이 내가
만든 성전이라 하였음이니,
39 그 성전의 한구석을 오염시키며 거기
다 못을 박는 그와 같은 흉악스러운,
너희들이 그 손으로 지은 죄의 온상인
그곳에 가 기도하고 경배하는 것이 옳
다 생각하며, 나의 법전 속에 기록된
내용이 잘못되었다 생각하거든,
40 그때 가서 나를 버리고 나의 법전을
버려도 내가 너희들을 탓하지 않는다
그리하였음이니라.
41 그러니 너희들은 나의 법전을 한번 읽
어 보고 답을 얻으라.
42 이것이 나 여호와가 너희들에게 간곡
히 부탁하며 간곡히 원하는 것이니라.
43 여기서 다시 한 번 너희들이 깨우쳐라.
44 이 세상의 그 모두는 나의 주관하에
이루어진다 너희들의 입으로 말하지
아니하는가?
45 나의 능력이요, 나의 주관하에 이 세
상에 태어나지 않는 것이 하나도 없으
며, 오로지 나의 주관이요, 내가 좌우
하는 속에서 내가 명하는 속에서 모두
가 다 이루어진다 말하지 않느냐?
46 그러면 이 법전도 내가 너희들을 깨우
치고자 세상에 내보냈음이니,
47 이것이 사탄이 쓴 것이요, 사악한 자
가 쓴 것이라 하여도 너희들이 이것을
읽으면 거기서 사탄이 아닌 것을 알게
되거늘,
48 사탄이라는 것이 써서 내려보냈으며
마지막 거짓 선지자가 만든 것이라면
너희들은 거짓 선지자가 만든 것을 이
리이리 가르치고 이리 가라 하였으니
이것은 잘못된 것이라 너희들이 거울
삼아 반복하며 흔들리는 너희들의 믿
음에서 바로 마음을 잡을 수 있는 것
이니,
49 이래도 좋고 저래도 너희들을 내가 탓
하지 아니할 것이니, 나의 법전 16권

그것만 읽고 난 다음에 너희들이 길을 선택하라.
50 사랑하는 나의 백성들아, 그것이 나 여호와가 마지막 너희들에게 간곡히 부탁하는 바이니라.

5,051 번째 하나님 말씀

2003년 2월 18일 0시 15분

1 사랑하는 나의 아들아!
2 "네, 아버님! 말씀하옵소서."
3 지금의 믿음을 가고 있는 수많은 종파 속에 있는 백성이요, 신도라는 그들, 그리고 나의 법전을 읽고 깨우친 너를 따르는 제자요, 이 법전을 읽고 깨우친 백성, 너희들 자신이 과연 무엇이 변하여졌으며 무엇이 깨달음인가를 알아야 할 것이니라.
4 같은 믿음을 가며 한 성전의 한 집단에서 같이 공부하고 깨우치는 너희들은 가장 인자한 것같이 아름다운 말을 쓰며 서로 사랑하는 것같이 하며 사랑을 나눈 것같이 사느니라.
5 그러나 그와 같이 그 속을 떠나서 다른 세계에 다른 사람들과 너희들이 부닥치고 얽히고설킨 속에서 마음 상하며 감정 상하는 수많은 일에 부딪힐 때,
6 너희들은 거기서 과연 얼마나 인내하는가?
7 믿음의 길을 같이 가는 너희들의 자매요, 형제라는 사람들같이 너희들이 성전에서 말하는 그 행동처럼 그리 미소를 지으며 사랑하며 인자한 모습으로써 그들과 상대하는가?
8 그렇지 아니한다면 너희들은 거짓 깨달은 자요, 거짓 믿음으로 가는 백성이니라.
9 너희들이 이해관계가 없으며 너희들의 종교 집단에 모여 형제·자매라 하여 웃고 즐기며 서로 사랑하는 것같이 살아가는 그 속에서 너희들의 변화된 모습이라는 것은 너희들이 변화된 것이 아니며 깨달음이 있는 것이 아니니라.
10 너희들끼리 모여서 대화를 하며 나 여호와의 진리를 갖고 연구하고 대화할 때 너희들은 누구나 다 천사와 같은 마음이요, 천사와 같은 행동으로 살며 천사와 같은 생각을 하게 되어 있음이니라.
11 그러나 너희 자매요, 같은 믿음의 길을 가는 자들이 모여 앉아 그 속에서 행하는 너희들의 생각이요, 행동이 천사와 같이 보이는 것은 그것을 너희들이 깨달음이라 생각해서는 아니 되느니라.
12 세상에 나와 너희들과 같이 믿음의 길을 가지 아니하며 너희들과 알지 못하는 자,
13 너희들과 생활에 이해관계가 있는 자, 그와 같은 자들과 부딪히고 생활해 나갈 때,
14 그때도 너희들이 너희 형제요, 자매라 하여 같은 성당에서, 같은 종교 집단에서, 교회에서, 법당에서 너희들이 같이 격려하고 위로하며 사랑의 미소를 짓는 것처럼,
15 너희들이 살아가면서 모든 백성에게 그와 같은 마음가짐을 갖지 아니하는

것은 너희들은 위선자며 거짓 하는 자
며 깨달음이 하나도 없는 것이니라.
16 너희들이 남들을 대할 때도 같이 믿음
의 길을 가는 한 성당이요, 성전에서,
법당에서 공부하는 자들같이 그와 같
이 대하며 너그러운 마음으로 사랑의
눈빛으로써 대화할 수 있을 때 너희들
이 정녕 변화되는 모습이니라.
17 너희들이 일반 백성과 거래하며 일반
사생활이요, 생활하는 속에서는 똑같
이 거친 언어, 거친 생각, 욕심을 앞에
두고 살아가며,
18 그리고 서로 감정을 누르지 못하며 다
스리지 못하는 그와 같은 행위를 한다
면,
19 너희들이 아무리 변화되었다 하여도
변화된 것이 하나도 없으며,
20 너희들의 성전에 모여 앉아 자매요,
형제라 말하며 사랑의 미소를 띠는
그 관계도 너희들이 이해관계를 놓고
는 짐승이 먹이를 채듯이 돌변하는 너
희들의 근성이 아직도 가슴속에 남아
있음이니,
21 너희들은 하나도 변하고 깨우치고 변
화된 것이 없다는 것을 알아야 할 것
이니라.
22 너희들이 그와 같은 마음을 버리며 진
정으로 변화된 자는, 성전에서 형제지
간에 만나 대화하는 방법과 그 사랑하
고 믿고 신뢰하는 마음과 같이,
23 세상사 모든 백성과 살아가면서 그와
같은 마음으로 보며 그와 같은 생각으
로써 살아가야만 함을 잊지 말라.
24 너희들이 그와 같이 변화되는 모습은
바로 나의 법전을 가슴에 안고 정독하
여 깨우치고 또 깨달아야 그와 같은
길을 갈 수 있음이니라.
25 그리고 너희들이 정녕 그와 같이 변화
될 수가 없거든, 나의 아들 예수의 죽
음과 그 죽음의 고통과, 그가 사랑을
위하여 외쳤듯이, 너희들이 그와 같은
큰사랑의 의미를 깨닫도록 그리 살아
가야 함이니,
26 며칠이고 몇 날이고 밤과 낮을 가리지
아니하며 나의 아들 예수가 베풀었던
그 사랑의 큰 뜻을 음미하고 또 생각
하고 깨달아 보라.
27 그러면 너희들이 변화될 수 있는 그
답을 거기서 얻을 수 있을 것이니라.

5,052 번째 하나님 말씀

2003년 2월 18일 0시 19분

1 사랑하는 나의 아들아!
2 "네, 아버님! 말씀하옵소서."
3 너희들이 정녕 하늘에 오르는 길이요,
나 여호와의 뜻을 알고자 한다면, 나
에게 기도하고 경배하는 그와 같은 마
음이 너희들의 머리에서 잠시도 떠나
서는 아니 된다 하였음이니라.
4 그리고 너희들이 예수의 그 사랑과 예
수가 너희들에게 바랐던 그 모두요,
그 고통을 너희들의 머릿속에서 잠시
도 지우며 생각을 멀리 해서도 아니
됨이니라.
5 그와 같은 너희들의 생각을 머릿속에
서 잠시도 지우지 아니하고 그리 살아
가는 백성 너희들이야말로 나에게 올
수 있는 백성이며 선택된 백성이 가야
할 길이니라.

6 그와 같이 잠시도 나를 잊지 아니하며
나에게 경배함을 게을리하지 아니하
며,
7 나의 아들이 변하고자 했던 나의 뜻,
큰사랑과 그가 고통의 길을 간 그 모
두를 너희들이 잠시도 잊지 아니하며
항상 기억하며 그 속에서 살아가고자
하는 마음을 갖고 사는 백성 너희들은
나에게 그리 행하라.
8 어렵고 힘들 때 나에게 기도하며,
9 판단하고 결정하기가 어려운 문제에
너희들이 부닥칠 때, 너희들은 나에게
기도와 묵상을 하라.
10 그리하면 진실한 답으로 내가 너희들
에게 응할 것이니라.
11 너희들이 마음을 비우며, 나를 항상
기억하며, 나의 아들 예수의 큰사랑과
그 고통을 기억하며, 나의 법전을 읽
은 그 대목들을 너희들이 기억하고 간
직하여 그와 같이 살고자 노력하는 나
의 백성 너희들이 힘들고 어려울 때,
그리고 결정하기 어려울 때,
12 너희들이 그와 같은 고통 속에 있을
때 나에게 기도하라.
13 그러면 진실한 그 깨달음을 내가 너희
들에게 내려 줄 것이니라.
14 사랑하는 나의 백성들아, 너희들은 나
를 진심으로 믿고 나의 아들의 그 사
랑의 뜻이요, 그가 전하고자 했던 그
역사를 잠시도 잊지 아니하고 그리 행
하며 살아가는 것이 아니라,
15 너희들은 나 여호와를 시험하며 살고
자 하며, 나를 능멸하며 살고자 하며,
내가 존재하는 그 자체도 의심하는 마
음을 지우지 못하고 살고 있음이니,
16 너희가 과연 나를 볼 수 있으며 나의
목소리를 들을 수 있다 생각하는가?
17 이제 사랑하는 나의 아들을 따르는 제
자요, 나의 법전을 읽은 만백성 너희
들은 나 여호와를 의심하지 말며, 나
를 의심치 말며 시험하지 말라.
18 그와 같은 마음을 갖지 아니하고 살아
갈 때 나를 볼 수 있으며, 나의 음성을
들을 수 있으며, 내가 직접 내리는 메
시지를 직접 들을 수 있는 그와 같은
영광이 너희들에게 내려짐이니라.
19 너희들이 마음을 비우지 못하며 나를
시험하는 마음을 비우지 못하며 나를
의심하는 마음을 비우지 못했을 때,
너희들은 아무것도 볼 수 없음을 알아
야 할 것이니라.

5,053 번째 하나님 말씀

2003년 2월 18일 0시 26분

1 사랑하는 나의 아들아!
2 "네, 아버님! 말씀하옵소서."
3 너희들이 나에게 오르고자 한다면 나
의 아들 예수가 너희들에게 전하고자
했던 그 사랑이요, 그 고통의 길을 보
지 아니하면 너희들의 마음을 다스릴
수 없으며, 진정한 참진리의 뜻을 보
지 못한다 내가 그리하였음이니라.
4 우선 너희들이 나의 아들 예수의 그
큰사랑부터 깨닫는 그와 같은 너희들
스스로 노력이 필요하다 내가 그리 전
하였음이니라.
5 너희들이 나의 아들 예수의 죽음의 고
통과 그 사랑을 알고자 하는 백성이라
한다면,

6 어찌하여 지금 살아가는 너희들의 모습에 그 십자가라는 것을 장식으로 갖다 붙이고 다니며 몸에 지니고 다니는 그와 같은 행위를 과연 할 수 있다 생각하는가?

7 나의 아들 예수의 그 고통이요, 그가 전하고자 하는 뜻을 너희들이 연구하여 깨우쳐 그와 같은 삶을 살고자 한다면,

8 너희들은 지금 나의 아들이 고통스럽게 죽어 간 그 십자가를 붙이고 들고 다니는 그와 같은 행위는 하지 아니할 것이니라.

9 너희들이 십자가를 붙이고 들고 다니는 그것은 너희들이 외형으로써 보이고자 하는 것이 아닌가?

10 너희들은 나의 아들 예수를 그리 믿고 생각하며 고통을 같이 간다 그리 생각하는 것이 너희들의 형태이나,

11 그 십자가 또한 나 여호와가 그를 보기가 가장 고통스럽다 그리 말하였거늘,

12 어찌하여 나의 아들이 고통스럽게 죽어 간 그 십자가를 예수가 보기 싫어할 것이며 그를 예수가 기억하고 싶지 아니하다는 것을 너희들은 생각하지 못하는가?

13 그리하여 '주 예수요, 구원의 예수요' 그리 부르짖는 너희들이 한 곳에 십자가를 세우고,

14 그것도 부족하여 너희들의 몸에 붙이고 들고 다니는 그와 같은 형국을 하고 있음이니,

15 너희들은 나의 아들 예수의 그 고통을 기려 너희들이 깨우침의 길을 가고자 하는 것이 아니라,

16 나의 아들이 죽어 간 그 고통이요, 남의 죽음의 고통을 즐기는 그와 같은 행위를 하고 있음을 너희들은 알아야 할 것이니라.

17 너희들이 한 곳에 세워 두고 나 여호와를 고문하는 것이 부족하여, 그 십자가를 몸에 붙이고 달고 다니는 그와 같은 행위를 하고 있음이니,

18 어찌하여 너희들이 나를 고문한다는 것을 알지 못하는가?

19 그와 같은 행위를 하면서 나의 아들의 이름을 부르며 나의 아들 앞에 구원을 원하는 그와 같은 행위를 하는 것이 너희들이니라.

20 나의 아들의 죽음의 고통을 즐기는 그와 같은 행위를 하지 말라.

21 이제 교회요, 너희들이 지은 성전이라는 곳에 높이 세워 놓은 십자가 그것으로써 너희들이 나를 고문하며 그와 같이 나에게 괴로움을 주고 있으면서,

22 그것도 부족하여 모든 백성에게 몸에 붙이고 들고 다니도록 그리함이니,

23 그와 같은 행위를 해서 나를 더 이상 고문하지 말라.

24 너희들이 그와 같이 나를 고문하는 죄가 얼마나 너희들 자신이 어리석은 것인지, 그 죄 또한 무서운 줄 알아야 할 것이니라.

25 너희들이 십자가를 우상화하며 십자가를 받들며 거기에 대한 믿음을 간다면,

26 너희들은 나의 아들 예수의 그 믿음이요, 깨달음을 배워 따라오고자 하는 것이 아니라, 우상을 섬기는 것을 과

시함이니라.
27 십자가를 몸에 붙이고 다니는 자, 그
리고 너희들이 지은 성전에 십자가를
세우는 자, 너희들은 십자가라는 그
형틀을 우상으로 섬기는 집단이며, 우
상을 숭배하는 집단임을 알라.
28 내가 나의 법전에 이리 기록하여 전하
였으니, 이후 너희들이 나를 위배하는
자, 내가 용서치 아니할 것이니 그리
알라.
29 믿음의 길을 간다는 그 백성이 나의
아들의 고통과 그 큰사랑의 뜻을 알고
자 하며 그리 노력하는 것이 아니라,
30 그 뜻조차도 모르는 자들이 지금 나의
아들 이름을 부르며 구원을 받았다 그
리 말하느니라.
31 너희들은 십자가를 높이 세워 놓은 그
형틀이 내가 뭐라 말하였느냐?
32 너희들이 금화와 은화와 생선을 갖다
바치도록 하는 데 상징물로 쓰고 있다
내가 그리 말하였음이니라.
33 그것도 부족하여 십자가를 저 거짓 종
교 지도자 저희들의 위상을 위하여 저
희들의 권위를 세우고자 하여 그와 같
이 그 형틀을 상징으로 쓰고 있음이니,
34 너희들은 예수의 이름을 팔아 먹고살
며 모두를 취하고 있으며 권좌의 자리
에서 너희들이 나의 피조물 만백성을
우롱하며 그들을 기만하는 것도 부족
하여,
35 나의 아들 예수의 그 형틀까지도 팔아
먹는 그와 같은 사악한 행위를 하지
말라.
36 지금 너희들이 가고 있고 하고 있는
행동이 그와 같은 것이거늘,
37 내가 이리 다시 한 번 너희들에게 이
뜻을 기록하여 전하나니, 이를 보고
너희들이 바로 서는 깨달음을 얻어야
할 것이니,
38 이를 믿지 못하는 자, 너희들은 나와
는 관계없는 자식이라 함을 내가 다시
한 번 여기에 기록하여 전하나니 그리
알라.

5,054 번째 하나님 말씀

2003년 2월 18일 0시 30분

1 사랑하는 나의 아들아!
2 "네, 아버님! 말씀하옵소서."
3 너의 제자가 그리 물었느니라.
4 정녕 그는 토담에 들어가, 깊은 산 속
에 가 수양을 하며 깨달음을 얻고자
하는 것이 그 뜻이라 말하였음이니라.
5 그리하여 내가 뭐라 말하여 네가 전했
는가?
6 내가 너에게 명한 그 뜻이 무엇이던가?
7 "네, 아버님! 아버님께서 이와 같이
명하라 하셨습니다.
8 '네가 정성 들여 담근 장을 몇 년 동안
기다려 이제 그 뚜껑을 열고 맛을 봤
으니,
9 이제 너는 그 된장의 맛을 봤으니 그
것이 네가 만든 그 된장의 맛이라 그
리 규정짓지 말며, 그것으로써 네 모
든 인생을 결론을 내리지 말라.' 그리
가르쳤사옵나이다."
10 네가 이제 그 장의 뚜껑을 열어 그 맛
을 봤음이니, 그 장으로써 천 가지, 만
가지 음식을 해 먹을 때 그가 쓰이는
그와 같은 것을 네가 직접 그 쓰임을

봐야 할 것이며,
11 그가 쓰여서 발휘하는 그 맛을 너는
천 가지, 만 가지를 다 들여다보고 그
맛을 봐야 하는 것이며,
12 그를 보고 먹고 취하고 살면서 네가
담근 된장의 진정한 장맛을 음미하도
록 그리하라 내가 너희들에게 전했음
이니, 너 또한 그를 그에게 전하였음
이니라.
13 바로 그러하니라.
14 이제 너를 따르는 제자들이요, 나의
법전을 읽고 깨우친 만백성 너희들은
지금까지 살아오는 그동안에 너희들
이 장을 담아 감히 뚜껑을 열지 못하
고 보지 못하였음이니라.
15 그러나 이제 너희들이 나의 법전을 접
하면서 너희들이 담근 장의 뚜껑을 열
어 그 장맛을 봄이니,
16 그가 짜고 매운 그것으로써 그 장맛을
다 본 것처럼 그리해서는 아니 된다는
뜻을 알라.
17 세상사 밖에 나가서 모두를 부닥치며
너희들이 살아가면서 얽히고설킨 그
와 같은 속에서 바로 서고 깨우쳐 가
는 그와 같은 진정한 변화되는 역사를
갖는 자가 진정 변화된 백성이라 내가
그리 말했듯이,
18 이제 그 장이 수천수만 가지 음식에
쓰여 그 맛을 내는 그 모두를 너희들
이 먹고 맛을 봐야 한다 내가 그리 전
했으니,
19 너희들이 지금 살아가는 삶을 그와 같
이 폭넓게 세상을 보고 살라.
20 저 혼자만이 토굴에 들어가 저 자신만
이 깨우치며, 세상사 부닥치고 부닥치
는 것이 무섭고 두려워 그때마다 너희
들이 마음을 다스리지 못하는 것을,
21 그 마음을 다스리고자 세상사를 보지
아니하며 접하지 않으며 토굴에 들어
가 깨우치고자 하나,
22 그러나 그 깨우침은 진정한 깨우침의
얻음이 아니니라.
23 부닥치는 속에서 너희들이 지킬 수 있
는, 그 악 앞에서도 악을 행하지 않는
그와 같은 것이 깨달음이요, 변화이니,
24 너의 제자들에게 그리 전하라.
25 그리고 모든 제자 너희들이 지금 몇십
년 동안 담근 그 장의 뚜껑을 열어 이
제 맛을 보고 있음이니,
26 그 맛이 음식으로 변화되는 그 모든
것을 음미하며, 그 속에서 그 맛을 느
낄 수 있는 그와 같은 삶을 살아가도
록 그리 전하라, 사랑하는 나의 아들
아!

5,055 번째 하나님 말씀

2003년 2월 18일 0시 35분

1 사랑하는 나의 아들아!
2 "네, 아버님! 말씀하옵소서."
3 내가 모든 종교 집단에 속한 자, 그리
고 그 지도자라 하여 나의 피조물 만
백성을 이끌어 간다는 백성, 그들이
너희들의 손으로 지은 죄의 온상인 종
교 집단의 성전에 들어가 울고불고하
며 기도하는 그것이 구원의 길이라 그
리 믿고 가나,
4 이제는 내가 너희들에게 전함이니라.
5 이 세상 모든 종파 너희들은 믿음이라
는 길을 선택하는 그 순간에 너희들은

바로 독가스실에 들어가는 그와 같은
삶을 살아가는 것이며,
6 독가스실의 그 문을 열고 들어가는 것
이 너희들이니라.
7 내가 이 무서운 뜻을 나의 법전에 기
록하여 너희들에게 전함이니,
8 너희들은 나 여호와 창조주의 뜻을 깊
이 깨우쳐 너희 스스로 구원을 받도록
하라.
9 모든 종교 집단에 들어가 깨달음을 얻
고자 하는 그 순간에 너희들이 독가스
실에 들어가는 그와 같은 삶이라 하였
음이니라.
10 거기에 진리가 없으며 깨달음이 없으
며 영원히 구원하는 길이 아니기 때문
이니, 너희들은 이를 명심하여 들으라.
11 생명을 보존하여 영원히 살고 싶어 하
는 자들이 독가스실에 스스로 들어가
면서 어찌하여 너희들의 생명이 부지
되며 그 생명이 존재할 수 있다 생각
하는가?
12 너희들 스스로 그와 같은 독가스실로
들어가 너희들의 생명을 죽이며 살아
가는 것이니라.
13 지금 이 세상이 내가 이룬 성전이라
하였음이니라.
14 내가 이룬 성전에서 너희들이 자연의
아름다움 속에서 나에게 기도하고 경
배하며 나의 계명에 따르고자 하며,
15 남에게 누를 끼치지 아니하며 육이 곧
고 바른 정도의 길을 살아가는 것이
너희들이 나에게 오르는 길이라 하였
거늘,
16 너희들은 그와 같은 것을 실천하는 것
이 아니요,
17 각종 죄를 짓는 온상인 너희 손으로
지은 그 성전에 너희들이 들어가 잘못
가르치는 종교 지도자들의 폐쇄된 것
이요, 아집이요, 자기 자신만을 생각
하며 자기 자신만을 구원받으며 저만
을 생각하는 그와 같은 마음을 길러
육성하는 그곳에 들어가는 그 순간이
죽음의 길이라 하였음이니,
18 지금의 믿음의 형국이 그리 감을 잊지
말라.
19 내가 너희들에게 그리 전함을 깊이 깨
우쳐 들어야 할 것이니라.
20 그것이 너희들이 가고 있는 형국임을
내가 너희들에게 전함이니라.
21 그리하여 너희들이 믿음의 길이라 달
려가는 것이 죽음의 독가스실로 들어
가는 것이니,
22 그를 내가 바로잡고 깨우칠 방법이 없
어 내가 다시 나의 법전에 기록하여
너희들에게 전함이니라.
23 나의 율법이요, 나의 계명을 지키고
산다면, 그리고 새로 내린 나의 법전
을 읽고 깨우쳐 산다면,
24 너희들은 천사들이 오고 가는 그 세상
에 들어가 살게 되며 너희들이 존재
한다 내가 그리 말하였음이니라.
25 너희들이 천사들만이 존재하는 세상
을 알 수 있는 길은 바로 여기에 있다
하였음이니라.
26 너희들이 나의 법전을 읽는 그 순간에
육의 세상에서 천사들이 사는 그 세상
을 오고 가는 그와 같은 영광이요, 기
쁨을 얻게 됨이니,
27 거기에서 스스로 너희들이 변하고 변
하여 천사들만이 영원히 사는 나의 나

라에 올 수 있는 그 길이 나의 법전이
요, 계명을 지키는 것에 있으며,
28 너희들이 죽음의 그 가스실로 들어가
는 발길을 구원의 길로 돌릴 수 있음
을 알아야 할 것이니라.
29 너희들은 내가 내린 이와 같은 무서운
이치를 깨달아야 할 것이니, 이 이치
를 모르고 사는 자 나에게 오를 수 없
음을 알아야 할 것이니라.
30 내가 그리하여 너희들을 구원하고자
내가 나의 성령, 나의 뜻을 가장 낮은
자세로써, 가장 낮은 뜻으로써 예를
들어 간단히 깨우칠 수 있도록 상세히
그 뜻을 풀어서 세상에 내려보내니,
31 너희들은 오로지 나의 법전을 읽고 구
원의 영광을 얻도록 하며 그 길을 가
도록 그리하라.

5,056 번째 하나님 말씀

2003년 2월 18일 06시 55분

1 사랑하는 나의 아들아!
2 "네, 아버님! 말씀하옵소서."
3 너희들이 세상사 살아가는 속에는 서
로 정해짐이 있으며 그 책임이 있으며
그 직함이 있느니라.
4 그 직함을 다하지 못하는 자가 아랫사
람을 다스리며 또한 그와 같이 통제하
고자 한다 할 때,
5 그 밑에 있는 사람은 제 직분을 다하
지 못하는 자의 말을 들으려 하지 아
니하며 그에 순종하지 아니하려 함이
니라.
6 지금 너희들은 모든 종교 지도자들이
요, 만백성을 이끄는 그와 같은 책임
을 가지고 있는 사람들이 자기의 맡은
직분에 최선을 다하고자 노력했을 때
그 모두는 따라가게 되어 있으며,
7 그와 같이 자기 직분을 다하는 자만이
모든 사람에게 명할 수 있으며 그를
권고할 수 있으며 그와 같이 탓할 수
있음이니라.
8 자기의 직분을 다하지 아니하는 자가
명하고 탓할 때 그 밑에 있는 자, 그를
듣는 자는 자연히 거부하게 되어 있으
며 그를 따르지 아니하는 것이니라.
9 그와 같이 인간사에 살아가는 속에서
도 말하지 않는 그 환경 속에 그와 같
이 정해져 있으며 그리 흘러가는 것이
너희들의 삶이거늘,
10 하물며 나의 피조물 만백성이 하늘에
오르는 영원히 사는 그 구원의 길을
인도한다는 자들이 저 자신의 직분을
다하지 못하며 제가 바로 서지 못했을
때,
11 그는 남을 가르칠 자격이 없으며 남
의 잘못을 탓할 수 없으니,
12 하물며 영원히 사는 그 새로운 생명이
태어나고 죽고 하는 그 귀중한 대명을
맡아 수행하는 자들은 절대로 그를 용
서할 수가 없으며 그와 같은 자는 설
수 없는 것이 여기에 있음이니라.
13 그리하여 너희들은 유리로 비춰 봐 한
점의 부끄러움이 없는, 스스로 자기
자신을 진단했을 때 한 점의 부끄러움
이 없는 삶을 사는 그와 같은 자만이
종교 지도자라 내가 말하였음이니라.
14 그렇지 아니한 자는 종교 지도자라 말
할 수 없거늘,
15 너희들은 그 이치를 너무나도 잘 알

며, 너희 스스로 너희들을 통제하고
지시하는 자가 잘못되었을 때 그를 따
르지 않고 순종하지 아니하며 거부하
면서,
16 어찌하여 유독 종교 지도자는 잘못
살며 너희들보다 더 험악한 죄를 짓는
다 하여도 그를 용서하며 인간이기 때
문에 그를 용서할 수 있다 그와 같은
말을 하니, 그것이 얼마나 잘못되어
있는가를 알겠는가?
17 잘못된 자가 가르치는 것이 잘못 가르
치는 것보다도 너희들이 잘못 배우며
그를 순종하며 믿지 못하는 마음이 생
기기 때문이니라.
18 너희들은 여기서 깊이 깨우쳐야 할 것
이니라.
19 종교 지도자가 잘못하는 행위를 보고
도 그냥 인간이기 때문에 그를 용서하
고 넘어갈 수 있다는 것은,
20 그와 같이 종교 지도자가 잘못된 짓을
하면, 은연중에 너희들 스스로도 모르
면서 그보다 두 배, 세 배 더 잘못된
짓을 하면서도 너희들이 죄의식을 느
끼지 못하기 때문이니라.
21 '종교 지도자도 그리하였으니, 나도
그 정도는 관계없겠지?' 하여 너희들
이 진정한 믿음이요, 하늘에 오르는
길이요, 나 여호와의 뜻을 볼 수 없는
그와 같은 무서움이 있기 때문이니라.
22 너희들도 모르는 사이에 배우며 깨닫
고 그리고 너희들의 머리에 입력되는
그와 같은 삶을 사는 것이 인간 너희
들이니라.
23 너희들이 도둑을 보고 '도둑이 아니
다, 아니다.' 하다 보면 그가 도둑이
아닌 것처럼 느껴지며,
24 도둑질을 아니 하는 자보고 '도둑이
다, 도둑이다, 저는 아주 위험한 사람
이다.' 이와 같이 수없이 옆에서 듣고
또 계속 그리 생각하면 그와 같이 보
이는 것이며,
25 너희들 머릿속에 그리 입력이 되어 버
리니, 너희들이 세뇌되어 그렇게 보게
됨이니라.
26 그러니 여기서 너희들은 가장 중요한
하나를 깨달으라.
27 종교 지도자는 인간이기 때문에 실수
할 수 있으며 잘못 갈 수 있다 너희들
이 그리 생각하는 것은 사랑이요, 용
서의 너그러운 마음이라 할 수 있으나,
28 종교 지도자가 잘못 가며 잘못하는 행
위를 은연중에 보고 그 세월을 같이함
으로 인해서 너희들이 그와 같이 세
뇌되어 그 정도는 당연한 것처럼 알고
실수를 함이니, 바로 무엇이던가?
29 바로 나에게 오는 백성 너희들이 잘못
가르치며 잘못 배우고 있음이니, 스스
로 죄를 짓는 것이니라.
30 그 죄를 짓는 자 나에게 오를 수 없음
이니,
31 그리하여 거기에 그 무서움이 있기에
종교 지도자는 한 점의 부끄러움이 없
이 살아야 한다는 것을 너희들은 알아
야 할 것이며,
32 이후부터 너희들은 종교 지도자들이
인간이기 때문에 어떠한 실수를 했을
때 그는 별문제가 되지 않는다는 그런
생각을 버리라.
33 너희들을 죽이는 것이며 너희들이 바
로 보지 못하도록 하며 은연중 그들이

하는 행위를 보고 배우기 때문이니라.
34 그래서 내가 그것이 안 된다 하는 것
이니,
35 만백성 너희들은 내가 오늘 기록하여
전하는 이 뜻을 듣고 그러고도 너희들
이 그와 같은 말을 할 수 있다면 하라.
36 곧 너희들의 형제를 지옥으로 이끌어
가는 자 밑에서 그를 배우고 그대로
가겠다 하는 것을, 난들 더 이상 어찌
말리겠는가?
37 나의 이 뜻을 깊이 새겨 행하도록 하
라.

5,057 번째 하나님 말씀

2003년 2월 18일 07시 05분

1 사랑하는 나의 아들아!
2 "네, 아버님! 말씀하옵소서."
3 이 세상 모든 피조물 만백성이요, 믿
음의 길을 가는 자들이 저희들과 같은
길이 아니라 하면 그를 적으로 간주하
고 살아가는 것이 그들이니,
4 그리하여 폐쇄되어 있으며 문을 닫았
다 하였음이니라.
5 그러나 나의 아들을 따르는 너의 제자
들과 나의 법전을 읽고 깨우친 백성,
너희들은,
6 그들이 무엇이라 소릴 지르든, 무엇이
라 말하든, 이렇다 말하든, 저렇다 말
하든,
7 나 여호와를 찾으며 나 여호와가 존재
함을 믿고 나 여호와를 향하여 소리
지르는 그 백성을 너희들은 적으로 간
주하지 말라.
8 사랑으로써 그들 모두를 감싸는 그와
같은 마음으로 바라봐야 함을 너희들
은 잊어서는 안 되는 것이니라.
9 그들이 지금은 잘못 가고 있으나 나
여호와를 찾으며 나의 아들의 이름을
부름이니,
10 그들 또한 내가 존재하는 것을 만백성
에게 전하는 일부의 임무를 수행하고
있다 생각하며 그들을 너희들이 사랑
으로 감싸야 할 것이니라.
11 너희들같이 나의 법전을 읽고 정독하
며 내가 나의 아들에게 내리는 강론을
직접 듣는 너희들이 생각하는 것과 너
희들의 깨달음을 그들은 절대로 알 수
없으며 그를 행하고 따라올 수 없음이
니라.
12 그리하여 너희들이 이제는 그들을 바
로잡아 하늘에 오르는 길에 모두 나의
사랑의 품속에서, 나의 틀 속에서 살
아가도록 그리해야 할 것이니라.
13 그들이 지금까지 살아온 것은 나의 뜻
을 전하며 나의 백성을 인도하는 것에
저희들의 전부를 다하지 못했으며,
14 열 중에 두셋밖에는 나의 뜻을 따르
지 못하며 여덟은 잘못 갔으며,
15 재물과 금화를 거둬들이며 성전을 더
크고 위대하게 짓는 그와 같은 것에
나의 백성의 믿음을 그리 갔기 때문에,
16 그들은 나의 아들 예수의 그 선행이
요, 그가 사랑을 베푼 것을 믿음이 아
니라 십자가를 믿었으며,
17 그들이 나 여호와의 뜻을 믿은 것이
아니라 더 큰 성전이요, 더 많은 사람
을 모으고 재물을 모으는 데 모두를
다 바치고 살아왔느니라.
18 그래서 그들을 지금 바로잡으려 함이

니라.
19 너희들이 그들을 적으로 생각하는 그
와 같은 마음을 갖는다면, 지금 모든
종파가 저희들과 같이 가지 않는 자를
적으로 간주하는 것과 무엇이 다르겠
는가?
20 그러니 너희들은 그들을 바로 깨우쳐
주라.
21 그 불쌍하고 가련한 백성을 바로잡아
주고 깨우쳐 줘야 할 것이 너희들의
대임임을 알라.
22 그러니 어떠한 종파든 어떠한 행위를
하든 적으로 또 정적과 같은 생각과
마음으로 그들을 보며 그들을 그리 몰
고 가서는 아니 된다는 것을 잘 알아
행하도록 그리하라.
23 너희들이 지금 살아가는 그 모두는 다
너희들은 정해진 운명 속에서 나로부
터 받아 나간 생명의 그 한계 속에서
살아감이니,
24 너희들이 나에게 불려오는 것은 서로
모름이니라.
25 그러한 운명이 정해져 있듯이, 너희들
이 하늘에 오르는 참진리의 길은 정해
져 있으며 그 길은 한 길이라 내가 하
였음이니라.
26 다만, 그 길을 찾지 못하는 백성이 좌
우에서 허덕임이니, 그래도 그들이 그
길을 찾고자 노력하는 것은 그들의 아
름다운 모습이니, 그들의 길을 인도하
는 것이 너희들의 목적이니라.
27 다만, 그들이 폐쇄된 속에서 저희 것
만이 제일이라는 우물 안 개구리와 같
은 그 생각에서 벗어나지 못하고 있기
에 참진리를 찾지 못함이니,
28 너희들이 그를 적으로 생각하며 미워
하며 버려서는 아니 됨이니라.
29 그들을 바로 일깨워 주고 바로잡아서
그들이 바른길을 오도록 그리하라.
30 너희들은 그 길을 찾으려 하지도 아니
하고 보지도 아니하려는 그 백성을 우
매하고 불쌍하다 그리 생각하지 말며,
적으로 생각하는 그와 같은 마음을 갖
지 말라.
31 그들이 선함을 행할 수 있도록 그들에
게 깨우쳐 주고 가르쳐 줘야 할 것이
니라.
32 그들은 참진리를 모르기에 선하고 아
름다운 행동을 하라, 그리 살아가는
것이 하늘에 오르는 길이라 그리 말해
도,
33 그들은 그 말에 귀를 기울이지 아니하
며 들으려 하지 아니함이니라.
34 오로지 저희들의 종교 지도자요, 저희
들을 이끄는 그가 설교하는 말이요,
그가 말하는 것만이 하늘의 뜻이라 그
리 믿는 그 생각을 버리지 못하고 있
기 때문이니라.
35 잡곡밥만 먹고 사는 자가 쌀밥 먹는
것을 모르는 것과 똑같으니라.
36 그와 같은 어리석은 백성을 깨우쳐 주
는 것이 너희들이 해야 할 일이니,
37 그들을 적으로 생각하며 무시하며 저
버리는 그와 같은 지금의 종교 집단들
이 저희들과 같이 가지 아니한다 하여
그와 같이 경원시하는 마음을 가지고
너희들이 그리 가면 안 되느니라.
38 그리하여 그들은 선함을 모르며 그에
귀를 기울이지 못하기에,
39 죄를 짓는 행위에는 그들이 용감하며

또한 부지런하며 최선을 다하여 지금
움직이고 살아가는 것이니라.
40 그러니 그들을 바로잡아 선함을 행하
는 데 부지런하며 용감하게 갈 수 있
도록 너희들이 깨우쳐 줘야 하는 것을
알라.
41 그리고 지금 내가 세상에 내려보내는
나의 법전이요, 너희들을 깨우쳐 가는
이 새로운 성경을 너희들이 한 번 버
렸을 때, 두 번 다시 그 기회는 영원히
없다 함을,
42 이를 버렸을 때 너희들에게 돌아올 수
있는 두 번의 기회는 영원히 없다는
것을 그들에게 간곡히 깨우쳐 주고 머
리에 심어 주도록 그리하라.

5,058 번째 하나님 말씀

2003년 2월 18일 07시 14분

1 사랑하는 나의 아들아!
2 "네, 아버님! 말씀하옵소서."
3 나의 백성 너희들이 세상을 살아가면
서 스스로 체험을 다 하지 못하며 너
희들이 배움을 다 하지 못함이니,
4 너희들은 서로 살아가면서 남이 선행
을 베푸는 것, 남이 아름답게 사는 것,
한 점의 부끄러움 없이 곱게 살아가는
그와 같은 사람들이요,
5 그리고 좋은 사람들, 좋은 머리요, 좋
은 생각으로써 글로써 남긴 것, 그 모
두를 읽고 깨우치며 또 보고 배워 너
희 양식으로 만들어,
6 너희들이 선행을 하고 살아가는 그와
같은 사람으로 변하여 가게 되어 있
는 것이 아니던가?
7 그리하여 선행을 보고 배워 그와 같이
선을 베풀며 살아가는 것이 너희들이
이 세상에 살아가는 구조이니라.
8 남으로부터 은혜를 받은 자, 또 다음
의 어려운 자에게 그와 같이 베풀어
주며 살아가는 것이 너희들의 삶이니
라.
9 그러나 너희들은 이 기틀이요, 기초가
다 무너졌음이니라.
10 오로지 제가 가진 것만이 세상의 전
부요, 제가 가진 것만이 가장 위대한
것이라 그리 살아가는 마음으로 굳어
져 있으며,
11 거기에 너희들은 자신 외에는 남을 돌
아다볼 수 없으며 자신 외에는 누구도
생각하지 못하는 그와 같은 마음으로
써 지금 굳어져 있으니, 이를 어찌 가
르치겠는가?
12 너희들의 마음의 문을 열 길이 없음이
니라.
13 너희들은 살아가면서 남들이 행하는
선함을 보고도 불평불만을 하며,
14 그 선함을 보고도 선함을 행하는 것이
아니라, 거기에 비하여 악한 마음으로
생각하며 악한 쪽으로 모두를 생각하
는 그와 같은 형국의 황폐한 마음이
지금 너희들이 살아가는 형태이니라.
15 또한, 너희들이 악을 보면서 더 악해
지는 그와 같은 마음을 갖고 삶이니,
16 선함을 보고도 악한 쪽으로 생각하며
악을 보고 또 악해지니, 너희들을 어
찌 다스려 그 마음을 바로잡을 수 있
단 말이던가?
17 선행을 보고 아름다운 것을 보면서도
느끼고 그와 같이 하고자 하는 마음의

여유도 없는 것이 지금의 너희들이니,
이를 어찌해야 하는가?
18 그와 같은 너희들의 마음은 지금의 가
르침이요, 지금의 배움으로써는 도저
히 바로잡고 바로 세울 수가 없는 것
이니라.
19 그리하여 내가 제3의 시대, 마지막 시
대를 열어 너희들을 구원하고자 법전
이요, 새로운 성경인 나의 책을 세상
에 내려보내건만,
20 마음의 눈을 열지 못하며, 마음의 귀
를 열지 아니하며, 이를 보고 들으려
하지 아니하며, 이 모두는 악한 자가
하는 행위요, 악하게 만드는 것이라
그리 말을 하니, 이를 어찌하겠는가?
21 어찌하여 너희들은 악에 대하여 귀를
기울이는 것은 최선을 다하며 악의 소
리에는 그 생명수와 같이 달라붙으면
서,
22 선을 보고 선함을 보고 깨우치라 하는
것은 그리도 냉정하며 냉혹한가?
23 내가 나의 아들을 통하여 만백성을 구
하고자 지금 내리는 나의 법전을 보고
도 너희들이 사악한 자요, 마지막 시
대의 거짓 선지자가 하는 것이라 그리
말함이니,
24 너희들이 어찌 변할 수 있으며 어찌
바로 설 수 있는가?
25 이제 내가 너희들에게 깨우쳐 준 이
세상의 그 모두는 너희들이 다 체험하
며 읽고 배울 수가 없는 것이니,
26 너희들이 남의 것을 보고 선한 것은
너희 것으로 만들어 행하며 악한 것을
버릴 수 있는 그와 같은 지혜를 얻어
야 할 것이니라.
27 그러니 너희들을 구하기가 '하늘에 오
르는 길'이요, '하나님! 말씀하옵소서'
라는 나의 법전을 읽고 깨우쳐 너희들
이 바로 서는 그와 같은 길을 선택하
도록 하라.
28 너희들이 이를 보지 아니하면 정녕 구
원을 받을 수 없다 내가 강조하고 또
강조하는 뜻을 너희들은 어찌하여 생
각해 보지도 아니하려 하며 마음을 열
려는 생각도 하지 아니하는가?
29 너희들이 마음을 열고 넓게 보며 높이
보라.
30 그러면 너희들이 세상사의 이치를 다
알 수 있지 아니하는가?
31 너희들은 평범한 마음의 진리를 다 알
고 있지 않으냐?
32 높이 나는 독수리가 먹이를 볼 수 있
으며 많이 볼 수 있다는 그와 같은 이
치를 알면서,
33 너희들은 어찌하여 우물 안 개구리처
럼 우물 안에 그저 뭉쳐서 그 속에서
모두를 다 얻으려 하며 그 속에 있는
것이 제일이라 생각하는가?
34 넓게 보라, 그리고 높게 보라.
35 그러면 너희들이 세상의 이치요, 살아
가는 그 모두를 알 수 있으며,
36 남의 것에 더 소중한 것이 있으며, 남
의 것에 더 위대한 것이 있으며,
37 너희보다 앞에 가는 자가 있음을 알
며, 너희보다 위대한 자가 있음을 알
며, 너희보다 훌륭한 자가 있음을 알
아야 할 것이니라.
38 그리고 진정한 믿음의 길을 가는 자를
볼 수 있으며, 진정한 믿음의 길을 가
는 자의 행동이 무엇인가를 너희들이

보고 들을 수 있음이니,
39 아무리 선한 행동을 너희들 앞에서 하며 보여 줘도 눈을 감고 보지 아니하며,
40 아무리 위대한 나의 참진리의 설법을 너희들에게 전해도 귀를 닫고 듣지 아니함이니,
41 너희들은 정녕 지옥 불로 달려가는 그 길을 가려고 모두를 다 닫아 놓고 사는 그와 같은 형국이니라.
42 너희들은 이목구비로 되어 있지 않은가?
43 너희들의 먹는 입은 몸에 유익한 아름답고 좋은 것을 골라 먹는 그와 같은 지혜가 필요하나,
44 너희들의 입을 다스려 아무것도 받아들이려 하지 아니한다면 어찌 되겠는가?
45 그저 한 가지만을 먹고 사는 그것이 영원히 사는 길이라 하여 한 가지만 선택해서 먹는다면,
46 너희들은 영양 부족이요, 에너지를 발산하는 데 너희 자신의 몸을 지탱할 수 없을 것이니라.
47 그와 같이 여러 가지를 골고루 섭취할 수 있는 지혜를 가져야 바로 입이 제 임무를 다하는 것이며,
48 세상사 너희들이 보는 눈도 그렇지 아니하는가?
49 세상의 많은 것을 보며 너희들이 좋은 것은 너희들 것으로 만들며 나쁜 것은 버리고 그와 같이 아름다움을 보며 사는 것이 중요하거늘,
50 그저 땅만 보고 사는 것이 가장 행복한 길이요, 하늘에 오르는 길이라 하여 자연의 아름다움을 보지 못하며 땅만 보고 걸어가는 그와 같은 백성이 되어서는 너희들이 무엇을 보겠는가?
51 땅에 기어다니는 벌레밖에는 보는 것이 없을 것이니라.
52 세상사의 남들이 보는 참진리요, 아름다운 그 모두를 너희들에게 전하거늘,
53 그를 듣지 아니하고 너희 귀를 막는다면 너희들은 듣지 못하는 자와 무엇이 다르던가?
54 귀가 있어도 듣지 못하는 그와 같은 어리석은 삶을 사는 것이 너희들이 가야 할 길이 아님을 알라.
55 이제는 너희들이 세상 모두를 다 들여다보며 넓게 보고 넓고 깊이 보는 그와 같은 깨달음을 얻도록 그리하라.
56 간단한 그 진리를 깨우치면 구원의 길을 볼 수 있으며 참진리를 볼 수 있으며 세상의 이치를 볼 수 있음이니라.

5,059 번째 하나님 말씀

2003년 2월 18일 07시 20분

1 사랑하는 나의 아들아!
2 "네, 아버님! 말씀하옵소서."
3 모든 백성이 남에게 칭찬을 듣는 것을 즐겨 하며 남에게 받는 것을 즐거움으로 생각하고 살아가고 있음이니,
4 그러나 나의 법전을 읽고 깨우친 백성이요, 나의 아들을 따라 더불어 가는 나로부터 선택된 나의 백성 너희들만은 이리 살아가서는 아니 되는 것이니라.
5 너희들은 남으로부터 받는 것을 즐거워하며 남에게 칭찬받으며 좋은 소리

듣는 것을 기뻐하며 즐거움으로 생각
하고 그리 살아서는 아니 되는 것이니
라.
6 너희들은 남이 너희들을 탓하며 꾸짖
는 것에 행복이요, 감사함을 갖고 사
는 그와 같은 마음의 자세로써 인생을
출발하고 다시 삶을 바꿔야 할 것이며,
7 너희들이 남에게 베풀어 줄 수 있는
것, 그리고 베푸는 것, 베풀어 줄 수
있는 여유로움이 있는 것을 즐거운 마
음으로 살아갈 수 있는 그와 같은 마
음으로 살아가야 할 것이니라.
8 너희들이 남들의 생명보다도 더 소중
히 하는 금화와 은화요, 그를 위하여
모두를 다 바치며 그를 갖고 인색함이
요,
9 그 모두는 다 나의 것이라 하였음이니
더 가진 자가 나누며 그리 살라 하였
으나,
10 그리 살지 못하고 움켜쥐고 제 것으로
써 영원히 간직하고자 하는 것이 지금
너희들의 마음이니라.
11 그 속에서 너희들은 그와 같은 마음을
가지고 살아서는 아니 되는 것이니라.
12 세상사 생각하기에 달렸음이니, 너희
들은 다음과 같은 마음을 갖고 살아야
할 것이니라.
13 너희들이 재물을 가지고 있으면 너그
럽고 아름다운 마음을 가지고 그 모두
는 다 남에게 주려고 너희들에게 존
재한다는 것을 잊지 말라.
14 너희들이 금화를 가지고 있거든 그 금
화는 무엇이던가?
15 남에게 나눠 주며 나눠 쓰기 위하여
그 금화가 너에게 있다는 그와 같은
생각을 하고 산다면,
16 남을 도와주고 남에게 나눠 주며 사는
것에 너희들이 인색하지 아니할 것이
니라.
17 모두는 나 여호와의 것을 너희들이 관
리하며 내가 너희들에게 여유 있게 준
것은 어렵고 힘든 이웃에게 그저 나누
어 쓰며 나눠 주도록 그리 쥐여 준 것
이라, 너희들 앞에 쌓아 준 것이라 그
리 생각한다면,
18 너희들이 나누며 사는 그 즐거움을 알
것이니라.
19 그리고 나누어 주는 그 즐거움을 알
때 너희들은 또한 행복함을 알 것이며,
20 나 여호와가 너희들에게 내려 준 사랑
이요, 내가 너희들을 아끼는 마음을
알게 될 것이니라.
21 너희들은 남에게 베풀지 못하며 나눠
주지 못하는 그와 같은 마음을 가지고
있기에,
22 남의 허물을 용서하지 못하며, 그를
보고 탓하며, 그를 보고 언성을 높이
며, 너희들에게 남이 잘못했을 때 그
를 용서하는 그 너그러운 마음마저도
없어졌음이니,
23 너희들이 재물을 나눠 주는 마음이요,
그리고 나눠 쓰기 위해서, 나눠 주기
위해서 재물이 존재한다고 생각하여
그 베푸는 마음으로 살아갈 때,
24 너희들의 마음으로 부딪히는 그 모두
를 용서하지 못할 것이 없음이니라.
25 그리고 남의 허물을 탓하며 욕하지 아
니하고 그를 용서하며 너그럽게 받아
들이고 사는 그 삶이 거기에 있을 것
이니라.

26 너희들은 남에 대해서는 인색하면서
도 너희들 것에는 너그러운 그와 같은
용서를 바라는 것이 아니던가?
27 너 자신의 잘못한 것을 용서하며 너
자신의 잘못한 것을 이해하고자 하거
든,
28 남의 허물이요, 남의 잘못한 것을 먼
저 용서하는 그와 같은 마음으로 살며,
29 너희들 자신의 잘못에 대하여서는 냉
정하고 엄하게 너희 자신을 다스리는
그와 같은 마음으로 살라.
30 그리하여도 너희들이 바로 설 수 없으
며, 나에게 오르는 길을 오고 있다 생
각하지 말라.
31 그와 같은 마음이 다스려졌을 때 반석
위에 서게 됨이니, 반석 위에 섰을 때
하늘에 오르는 찬란한 빛을 보며,
32 그때서부터 그 빛을 보고 살아가는 삶
으로 사는 너희들이 나에게 오는 것임
을 잊어서는 아니 될 것이니라.
33 모두는 남에게 나눠 주기 위해서 존재
하는 것이며, 나누어 줌으로써 행복함
을 얻도록 그리하라.

5,060 번째 하나님 말씀

2003년 2월 18일 07시 33분

1 사랑하는 나의 아들아!
2 "네, 아버님! 말씀하옵소서."
3 진정한 믿음의 길을 간다 가르치는 종
교 지도자요, 그 집단들이 과연 어찌
가는가?
4 내가 너희들에게 말하여 가르쳤음이
니라.
5 겉과 속이 다른 백성이요, 그를 내가
용서하지 아니하며 내가 가장 사랑하
지 않는 백성이라 그리 말하였음이니,
지금의 종교 지도자들이 몇 가지의 마
음으로 살아가는가?
6 그들은 두 가지 마음이 아니라 열 가
지, 백 가지의 사악한 마음으로써 분
산된 그 정신 상태에서 어찌 나의 뜻
을 가르치며 만백성을 지도한다 할 수
있는가?
7 종교 집단이 과연 어찌 가고 있는가?
8 너희들은 더 큰 교회라는 것을, 그리
고 성전이라는 것을 짓고 그를 만들려
고 너희들이 많은 백성을 끌어들이는
데만 연연하고 있지 아니하는가?
9 너희들은 그와 같이 나 여호와의 뜻을
가르치는 것이 아니요, 더 큰 성전이
요, 교회라는 그것을 만들려고 더 혈
안이 되어 있는 것이 아니던가?
10 그것이 너희들의 세를 과시하며 힘을
과시하며 능력을 과시하며 너희들의
위대함을 과시하며 나로부터 축복받
은 것이라 그리 생각하고 착각하고 있
음이니,
11 그리하여 너희들은 나의 진리요, 나의
뜻을 가르치는 것이 아니라, 더 큰 성
전이요, 더 큰 교회라는 것을 지으려
고 너희들이 몸부림을 치고 있음이니,
거기에 어찌 믿음이 있겠는가?
12 너희들이 참진리를 가르치려면 재물
을 생각해서도 안 되며 다른 마음을
가져서도 아니 되는 것이니라.
13 그러니 너희들은 만백성을 끌어들이
는 것이 나의 성령을 제대로 가르치며
그들을 깨우쳐 하늘에 오르는 길을 역
사하고자 하는 것이 아니요, 그것은

뒷전에 묻어 깔고 앉고,
14 너희들이 많은 백성을 모으는 것은 세
를 과시하며 능력을 과시하며 성전이
요, 교회라는 것을 더 찬란하고 위대
하게 지어 많은 재물을 거둬들이고자
하는 거기에 역사함이 더 중요함이니,
15 너희들은 지금 많은 백성을 모으는 것
이 아닌 한 사람의 참진리를 가르치는
종교 지도자의 그 길을 원하는가?
16 많은 자들을 모아 놓고 너희들의 세를
과시하며 그리고 시간과 공간을 때워
그저 재물을 거둬들이는 마지막 설교
의 그 끝을 맺는 것을 평생 일관하고
있지 아니하는가?
17 그러니 너희들은 그 재물을 모으고자
백 가지, 천 가지 마음으로 생각하며,
간교한 생각과 간교한 생각으로써 연
결되며 그 꼬리를 무는 것이 지금의
지도자 너희들이 가고 있는 행위이니,
18 너희들이 한 가지 마음이요, 두 가지
마음을 갖는 것도 죄라 말하였거늘,
19 백 가지, 천 가지 마음을 가진 것이 지
금 너희들이 가고 있는 행위이니라.
20 너희들은 지금 흉물스러운 죄의 온상
인 교회의 건물을 위한 믿음을 가고
있는 것이며,
21 나 여호와를 믿고 따르는 것이 아니니
라.
22 너희들이 흉물스럽게 지은 죄의 온상
인 그 교회라는 건물을 위하여 믿음
의 길을 가고 있으며,
23 종교 지도자를 숭배하며 그를 위한 믿
음으로 가는 것이 지금의 너희들이
행하고 있는 것임을 잊지 말아야 할
것이며,
24 여기에 어떠한 이유를 달 수도 없는
것이 너희들일 것이니라.
25 과연 너희들이 어떠한 것을 위해서 가
고 있는가 스스로 깨우쳐 보며, 너희
들이 무엇을 향해서 가고 있는가를
보라.
26 너희들이 진정한 진리요, 나의 뜻에
따라 10년, 20년 그와 같은 믿음을 갔
다면, 지금쯤은 너희 스스로 다스릴
줄 알며 너희들이 천사와 같은 마음으
로 변해 있어야 할 것이니,
27 너희들이 천사와 같이 아름다운 마음
으로 변하지 아니하여 너희들이 죄를
지으며 스스로 네 마음을 다스리지 못
하며, 보통 사람이 살아가는 그 행위
에서 벗어난 것이 없다 하면,
28 너희들은 나의 진리를 공부한 것이 아
니요, 너희들의 교회를 위해서 공부했
으며, 너희들의 종교 지도자를 숭배하
고 맹종하고 맹신하는 것만을 공부했
음이니라.
29 그리고 있는 것, 없는 것, 재물을 다
갖다 바치며 형제지간의 우애를 끊으
며, 그저 너희들은 언제든지 헤어질
수 있는 자매요, 형제라는 거기에만
몰두하고 살아가며,
30 돌아서면 적이 될 수 있는 그 자매요,
형제라는 그 형식적인 너울 속에서 그
들을 사랑하는 것처럼 그들을 사랑하
는 모양새를 갖추면서 형식적으로 살
아오며 믿음의 길을 가고 있는 자들이
아닌가?
31 그리하여 진정한 너희들의 형제는 저
버려 두고, 언제라도 너희들에게 언성
높이며 등을 돌릴 수 있는 자들, 한 종

교 집단에서 같은 길을 간다 하여 너희들이 거기서 형제라 자매라 그리 따르고 있으니,
32 종교 지도자들끼리 파벌이 생겼을 때 과연 참진리를 위해 손을 들고 참진리 쪽에 서는 자가 몇 명이나 있는가?
33 저희 교회를 위해서 저희들의 지도자를 위해서 그가 하는 대로 이끄는 대로 무조건 그것이 옳고, 저희들은 더 큰 밥그릇을 놓으려고 물불을 가리지 않는 그와 같은 형국으로 치닫고 싸우는 형국이 이 지상에 없는가?
34 교회라는 곳, 종교 집단의 성전에서 그와 같은 일을 행하고 있다면 너희들은 과연 어찌하겠는가?
35 너희들은 그들의 추한 모습을 보면서도 그것을 정당화시킬 것이며, 당연히 그를 따르며 싸워서 이기는 자가 나로부터 축복받은 자라 그리하여 너희들이 그를 따라 싸우니,
36 잘못 말하고 잘못 가는 종교 지도자 그를 따라 싸워서 그것을 이기는 것이 나에게 오는 길이요, 나의 뜻을 따르는 것이라 그리 맹종하니,
37 그것이 바로 종교 지도자를 숭배하고 그를 신격화하기 위해 믿음의 길을 가는 것이 아니던가?
38 너희들은 서로 분쟁을 하고 따짐이니,
39 거기서 참진리의 길이 옳다 하여 그 길을 선택하여 손을 들고 마음을 던지는 그와 같은 자세도 갖지 못하는 자들이, 어찌 하늘에 오르는 길이며 참진리요, 만백성을 구한다며 복음을 전한다며 그와 같이 행동을 하는가?
40 너희들의 부끄럽고 추한 그 모습을 보라.
41 10년, 20년, 30년 평생을 믿음의 길을 간 자들이 천사같이 다 모여 있지 아니하는 그 성전이요, 교회라는 곳은 썩은 곳이며 사악한 집단임을 너희들은 알아야 할 것이니라.
42 이제는 너희들이 나의 아들이요, 나의 아들을 따르며 그를 따르는 제자들이요, 내가 나의 백성이라 선택한, 그리고 전사라 선택한 그들의 살아가는 모습을 보라.
43 그들은 어찌 살아가는가?
44 그리하여 너희들이 살아가는 모습과 너희들이 몇십 년 동안 진리를 공부하고 깨우쳤다는 그 종교의 교회에서 배운 것과 지금 나의 아들이 가르치는 선택된 그 백성이 변하는 모습과 너희들이 견주어 보고 여기서 스스로 답을 얻도록 그리하라.
45 너희가 율법과 나의 계명이요, 나의 법전을 지키고자 하며 그리 변화되는 삶을 살지 아니한다면 너희들은 절대로 만백성을 구할 자격이 없으며, 너희들은 지도자로서 설 수가 없으며,
46 믿음을 몇십 년 믿었고 구원을 받았다는 그와 같은 소리를 하는 백성이 되어서는 아니 됨을 알아야 할 것이니라.
47 이제 예수가 행하고자 했던 그 모든 깨우침은 이는 곧 나의 뜻이며 내가 행하고자 했던 것이니,
48 내가 나의 법전에 기록하여 이 모두를 전하고 너희들에게 깨우치고자 함을 알아야 할 것이니라.
49 지금까지 내가 너희들에게 덮어 두어,

이제 내가 제3의 시대를 위하여 이와
같은 무서운 심판의 역사를 강행하고
시행하는 것은,
50 내가 예수를 통하여 너희들에게 전하
고자 했던 나의 뜻을 너희들이 거역하
며, 내가 이루고자 한 그 역사의 사업
에서 등을 돌렸으며,
51 오로지 너희들의 육의 향락과 너희들
의 즐거움을 위하여 모두를 인간이 만
든 계명이요, 그 법도에 따라 지금까
지 너희들은 이리 흘러왔음이니,
52 그리하여 내가 너희들을 이제 단죄하
는 이 무서운 시대의 문을 열고 있음
을 알라.
53 내가 다시 너희들에게 말함이니, 너희
들은 참진리요, 나의 뜻을 깨우쳐 하
늘에 오르고자 하는 천사와 같은 마음
으로 변하는 그와 같은 깨달음의 역사
속에서 지금까지 살아온 것이 아니요,
54 너희들이 손으로 지은 교회의 건물을
위해 건물을 믿었으며, 지도자를 숭배
하며 신격화하는 곳에 너희들의 모든
사업의 역량을 다 바쳤지,
55 나 여호와가 이루고자 하는 사업이요,
내가 역사하고자 하는 그 진정한 나의
뜻에 따라 역사한 것이 없느니라.
56 내가 너희들에게 성경에 기록하여 전
했듯이, 회당을 짓지 말며, 회당에서
경배하고 예배하지 말며,
57 사람들이 많은 곳에서 예배하는 것처
럼 기도하는 것처럼 나 여호와를 믿는
것처럼 그와 같은 허황된 행위를 하
지 말라 하였음이니라.
58 그러나 너희들은 집회라는 것을 즐거
움으로 알며 거기서 재물과 금화를 거
둬들이느니라.
59 집회라는 것을 열어 많은 백성을 회당
에 모아 놓고 강론하며 우리 부자 이
름을 팔아서 너희들이 결국 하는 것은
무엇이냐?
60 너희들은 재물을 거둬들이는 것이 아
니더냐?
61 '재물을 바치는 자에게 축복과 영광이
있으며,
62 내가 다른 교회요, 다른 종교 집단에
갔을 때는 그들이 지도자를 모시는
것을 하나님보다 더 영광으로 모시며,
그를 위해서 그들이 타고 다니는 승용
차라는 것도 갖다 바치며 재물도 바치
며 땅문서 집문서를 갖다 바치는데,
63 여기에 신도들은 어찌하여 그와 같이
열광적으로 믿는 자가 하나도 없는가?
64 여기에 종교 지도자들이 더 고단하고
힘들게 가게 하니 너희들이 죄인이라,
이 사악한 자들아!
65 지금서부터 너희들이 가진 모든 재물
을 종교 지도자를 위해 바치며, 너희
들이 지은 성전을 더 크고 아름답게
만들기 위해서 바쳐라.
66 그렇지 아니하면 너희들은 지옥으로
간다.' 하니,
67 무당이 굿 하면서 돈을 달라, 귀신이
가는 길에 노자가 필요하니 바치라,
바치라 하는 그와 같은 사악한 자보
다 더 사악한 행위를 하고 있는 것이
너희들이니, 어찌 이를 보겠는가?
68 그러고도 그것이 구원의 길이라고 하
고 있는 자들, 불쌍한 나의 백성 너희
들을 내가 바로잡고자 나의 아들을
통하여 160권의 법전을 세상에 내려

보내니 그를 알라.

5,061 번째 하나님 말씀

2003년 2월 18일 07시 44분

1 사랑하는 나의 아들아!
2 "네, 아버님! 말씀하옵소서."
3 모든 종교 집단들이 가고 있는 형태
요, 그 형국을 너는 들여다봐야 할 것
이니라.
4 그들은 저희들의 손으로 지은 그 성전
에 나의 백성을 모아 놓고 각종 헌금
과 재물을 거둬들여 그를 지탱하기 위
해,
5 무엇 하나 더 거둬들이고자 하는 그
욕심이요, 제 집에 더 쌓아 놓고자 하
는 욕심으로 부흥회라는 명칭을 붙여
행사를 하며 그리고 집회라는 그와 같
은 행사를 한다 하였음이니라.
6 그리하여 그곳에서 다른 강사를, 다른
선생이라 하는 자를 단상 앞에 세워
놓고 거래를 한다 하였음이니라.
7 너희들은 거기서 믿음의 길을 가르치
며 깨우침을 가르치는 것이 아니요,
재물을 거둬들이는 방법으로써 결론
을 그와 같이 맺는다 하였음이니라.
8 너희들은 '나는 강사로서 전국을 다니
는 종교 지도자요, 강론하는 지도자인
데, 이 교회요, 이곳의 신도들처럼 죽
어 있으며 용기없는 자들을 보지 못했
다.' 그리 자극하느니라.
9 어떤 곳에 갔을 때 그 신도는 저희들
이 가지고 있는 모두를 다 바쳐 성전
을 궁궐과 같이 지었으며,
10 그리고 그들은 모두를 다 바쳐 저희들
의 종교 지도자를 신처럼 받들며 그와
같이 따른다 하며 그들을 자극을 하느
니라.
11 그리고 '너희들도 구원을 받으려면 그
모두를 다 바쳐라. 그와 같은 행위를
하는 자는 천국의 문이 열릴 것이며
천국에 구원을 받을 것이니라.'
12 그리하여 그와 같은 행사를 하면서,
너희들은 재물과 금화를 거둬들이며
나의 불쌍한 백성을 자극함이니,
13 그와 같은 행위를 하는 것이 너희들의
집회요, 교회당에서 하고 있는 짓이
아니던가?
14 너희들이 하는 행위가 너무나 추하고
더러워, 나 여호와가 이를 볼 수 없어
내가 지금 법전을 세상에 내림을 알아
야 할 것이니라.
15 너희들은 성전을 짓고 교회라는 것을
지으려고 재물을 거둬들이니,
16 여기에 저 자신의 분수도 알지 못하는
여인이 집문서를 갖다 바치니, 그를
본 남편이 등지고 서로 이혼을 하게
되어 가정이 파괴되는 그와 같은 형국
에 도래하는 형태를 너희들이 유도하
고 만드는 자들이니라.
17 그와 같은 사악한 짓도 서슴지 않고
행하면서, 너희들은 그 이혼녀에게 뭐
라 하는가?
18 남편을 속여 집문서를 갖다 바쳐 교회
를 지은 그 여인에게 너희들은 '너는
사탄과 이혼했으니, 너는 지금부터 천
사가 되었으며 천국에 오른 여자가 되
느니라.
19 차라리 사탄과 이혼하기를 참 잘했느
니라.

20 그리하여 너는 복이 있을 것이니라.
21 너에게는 축복이 있을 것이니라.' 그
리하느니라.
22 그러나 지금 육에 살아서 너희들이 말
하는 열 배를 창고에 쌓아 주는 것이
아니요, 그는 알거지가 되느니라.
23 그리하여 그는 고통과 시련 속에 살
며, 남편에게 버림을 받으며 가족에게
버림받으며 결국에는 그 종교 집단 지
도자에게 또 버림을 받으니, 그는 폐
인이 되어 거리에 나앉느니라.
24 그러면 너희들은 그리 말하느니라.
25 '저 여인이 또한 믿음이 약해졌으며
사탄에게 넘어졌으니, 그리하여 그가
저 같은 고생을 하는 것이다.' 그리 말
하다 더 할 말이 없으면,
26 '저는 지금 하늘에서 하나님이 높이
쓰려고 그를 시험하며 연단하는 것이
다.' 하는 말을 구사하여
27 '그는 지금 하늘의 축복을 더 받기 위
한 그 시련을 가고 있다.' 그리 둘러대
는 것이니, 얼마나 너희들이 사악하고
잔인한 자인가?
28 내가 말하기를, 의식주를 지키지 못하
는 자 그 직분을 다하지 못함이라 하
였으니,
29 너희들의 교회요, 성전을 짓는 곳에
재물을 다 바쳐 그 가정이 파탄에 이
르러 그 모두가 다 길거리에 나앉는
그것도 하늘에 와 나로부터 축복을 받
는 영광이요,
30 그 헤어지는 것은 사탄과의 이혼이요,
사탄과 헤어짐이니 그는 축복받았다
너희들이 그리 충동질하며 그와 같이
말하나니,
31 너희들이 하늘의 뜻을 알며 나 여호와
의 뜻을 알며 하늘이 무서운 줄 알며
하늘이 두려운 줄 알고 사는 자인가?
32 너희들은 나 여호와가 존재함을 믿지
도 아니하며 나를 의식하지도 아니하
는 종교 지도자이며,
33 너희들은 심판의 무서움도 모르며 나
에게 재판을 받는 무서움도 모르는 그
와 같은 자들이니,
34 돌보다도 더 답답한 자들 앞에서, 그
무지몽매한 자들 앞에서, 그 사악한
자들 앞에서, 너희들이 구원을 받겠다
가서 울고불고 기도하며 목매지 말라.
35 너희들 가정의 다락방에서 조용히 기
도하며, 너희 가족끼리 손을 잡고 식
사할 때도 나에게 감사하며,
36 이 모두는 나 여호와의 은혜와 은총
속에 살아가니 아름답게 살아가라 하
며, 그리고 나 여호와가 내린 계명을
암송하며 자식들에게 가르치며, 그를
지키고 살아 너희 자신이 깨우치고
하늘에 오르는 길을 보는 것이 바로
오는 길임을 잊지 말라.

5,062 번째 하나님 말씀

2003년 2월 18일 07시 54분

1 사랑하는 나의 아들아!
2 "네, 아버님! 말씀하옵소서."
3 너희들의 인간사에 살아가면서도 즐
거운 잔칫집이요, 경사스러운 잔칫집
에 갈 때는 흥겨운 모습으로써 콧노래
를 부르며 같이 즐거워하면서 그 행사
에 참여하고자 같이 행동하는 것이 아
니던가?

4 그러면 유명을 달리한 집이요, 너희들
이 말하는 상갓집이라는 곳을 찾아갈
때는 엄숙한 자세요, 몸가짐을 단정히
하며 조심스럽게 가는 것이 너희들의
마음의 자세며 너희들이 살아가는 형
태이니라.
5 그러나 여기서 너희들은 하나 깨우쳐
야 할 것이니라.
6 너희들이 지금 모두가 가고 있는 길은
과연 어떠한 길을 가고 있는가?
7 너희들은 곧 죽음의 그 길을 향해서
간다 하였음이니라.
8 그러니 너희 자신이 죽으며 남의 죽음
을 바라보며 가는 그 삶의 길을 가는
그와 같은 이웃들이 어떠한 자들이던
가?
9 너희들의 형제요, 길동무며 얼마나 소
중한 자들인가?
10 그리하여 너희들은 그 죽음의 길을 향
하여 자신이 가고 있거늘,
11 어찌하여 인생을 함부로 그리 향락주
의로 살아가며, 잘못된 즐거움에 속하
여 살아가는 것을 부끄럽게 생각하지
아니하는가?
12 너희들은 지금 상갓집이라는 유명을
달리한 사람의 명복을 빌어 주러 가는
그 순간에도 겸허하며 엄숙한 자세로
써 모든 행동을 하거늘,
13 어찌하여 너희들은 너희 자신이 죽음
의 그 길을 가는 그와 같은 길동무로
가면서 향락주의요, 그리 산만하며,
그와 같은 인간으로서는 할 수 없는
그 사악한 행동을 즐거움으로 하며 그
리 가고 있는가?
14 너희들은 여기서 오늘 깨우쳐야 할 것
이니라.
15 너희들은 모든 백성이 다 같이 죽음의
길을 가는 길동무이니라.
16 그러니 향락이요, 잘못 살아가는 그와
같은 삶을 지금부터 접어 두며,
17 너희들이 영원히 아름답고 깨끗한 삶
을 살고자 겸허하고 엄숙한 자세로써
인생의 살아가는 길을 바라보도록 그
리해야 할 것이니라.
18 어찌하여 너희들은 너희 자신이 죽음
의 그 길을 향하여 가며 옆에 가는 친
구의 죽음을 바라보며 같이 가는 너희
들이 그리도 광란의 짓을 하며 그와
같이 살아갈 수 있단 말이던가?
19 그러면서 그 정해진 소중한 시간을 하
나하나 한 발짝씩 줄여 가면서 그와
같은 소중한 삶을 사는 너희들이 진정
한 믿음이요, 아름다움의 그 길을 가
지 못하며,
20 자신만을 생각하며 자신만을 위하여
자신만이 구원을 받는다는 그와 같은
생각으로써 자신의 집단만이 위대하
다 하여,
21 같이 가는 그 길동무의 아픈 마음을
배려하는 그와 같은 마음을 가지고 살
지 못함이니,
22 내가 '네 이웃을 너 자신과 같이 사랑
하라' 한 것이 무엇이었던가?
23 하나의 죽음의 길을 같이 가는 동반자
요, 길동무이기 때문에 너희들에게 그
리 말하였느니라.
24 그러니 너희들은 여기서 깊이 깨우쳐
앞으로 삶의 자세를 바로 살아야 할
것이니라.
25 그리고 또 이 중에서 나의 법전을 읽

으며 나의 아들로부터 선택된 백성, 너희들은 너희 자신을 제물로 바칠 수 있는 그와 같은 마음 자세로 살아가도록 그리 노력해야 함을 잊지 말라.
26 너희들이 길동무로 같이 가면서, 그 죽음을 향하여 같이 가는 길동무를 위해서 너희들 스스로 모두를 다 바쳐 제물이 되어 그들을 보호하고,
27 그들이 아름답게 갈 수 있도록 최선을 다하는 그와 같은 역할을 하여야 할 것이니라.
28 그리하여 내가 너희들이 나로부터 종이요, 모든 백성의 종이라면, 그들에게 종과 같은 마음, 종과 같은 자세, 종과 같은 행동을 함으로써 너희들에게 감복하며 깨달음을 얻어,
29 그들도 종과 같은 백성의 마음으로 길동무로서 죽음을 향하여 같이 갈 수 있도록 내가 깨우쳐 주고자 하여 '네 이웃을 네 몸과 같이 사랑하라.' 하였으며,
30 나로부터 선택된 소중한 너희들이 만인의 종이라 나 여호와가 그리 명함을 알라.
31 이제는 나의 아들을 따르는 제자들이요, 백성 너희들은 자신 모두를 제물로 바쳐 만백성을 변화시키는 그것에 두려워하지 말며,
32 그것이 무엇과도 바꿀 수 없는 위대한 영광이며, 너희들이 그 길을 감으로 인하여 내가 영원히 너희들을 기억한다는 것을 잊지 말라.
33 너희들은 만백성을 구하는 제물로서 기꺼이 그를 따르며 그와 같은 마음의 자세로 행하여 살아가도록 하라.
34 그것만이 만백성을 구하는 길이며, 너희 자신이 그 죽음의 길에서 다시 태어나는 그 영광의 길을 올 수 있음이니라.
35 내가 너희들에게 오늘 나의 아들을 통하여 여기에 기록하여 전함이니라.
36 너희들이 죽음의 길의 동반자요, 그 끝에 다 와서 육이 죽어 갈 때,
37 너희들은 다시 태어나는 삶이 있으며, 그곳에서 영원히 지옥으로 가는 그와 같은 삶의 심판이 기다리고 있음이니,
38 죽음의 길을 가며 심판의 길을 가는 자들이 얼마만큼 겸손하고 엄숙하며 겸허한 자세로써 자신을 흩트리지 아니하며 살아가야 하는 것인가를 오늘 깊이 깨우쳐 그와 같은 삶을 살도록 하라.

5,063 번째 하나님 말씀

2003년 2월 18일 08시 05분

1 사랑하는 나의 아들아!
2 "네, 아버님! 말씀하옵소서."
3 나의 전사로 선택된 너를 따르는 제자들이요,
4 나의 법전을 읽고 깨우쳐 바로 선 백성, 너희들은 이제 결단의 시기가 왔음을 알라.
5 너희들이 두 마음을 가지고는 믿음의 길을 갈 수 없다 내가 말했듯이,
6 너희들이 재물을 챙기고 살고자 하는 마음이 있다면 믿음의 길을 갈 수 없는 것이니라.
7 그러니 너희들이 진정한 믿음의 길을 갈 것을 선택할 것인가, 재물을 모아

인간의 육의 삶을 행복하게 살 것인가
를 이제는 결정할 때가 되었음이니라.
8 절대 두 가지를 나 여호와가 같이 주
지 아니하며, 너희들이 두 가지를 다
갖고 갈 수는 없음을 알라.
9 그러니 이제 너희들이 마음을 결정할
때가 왔음이니라.
10 나의 아들을 통하여 강론을 들어서 세
상의 이치를 깨달았으며, 나의 법전을
읽고 깨우쳐 사랑이 무엇이며, 하늘에
오르는 길이 무엇인가를 알았으며, 나
에게 오르는 길이 무엇이며, 믿음이
무엇인가를 너희들이 알았음이니,
11 너희들은 어찌하여 나를 믿는 자가 재
물을 탐하며 육의 행복이며 부귀영화
를 누리고 사는 것이 하늘에 오르는
길이요, 나에게 선택된 백성이라 그리
생각하는가?
12 나의 아들이 재물을 선택하였던가, 나
의 아들이 죽음으로써 나를 따랐던가?
13 너희들은 나의 아들이 죽음으로써 나
에게 오는 길을 선택했듯이 그것이 바
로 믿음의 길이요, 믿음의 길을 가는
자세이며 가는 것임을 알라.
14 그러니 너희들이 이제는 선택하도록
그리하라.
15 너희들이 예수보다 더 고통스러운 그
죽음의 길을, 그 믿음의 길을 갈 수 있
고 따라올 수 있다면 여기서 나의 아
들을 따라갈 것이며,
16 너희들이 재물과 금화와 은화를 모아
육의 편안한 삶을 살기를 원한다면 그
길을 가라.
17 이제 너희들은 진정 나 여호와가 너희
들에게 재물을 주며 역사하며 육의 편
안함을 주는 것이 아님을 알라.
18 너희들에게 고통과 시련을 줌이니라.
19 다만, 내가 나 여호와가 존재하며 하
늘에 오르는 길이 무엇이며 사랑이 무
엇인가를 너희들에게 깨우쳐 주었으
니,
20 너희들이 그것과 재물과 바꿀 수 없음
을 아직도 모르고 있다면 너희들은 재
물을 좇아 떠나는 그와 같은 역사를
이루도록 하라.
21 두 길을 가는 것을 너희들이 다 누리
는 것이 아니니라.
22 나 여호와를 향하여 가는 자, 누가 부
귀와 영화를 누렸는가를 보라.
23 모세 또한 어찌 살았으며, 나의 아들
또한 어찌 살았으며, 노아의 방주에서
살아난 그 가족들은 과연 어찌 살았는
가?
24 너희들은 이것을 보고 너희들 스스로
깨우치라.
25 너희들이 부귀와 영화요, 재물에 그것
이 있는 것이 아니니라.
26 너희들이 모세 시대에 선택된 백성의
사막의 그 고통이 과연 나로부터 선택
된 백성이라 생각하면 그건 있을 수
없을 것이라 생각하나,
27 그러나 그 고통에 의해 선택된 것이
나의 백성이니라.
28 부귀와 영화를 얻는 것이 나의 백성이
아니니,
29 너희들 앞에 재물을 쌓아 준다는 것은
나 여호와의 뜻이 아님을 알라.
30 이제 너희들이 스스로 결정하며 정하
도록 그리하라.
31 사랑하는 나의 아들아, 이 무섭고 엄

연한 현실은 정확한 것이니라.
32 그리고 이것은 사실이며, 이는 어쩔
수 없는 길임을 너희들이 알라.
33 너희들은 나를 믿음으로써 부귀와 영
화요, 재산을 얻는 것이 아니요, 나를
믿음으로써 고통과 시련의 길을 가니,
34 예수의 고통이요, 모세의 그 백성의
고통이요, 노아의 방주의 그 백성의
고통임을 알라.
35 나 여호와의 성령이 너희들의 가슴에
임함이 너희들이 얼마나 소중하며 영
광된 것인가?
36 내가 너희들을 기억하며 너희들과 같
이 있으니 그 이상 세상의 무엇과도
바꿀 수 없는 내가 가장 보배로운 보
물과 영광을 다 주었거늘, 너희들은
나로부터 더 받고자 하지 말라.
37 나의 성령이 너희들의 가슴에 임함이
그보다 더 큰 영광이 없으며 소중함이
없는 것을 너희들은 알아야 할 것이니
라.
38 그러나 지금 모든 백성 그들이 살아가
는 것과 나의 성령이 임하는 것이 왜
축복이요, 영광인가?
39 나로부터 천사와 같은 마음을 가지고
세상에 나간 나의 백성 너희들은 그
성령의 마음이 세상에 나가 태어나는
그 순간에 서서히 너희들에게서 지워
지며,
40 인간 세속의 삶에 의하여 너희들이 나
로부터 받아 나간 그 아름다운 성령은
서서히 너희들 몸 밖으로 비켜나며,
41 그것이 설 자리가 없으며 성령이 안주
할 자리가 없어 밖으로 쫓겨나 방황하
는 그와 같은 형국이 되었으며,
42 너희들은 욕심이 근원의 뿌리인 악의
뿌리요, 그 씨앗이 너희들의 마음에
자리를 잡아 그 나무가 서서히 성장하
기 시작함이니,
43 성장함에 따라서 악이 너희들을 지배
하며, 너희들은 악의 즐거움이요, 악
의 삶의 행복을 기쁨으로 느끼며, 악
의 행함을 가장 영광이라 생각하고 살
아가는 그와 같은 형국으로 바뀌었으
니,
44 나로부터 생명을 받아 나간 너희들이
나를 버렸으며 나를 등졌으며 나를 지
웠음을 알아야 할 것이니라.
45 그리하여 내가 너희들에게 심어 준 그
성령, 내가 너희들에게 준 그 인성의
아름다운 마음은 찾아볼 수가 없으며,
악의 뿌리가 너희들을 지배하고 있으
니,
46 지금 내가 더 이상 그를 보지 못하여
너희들 스스로 그 악의 뿌리를 뽑아내
도록 악을 버리도록 그리하고자 하는
것이 나의 뜻이니라.
47 그리하여 나의 성령이 너희들 몸에 다
시 임할 수 있는 그 역사의 기회를 얻
도록, 너희들이 악의 씨요, 그 나무를
잘라 내며 그 가슴속의 마음을 비우라
함이니,
48 너희들의 마음이 비워졌을 때 나의 성
령이 너희에게 심어짐을 알라.
49 나의 성령이 너희에게 임하며 심어지
는 그 변화의 역사야말로 얼마나 중요
한가를 너희들이 모르고 있음이니,
50 너희들은 이를 알고 살아야 할 것이며
그보다 더 위대한 것이 없음이니라.
51 내가 이제 너희들에게 내려 주었던 그

성령을 회복시키며, 내가 너희들에게 이루고자 하는 것이니,
52 그리하여 나의 법전을 세상에 내려보내 나의 아들을 통하여 강론하며 너희들이 듣게 하고자 함이니라.
53 나의 성령이 너희들의 가슴속에 들어가는 그 공간이 지금은 하나도 없으니, 그 공간을 만들고자 하는 것이 나의 뜻이며,
54 나의 법전이 세상에 내려가 너희들의 마음을 다스리는 이 역사가 이루어짐을 너희들은 알아야 할 것이니라.
55 성령이 임할 수 있는 것, 그것은 아무것도 이 세상에 없느니라.
56 나의 계명을 지키며 나의 법전뿐이거늘, 너희들은 나의 법전을 들여다보지 아니하며 깨우치려 하지 아니하며,
57 감히 이를 사탄이요, 사악한 자가 만든 것이요, 이단이라 그리 너희들이 이에 접근하지도 못하게 하며 바라보지도 못하게 하는 것이 지금의 종교지도자요, 집단들이니,
58 그들의 말에 현혹되어 너희들이 나의 법전의 뚜껑을 여는 것을 주저하지 말라.
59 나의 법전 표지를 열어 그 뜻을 정독하여 읽지 아니하면 너희들이 악의 뿌리를 완전히 뽑아낼 수 없음이니,
60 너희들 가슴에 나의 성령이 임하여 너희들이 천국에 올 수 있는 그 문에, 그 아름다움에 들어서지 못하는 것이 너희들이니,
61 너희 스스로 나의 법전을 읽고 악을 뽑아내도록 그리하라.
62 그 싹의 모두를 뽑아내지 아니하면 너희들이 이기고 견딜 수가 없음이니라.
63 그리하여 너희들에게 싸울 힘이요, 용기를 주고자 하는 것이 나의 법전이니,
64 너희들은 나의 법전을 들여다보고 또 읽고 깨우쳐 정독하여,
65 너희들의 마음속에 있는 그 모든 사악한 씨를 다 뽑아내어 너희들 가슴에 성령이 심어질 수 있는 그 공간을 만들라.
66 그리하여 공간 속에 나의 성령이 다시 원상태요, 원 자리로 돌아갈 때,
67 너희들이 얼마나 아름다운 인생이요, 이 세상의 아름다움을 보며,
68 너희들이 악을 행하며 산 것이 얼마나 죄악이고 잘못된 것인가를 너희들이 부끄러움을 스스로 알게 될 것이며,
69 그때 지금까지 살아온 부끄러움을 알아, 너희들이 말하는 소위 미물이 사는 쥐구멍에라도 들어가고 싶은 그와 같은 부끄러움이요, 깨달음을 얻게 될 것이니,
70 그때야말로 너희들이 가장 행복함을 알게 되는 순간이니라.
71 그리고 나 여호와가 너희들을 기억하는 순간이요,
너희들 마음과 가슴속에 나의 성령이 그득하게 임하는 그 축복을 얻게 되는 때임을 잊지 말라, 사랑하는 나의 아들딸들아!

부 록

【하나님께서 가르쳐 주신 운동】

천재지변이 일어날 때, 동물이나 미물들은 미리 알고 대피하지만, 인간은 알지 못하고 큰 화를 당합니다. 하나님께서 인간에게 가장 높은 지혜를 주시고 완벽하게 창조해 주셨기에 동물들보다 더 잘 알 수 있지만, 욕심으로 마음이 혼탁해져서 한 치 앞을 보지 못하는 것입니다.

마찬가지로, 인간은 누구나 스스로 필요한 운동을 해서 건강을 지킬 수 있도록 하나님께서 만들어 주셨습니다. 우리의 머리에서 우리 몸에 필요한 동작을 해 달라고 끊임없이 신호를 보내지만, 인간이 혼탁하게 살아서 그 신호를 알아채지 못합니다. 그러니 자연스럽게 자기 몸이 원하는 그 신호를 따라서 운동하는 것이 하나님께서 가르쳐 주신 운동 방법입니다. 바로, 우리의 영이 육을 이끄는 운동입니다.

▶ 하나님 운동법

1. 눈을 감고, 발을 어깨너비로 벌리고 바르게 선다.
2. 몸에 힘을 풀고, 허리를 숙이면서 손과 머리를 아래로 내린다.
3. 허리를 펴고 싶을 때, 천천히 펴면서 하고 싶은 동작을 하면 운동이 시작된다. (사람마다 다르다.)
4. 멈추지 말고, 어떤 동작이든지 자기 몸의 느낌대로 계속 이어서 한다.

▶ 참고 사항

① 눈을 감은 상태로 아무 생각 하지 않고, 자기 몸의 느낌대로 움직입니다.
② 마음을 비우고, 욕심을 버리고, 지난날의 잘못을 반성하면서 몇 차례 시도하다 보면, 자기도 모르게 하고 싶은 동작이 끊임없이 생깁니다.
③ 운동 장소는 방 안이든 운동장이든 관계없으며, 걷거나 달리고 싶을 때는 눈을 떠도 됩니다.
④ 매일 40분 이상, 주 4회 이상, 3개월 이상 하면 음식 조절에 들어갑니다.
- 음식으로 생긴 병은 음식으로 치료하게 되며, 어떤 음식을 먹어야 하는지 스스로 알게 됩니다.
(자기 몸에 필요한 음식만 먹고 싶어집니다.)
⑤ 사랑하는 사람과 함께 운동하면 서로 치료해 주기도 합니다.
⑥ 운동을 하다가 몸의 어느 한 부분을 계속 손으로 자극한다면 그쪽에 이상이 있는 것이니, 의사에게 상담을 받고 적절한 치료를 받으면 됩니다.
⑦ 다이어트 및 기타 건강관리에 효과적입니다.
⑧ 꾸준히 운동하여 영이 맑아지면, 자신의 과거와 미래를 스스로 보게 됩니다.

누구나 스스로 하실 수 있습니다.

간 행 사

《새로운 성경》은:

· 새로운 성경은, 하나님께서 선량하고 선한 자를 선택하여 십계명을 암송하도록 하시고, 십계명을 암송한 다음에 음성으로써 들려주시는 말씀을 듣고 그대로 카세트테이프에 녹음해서 받아쓴 책입니다.

· 90분짜리 녹음테이프 700여 개에 달하는 말씀으로, 1999년 8월부터 2004년 7월까지 총 160권(권당 288쪽)을 완성하였으며, 그 이후에도 현재까지 계속 말씀을 내려 주고 계십니다.

· 새로운 성경은 "하늘을 두루마리 삼고 바닷물을 먹물 삼아 쓰고 써도 다 못 쓴다"는, 끝없이 방대한 하나님의 말씀이 두루마리로 직접 내려오는 것입니다. 이러한 새로운 성경은 구약과 신약을 폐하려는 것이 아니라 "인봉된 성서의 비유의 뜻"을 상세히 설명하여 완성하고자 하나님께서 직접 내려 주신 말씀입니다.

《새로운 성경》의 구성:

· 제 목: 2013년, 160권 모음집을 발간하면서, 본 도서의 제목을 "하나님! 말씀하옵소서"에서 《새로운 성경》 으로 명해 주셨습니다.

· 단행본: 각 권당 288쪽(신국판) 책이 160권까지 시리즈로 출판됩니다.
(모음집은 단행본을 16권씩 묶어서, 총 10부로 구성됩니다.)

《새로운 성경》의 성경적 근거:

· 신약 성경 [요한복음] 16장 13절에 "진리의 성령이 오시면 그가 너희를 모든 진리 가운데로 인도하시리니 그가 자의로 말하지 않고, 오직 듣는 것만을 말하며" 하신 말씀처럼 하나님의 음성을 들은 것만 기록하였으며,

· "장래 일을 너희에게 알리시리라" 하신 말씀과 같이 개인, 나라, 인류의 "장래"일을 하나님께서 알려 주시는 것만 기록하여 책으로 만들었습니다.

《새로운 성경》의 기록 방법:

· 1999년 8월부터 하나님께서 저에게 들려주시는 음성을 기록하였습니다. 처음에는 제가 들은 말씀을 불러 주면 저의 아내가 기록하여, 2000년 1월 29일에 1권 초판이 세상에 나왔습니다. 2000년 4월부터는 주시는 말씀을 받아 녹음기에 기록하여 시리즈로 출간하기 시작하였습니다.

· 녹음을 시작하면서 하나님의 말씀을 받는 데 가속도가 붙었고, 2001년 5월 3일에 1부(1~16권까지)를 인쇄하여 출판하였으며, 2004년 7월까지 총160권 분량의 말씀을 받아 기록하였습니다.

하나님께서 저에게 주신 것은:

· 첫째, 만백성을 상대로 내려 주시는 "기도", 둘째, 수시로 내려 주시는 "묵상", 셋째, 개인의 과거, 현재, 미래를 알려 주시는 "개인 기도", 넷째, 개인의 건강을 위해서 내려 주시는 "음식 처방", 다섯째, 하나님께서 가르쳐 주신 "운동"등이 있습니다. 이 중에 첫 번째, "기도"를 책으로 편찬하였습니다. 사람의 생사, 개인의 미래에 관한 천기는 수록하지 말라 하셨습니다.

강론 안내:

· 하나님께서는 지금도 매일 저에게 새로운 하늘의 비밀의 말씀을 내려 주고 계십니다. 수시로 내려 주시는 말씀을 정리해서 제자를 육성하라는 말씀에 따라 매주 강론을 하고 있습니다. 누구나 무료로 들으실 수 있습니다. (book160.com)

《새로운 성경》을 읽는 분들에게 드리는 선물:

· 개인 기도: 개인의 과거, 현재, 미래에 관하여 말씀을 내려 주십니다.

· 음식 처방: 사람은 음식을 먹고살다가 건강을 잃으니, 음식과 운동으로 건강을 되찾는 방법을 알려 드립니다. 단, 하나님이 계심을 믿고, 십계명을 지키겠다고 진실로 서약하는 분들께 알려드립니다.

《새로운 성경》의 은혜와 기적:

· 새로운 성경 전160권은 16권씩 묶어서 총 10부의 모음집으로 구성됩니다. 모음집 한 부를 읽고 깨우치는 자에게 하나님께서 다음과 같은 기적이 있다고 하셨습니다.

· "첫째, 그가 죽어 하늘에 갔을 때 그의 죄를 묻지 아니하며, 구원을 받는 위대한 은혜가 있으며, 둘째, 그의 소원과 소망이 이루어지고, 셋째, 죽은 자(부모, 형제, 자식, 사랑하고 은혜 입은 분)의 이름으로 구입한 책을 읽고 누군가 한 사람이 깨우칠 때, 그 죽은 자가 지옥에서 천국으로 구원을 받게 되며, 넷째, 유산, 중절 수술 등으로 태어나지 못한 아이를 위하여 구입한 책을 보고 한 명이 깨우쳤을 때, 그 아이가 사람으로 다시 한 번 태어나는 은혜를 받는다."

· "새로운 성경"을 3회 이상 정성을 다해 정독하는 자, 성서의 비밀을 알게 되고, 세상의 이치를 알게 되며, 세상을 지배하고 통제할 수 있는 지혜를 다 얻게 된다고 하셨습니다. 이 책은 만백성이 정독하고 이웃에게 전하여, 평생 가슴에 묻은 슬픔과 고통의 짐을 벗고 미래를 위한 힘찬 삶을 살아가도록 하는 책입니다.

끝으로

· 하나님께서는 흰 눈이 세상을 덮듯이 새로운 성경을 온 세상에 전하라고 하셨습니다. 《새로운 성경》을 각국어로 번역해서 온 인류에게 구원의 길을 깨우쳐 주고, 그 수익으로 가난하고 어려운 백성을 구제하여, 만백성의 영과 육을 함께 구원하는 선지자의 임무를 수행하라고 저에게 명하셨습니다.

· 하늘에서 내려 주신 말씀의 보화를 만백성에게 나누어 주는 것이 선지자의 임무라고 하셨습니다. 새로운 성경을 통해서 얻는 재물을 사용할 곳도 하나님께서 일일이 명해 주십니다. 모든 재물은 저의 자의로 쓸 수 없고, 하나님께서 명하시는 대로만 쓰여집니다.

· 어떤 명분으로든 십일조나 각종 헌금을 거두어들이지 말라 하셨으며, 국내뿐 아니라 각국에 성전과 단독 서점을 운영하며, 한국의 많은 젊은이들을 전 세계에 지도자로 내보내라고 하셨습니다.

· 우리는 세계적으로 새로운 성경을 보급하며 어려운 이들을 돕는 역사를 해 나갈 것입니다. 지금까지 비록 몇 명 안 되는 제자들과 함께 이러한 일을 역사했지만, 앞으로도 계속 하나님께서 기뻐하시는 일들을 해 나갈 것입니다. 부족한 저희에게 여러분들의 지혜와 성원을 보내 주시기를 바랍니다. 많은 분들의 참여와 도움을 간절히 기다립니다. 감사합니다.

한국어로 내려온 《새로운 성경》 단행본을 출간하며
2016년 4월 10일

발행인 **김 용 철**

한국어로 내려온

새로운 **성 경** · 5부 · 제68권

지은이 하나님 말씀
대역자 김용철

ⓒ 김용철, 2017. Printed in Korea
저자와의 협약으로 인지는 붙이지 않습니다.

초판인쇄 1쇄 2017년 4월 3일

펴낸 곳 도서출판 하얀마음
등록번호 제 10-2107호 (2001년 2월 14일)
주소 서울시 노원구 덕릉로86길5, 2층
전화번호 02) 313-1114
팩스 02) 393-5554
전자우편 book160@hanmail.net
편집위원 조나영 김미향 이석교
제작지원 김창현 김지영

도서상담 1600-7527
ISBN 978-89-5875-168-7 (04230)
978-89-5875-100-7 (세 트)

값 10,000원
잘못된 책은 구입하신 곳에서 바꾸어 드립니다.

※이 책은 10부로 제작되며, 각 부 16권씩 총160권으로 구성됩니다.※

1부	2부	3부	4부	**5부**	6부	7부	8부	9부	10부
1권	17권	33권	49권	65권	81권	97권	113권	129권	145권
2권	18권	34권	50권	66권	82권	98권	114권	130권	146권
3권	19권	35권	51권	67권	83권	99권	115권	131권	147권
4권	20권	36권	52권	68권	84권	100권	116권	132권	148권
5권	21권	37권	53권	69권	85권	101권	117권	133권	149권
6권	22권	38권	54권	70권	86권	102권	118권	134권	150권
7권	23권	39권	55권	71권	87권	103권	119권	135권	151권
8권	24권	40권	56권	72권	88권	104권	120권	136권	152권
9권	25권	41권	57권	73권	89권	105권	121권	137권	153권
10권	26권	42권	58권	74권	90권	106권	122권	138권	154권
11권	27권	43권	59권	75권	91권	107권	123권	139권	155권
12권	28권	44권	60권	76권	92권	108권	124권	140권	156권
13권	29권	45권	61권	77권	93권	109권	125권	141권	157권
14권	30권	46권	62권	78권	94권	110권	126권	142권	158권
15권	31권	47권	63권	79권	95권	111권	127권	143권	159권
16권	32권	48권	64권	80권	96권	112권	128권	144권	160권